Wolfgang Pasche

Interpretationshilfen
Friedrich Dürrenmatts Kriminalromane

Der Richter und sein Henker
Der Verdacht
Die Panne
Das Versprechen

Ernst Klett Verlag
Stuttgart München Düsseldorf Leipzig

Es wird nach folgenden Textausgaben zitiert:

Dürrenmatt, Friedrich: Der Richter und sein Henker, Hamburg 1955 (rororo 150).

Dürrenmatt, Friedrich: Der Verdacht, Zürich 1986 (Diogenes detebe 21436).

Dürrenmatt, Friedrich: Der Hund / Der Tunnel / Die Panne. Erzählungen, Werkausgabe in dreißig Bänden, Bd. 20, Zürich 1985.

Dürrenmatt, Friedrich: Die Panne. Hörspiel und Komödie. Werkausgabe in dreißig Bänden, Bd. 16, Zürich 1985.

Dürrenmatt, Friedrich: Das Versprechen. Requiem auf den Kriminalroman. Werkausgabe in dreißig Bänden, Bd. 22, Zürich 1986.

Die Deutsche Biblithek – CIP-Einheitsaufnahme

Ein Titeldatensatz für diese Publikation ist bei der Deutschen Bibliothek erhältlich.

9 783129 226094

1. Auflage   1 6 5 4 3 2 | 2006 2005 2004 2003 2002

Die letzten Zahlen bezeichnen jeweils die Auflage und das Jahr des Druckes.
Alle Rechte vorbehalten.
Dieses Werk folgt der reformierten Rechtschreibung und Zeichensetzung.
Ausnahmen bilden Texte, bei denen künstlerische, philologische oder lizenz-
rechtliche Gründe einer Änderung entgegenstehen.
© Ernst Klett Verlag GmbH, Stuttgart 1997
Internetadresse: http://www.klett-verlag.de
E-Mail: klett-kundenservice@klett-mail.de
Satz: Steffen Hahn, Kornwestheim
Einbandgestaltung: Gabriele Jakobi, Altenkessel
Druck: Wilhelm Röck, Weinsberg. Printed in Germany
ISBN 3-12-922609-5

Inhalt

Einleitung:
Das Spiel mit Schema und Variation

„Wie besteht der Künstler in einer Welt der Bildung, der Alphabeten?
Eine Frage, die mich bedrückt, auf die ich noch keine Antwort weiß.
Vielleicht am besten, indem er Kriminalromane schreibt, Kunst da tut,
wo sie niemand vermutet. Die Literatur muß so leicht werden, daß sie
auf der Waage der heutigen Literaturkritik nichts mehr wiegt: Nur so
wird sie wieder gewichtig."
(Friedrich Dürrenmatt: Theaterprobleme (1955), in: Gesammelte Werke, Bd. 7, Zürich 1991, S. 68 f.)

In den fünfziger Jahren Kriminalromane zu schreiben, schadete dem *Kriminalromane*
guten Ruf des Schriftstellers und nützte seinem Geldbeutel. Zu den *als Provokation*
Entstehungsbedingungen der Dürrenmattschen Erzählungen dieser
Zeit gehört die Lust, aus einem literarischen Elfenbeinturm auszu-
brechen, der ihn immer mehr zu isolieren drohte, wie das Vergnügen,
die etablierten Erwartungen an Literatur zu provozieren, den Bil-
dungshochmut anzukratzen. Von Anfang an ist in seinem Werk eine
vehemente Abwehr gegen das Feierliche, gegen den Weihrauch in der
Literaturpflege zu finden – lange bevor auch die Antikunst zu den etablierten Kategorien der Literatur gehörte. Die mangelnde Respek-
tabilität der Kriminalliteratur konstatierte Ernst Bloch noch 1960 in
seinem bekannten Aufsatz „Philosophische Ansicht des Kriminalromans":

„Etwas ist nicht geheuer, damit fängt das an. Aber zugleich muß nach
dem Weiteren, das hier das Nähere ist, gesucht werden. Nach einem
versteckten Wer ist gefragt, wird dergleichen freilich erzählt, so ist es
nicht hoch angesehen, ist wenig gelobt und viel gelesen, auch von denen, die es verachten, was liegt da vor?" (in: Literarische Aufsätze,
Frankfurt/M. 1965 [Gesamtausgabe Bd. 9], S. 242)

Die Faszination an der Trivialliteratur, die Dürrenmatt schon früh in
seinen Äußerungen spüren lässt, liegt noch außerhalb der etablierten
Literaturtheorie. Erst der Paradigmenwechsel der späten 60er Jahre,
der sich verstärkt mit rezeptionsästhetischen Gesichtspunkten auseinandersetzt, erweiterte den Literaturbegriff und ließ damit auch –
und gerade – triviale, kolportagehafte Werke zum Gegenstand eines
breit gefächerten wissenschaftlichen Diskurses werden.

Wie Ernst Bloch in seiner Einleitung schon andeutet, stand die Breitenwirkung der Kriminalromane – und damit auch ihr kommerzieller Erfolg – in diametralem Gegensatz zu ihrem intellektuellen Ansehen. Statistisch gesehen dürfte die Kriminalliteratur alle anderen Zweige der Literatur weit übertreffen (s. dazu: Peter Nusser: Der Kriminalroman, Stuttgart 1992, S. 7).

und als Finanzie-
rungsmittel

In aller Offenheit hat Dürrenmatt selbst in späteren Interviews darauf verwiesen, dass es seine katastrophale finanzielle Situation war, die ihn dazu getrieben hat, sich mit dem Kriminalroman zu befassen. Das Ehepaar Dürrenmatt war in der zweiten Hälfte des Jahres 1950 dringend auf zusätzliche Einkünfte angewiesen: ein festes Monatseinkommen hatte der Autor lediglich durch einen Vertrag mit dem Kabarett „Cornichon", das jedoch in Auflösung begriffen war. Die frühen Theaterstücke – „Es steht geschrieben", „Der Blinde", „Romulus der Große" – waren nur mäßig erfolgreich, „Die Ehe des Herrn Mississippi" wurde vom Verlag zurückgewiesen und erschien erst 1952. Mit Theaterkritiken hielt sich der Autor mühsam über Wasser. Zur gleichen Zeit wurden Krankenhausaufenthalte notwendig: seine Frau Lotti stand kurz vor der Geburt ihres zweiten Kindes und musste in einer Klinik behandelt werden, Dürrenmatt selbst war zuckerkrank und damit ebenfalls auf eine Behandlung dort angewiesen.

In dieser beklemmenden Lage skizzierte er verschiedenen Verlegern den Rohentwurf zu einem Kriminalroman. Er erhielt diverse kleinere Vorschüsse auf dieses Projekt, den größten mit 500 Franken von der 14-tägig erscheinenden Zeitschrift „Der Schweizer Beobachter" – dem zu dieser Zeit mit 387 000 Exemplaren auflagenstärksten Publikationsorgan der Schweiz. Dürrenmatt ließ daraufhin dort seinen ersten Krimi als Fortsetzungsroman erscheinen. In acht Folgen wurde „Der Richter und sein Henker" zwischen dem 15. Dezember 1950 und dem 31. März 1951 gedruckt. 1952 für die Buchfassung textlich und inhaltlich noch einmal überarbeitet, gehört dieser Roman mittlerweile mit seiner Millionenauflage zu den Welterfolgen Dürrenmatts.

Weder die Lust an der Provokation noch die reine ökonomische Notwendigkeit können die Wahl des Genres jedoch hinlänglich erklären. Auch ließen sie kaum verständlich werden, dass Dürrenmatt immer wieder in seinem Lebenswerk auf Kriminalliteratur zurückgekommen ist – in dem Roman „Justiz" etwa, dessen Manuskript er bereits 1959 begonnen und erst 1985 abgeschlossen hat, oder in „Durcheinandertal", dem 1989 erschienenen Epilog zu dieser Thematik.

In einem späten Interview verbindet der Autor seine Lebens- und Schaffenssituation, wenn er über die Entstehung der Kriminalromane sagt:

> „Die Schwierigkeit war dann eine ganz andere: die Schwierigkeit, wie man nun als Schriftsteller Geld verdient. (...) Ich sagte mir: Wenn ich schon Schriftsteller bin, dann ganz, dann muß ich auch alles können;

und so schrieb ich Kabarett und dann auch Kriminalromane, bis mit der ‚Ehe des Herrn Mississippi' die Wende kam." (Friedrich Dürrenmatt, in: Schriftsteller im Gespräch mit Heinz Ludwig Arnold, Zürich 1990, S. 301).

Der eigentliche Schwerpunkt der Kriminalliteratur Dürrenmatts liegt in ihrer Aussage über den Zufall. Seine zentrale Rolle als Handlungsauslöser wie als Darstellungsprinzip lässt die Texte quer zu den traditionellen Kriminalromanen des 19. und beginnenden 20. Jahrhunderts stehen, die als quasi-mathematisches Denkspiel durch ein festes System von Regeln definiert sind – Regeln, die ein faires Verhältnis zwischen Autor und Lesern gewährleisten sollen und z. T. sogar als fixe „Regelkataloge" von Kriminalautoren veröffentlicht wurden (etwa im „Detective Story Decalogue" 1924, den „Twenty Rules for Writing Detective Stories" 1928 und 1936 oder den „Zehn Geboten für den Kriminalroman", die 1937 in der „Zürcher Illustrierten" erschienen). Logik ist der Schlüssel zu diesem Konzept, das die Illusion vermittelt, der Verbrecher habe am Ende dem intelligenten Spürsinn des Detektivs nichts mehr entgegenzusetzen. Eine fiktive Welt entsteht, die einer festen, durchschaubaren, beherrschbaren Ordnung folgt:

Die Bedeutung des Zufalls:

> „Es ist gerade die Aufgabe des Detektivs, die bedrohte Kausalität wieder herzustellen und die Möglichkeit des Unmöglichen nachzuweisen und damit die aus den Fugen geratene Weltordnung wieder einzurenken." (Richard Alewyn: Anatomie des Detektivromans, in: J. Vogt: Der Kriminalroman II. Zur Theorie und Geschichte einer Gattung, München 1971, S. 403)

– eine tröstliche Sicht, die auf den Wissenschaftsoptimismus des 19. Jahrhunderts zurückgeht.

Dem Verständnis Dürrenmatts steht sie jedoch diametral gegenüber. Er lehnt hartnäckig alles ab, was die Freiheit der Literatur beschränken könnte: „Es gibt keine Regel, es gibt kein Gesetz" (Friedrich Dürrenmatt, in: Schriftsteller im Gespräch mit Heinz Ludwig Arnold, a. a. O., S. 332). Planmäßig setzt er dagegen Störfaktoren überall dort ein, wo sie perfektes menschliches Handeln desavouieren und die Mittelpunktsfigur, den Detektiv, entheroisieren können. Das Abweichen vom Üblichen und Erwarteten wird zu einem wichtigen Merkmal der Dürrenmattschen Romane: der Autor verwendet die Form des Kriminalromans als Spielmaterial, bürstet das strenge Schema des Genres, das sich Innovationen zu verweigern scheint, gegen den Strich. Gerade der subversive Umgang mit diesen eng gefügten Formen macht jedoch den Reiz aus, den Dürrenmatt in der Auseinandersetzung mit Kriminalliteratur suchte. Die Detektivromane werden auch als Mittel benutzt, überkommene Erzählweisen in Frage zu stellen und

ein Störfaktor im planmäßigen Getriebe der Welt

die Umsetzung von Realität in Literatur kritisch zu reflektieren. Die Dekonstruktion des traditionellen Schemas rückt im Fortgang der Arbeit in den Mittelpunkt der Texte.

Dürrenmatts Kriminalromane stellen dem Versuch, die Welt planmäßig-rational zu erfassen, der „ratiocination" Poes, die Zufälligkeit des Geschehens gegenüber. Die genialischen Konstruktionen des detektivischen Gehirns werden im Verlauf seiner Romane mehr und mehr ad absurdum geführt. Im schlimmsten Fall – so im „Requiem auf den Kriminalroman" „Das Versprechen" – sind Wahnsinn, Zerfall und Einsamkeit die Folge des Versuchs, Wirklichkeit konsequent zu kalkulieren. In der programmatischen Rahmenhandlung dieses Textes wird der Schriftsteller auf die eklatanten Widersprüche eines logisch deduzierenden Verfahrens verwiesen:

> „Ihr baut eure Handlungen logisch auf; wie bei einem Schachspiel geht es zu, hier der Verbrecher, hier das Opfer, hier der Mitwisser, hier der Nutznießer; es genügt, daß der Detektiv die Regeln kennt und die Partie wiederholt, und schon hat er den Verbrecher gestellt, der Gerechtigkeit zum Siege verholfen. Diese Fiktion macht mich wütend. Der Wirklichkeit ist mit der Logik nur zum Teil beizukommen. Dabei, zugegeben, sind gerade wir von der Polizei gezwungen, ebenfalls logisch vorzugehen, wissenschaftlich; doch die Störfaktoren, die uns ins Spiel pfuschen, sind so häufig, daß allzu oft nur das reine Berufsglück und der Zufall zu unseren Gunsten entscheiden. Oder zu unseren Ungunsten. Doch in euren Romanen spielt der Zufall keine Rolle, und wenn etwas nach Zufall aussieht, ist es gleich Schicksal und Fügung gewesen; die Wahrheit wird seit jeher von euch Schriftstellern den dramaturgischen Regeln zum Fraße hingeworfen." (Friedrich Dürrenmatt: Das Versprechen, Zürich 1986 [Werkausgabe Bd. 22], S. 18)

Bezüge zwischen Kriminalroman und Komödie

Die zentrale Rolle des Zufalls führt die Kriminalromane in die Nähe des Komödienbegriffs Dürrenmatts, wie er den „21 Punkten zu den Physikern" 1962 zu entnehmen ist: die Welt entziehe sich einem rationalen Zugriff; sie sei in der heutigen Lage nicht anders als durch das scheinbar freie Spiel der Möglichkeiten darstellbar. Die „schlimmstmögliche Wendung" trete durch Zufall ein:

> „3. Eine Geschichte ist dann zu Ende gedacht, wenn sie ihre schlimmstmögliche Wendung genommen hat.
> 4. Die schlimmst-mögliche Wendung ist nicht voraussehbar. Sie tritt durch Zufall ein.
> 5. Die Kunst des Dramatikers besteht darin, in einer Handlung den Zufall möglichst wirksam einzusetzen. [...]
> 9. Planmäßig vorgehende Menschen wollen ein bestimmtes Ziel erreichen. Der Zufall trifft sie dann am schlimmsten, wenn sie durch ihn das Gegenteil ihres Ziels erreichen: Das, was sie befürchten, was sie zu vermeiden suchten." (Friedrich Dürrenmatt, Theater-Schriften und Reden, Zürich 1966, S. 193)

Dürrenmatt kommt auf diese Formulierungen 1967 noch einmal zurück, wenn er im Nachwort zu den „Wiedertäufern" betont: „Die schlimmst-mögliche Wendung, die eine Geschichte nehmen kann, ist die Wendung in die Komödie" (Friedrich Dürrenmatt: Die Wiedertäufer, Zürich 1967, S. 106). An pointierter Stelle setzt Dürrenmatt in seinen Stücken – die Mehrzahl von ihnen trägt im Untertitel die Bezeichnung „Komödie" – ebenso wie in den Prosatexten Zufälligkeiten, die das planmäßige Vorgehen der Protagonisten zu Fall bringen. Unvorhersehbare, von den Figuren nicht zu verantwortende Vorgänge engen den Spielraum menschlichen Planens drastisch ein und heben es im Extremfall völlig auf. Wenn Dr. H. in „Das Versprechen" den Ausgang der Handlung als „geradezu die banalste aller möglichen Lösungen" bezeichnet, als „grausige Pointe", werden die Bezüge zwischen Kriminalroman und Komödientheorie offensichtlich: steht am Handlungsende statt des Erfolgs das Misslingen, statt des Triumphs der Gerechtigkeit das Ärgernis, dann ist das die Folge eines banalen Ereignisses, die Katastrophe gründet in einem Moment, der „so schäbig", „so lächerlich, stupid und trivial" ist, dass sie „in keinem anständigen Roman oder Film" zu verwenden ist (Friedrich Dürrenmatt: Das Versprechen, a. a. O., S. 136).

Diese widersprüchliche, chaotische Welt, in der die Zufälligkeit an die Stelle der Verantwortung und Planbarkeit tritt, gestaltet Dürrenmatt mit den Mitteln der Groteske: sie ermöglichen ihm, die unüberschaubare und daher erschreckende Gegenwart zu verfremden. Ironisch-witzige, monströse, lächerliche oder tragikomische Elemente werden zum adäquaten Ausdruck eines absurden Geschehens, zugleich tragen sie dazu bei, dass der Leser oder Zuschauer Distanz gewinnt und seine Angst durch ein befreiendes Gelächter überwindet (auch wenn es ihm häufig genug im Hals stecken bleibt):

Chaos und Groteske als Spielformen

> „In der Wurstelei unseres Jahrhunderts, in diesem Kehraus der weißen Rasse, gibt es keine Schuldigen und keine Verantwortlichen mehr. Alle können nichts dafür und haben es nicht gewollt. (...) Uns kommt nur noch die Komödie bei. (...) Unsere Welt hat ebenso zur Groteske geführt wie zur Atombombe, wie ja die apokalyptischen Bilder des Hieronymus Bosch auch grotesk sind. Doch das Groteske ist nur ein sinnlicher Ausdruck, ein sinnliches Paradox, die Gestalt nämlich einer Ungestalt, das Gesicht einer gesichtslosen Welt." (Friedrich Dürrenmatt: Theaterprobleme, a. a. O., S. 59)

Die Groteske als Wesenselement prägt bei Dürrenmatt das gesamte Werk: Schauspiel wie Prosatext, Hörspiel wie Film; der Autor wechselt allenfalls die Gattung und den Stoff, nicht aber die Gestaltung oder das Thema.

Die Geschichte des Kriminalromans beginnt mit einem Verfahren, das dem Dürrenmatts diametral entgegengesetzt ist. Die Tradition setzt

Die Geschichte des Kriminalromans:

(1) E. A. Poe

1841 mit Edgar Allan Poes Detektiverzählung „The Murders in the Rue Morgue" ein. Poes Held Auguste Dupin löst den eigentümlichen Fall – Mord in einem verschlossenen Raum –, indem er sich ausschließlich auf seine intellektuellen Fähigkeiten verlässt: durch „ratiocination", pure gedankliche Konstruktionen, löst er das Rätsel des Mordes und entlastet die von der Polizei zu Unrecht Verdächtigten.

A. C. Doyle

Ähnlich akribisch-rational wie Dupin arbeitet Arthur Conan Doyles' Sherlock Holmes, der Hinweise und Spuren genau beobachtet und aus ihnen seine Rückschlüsse zieht. Zusätzlich baut er jedoch im Laufe der Zeit ein wissenschaftliches Instrumentarium auf, das Ähnlichkeiten mit den Anfängen der Kriminalistik um die Jahrhundertwende aufweist. In der Nachfolge des Rätselromans von E. A. Poe und A. C. Doyle stehen die Werke von Autoren wie Agatha Christie, Dorothy Sayers, Edgar Wallace und anderer.

Eine andere Traditionslinie bildete sich während der zwanziger Jahre in den USA heraus. In diesen Romanen gewinnen gesellschaftlich-realistische Züge an Bedeutung und ergänzen den Charakter des puren intellektuellen Spiels. Der Held gibt seine kontemplative Zurückhaltung auf und lässt sich in zahlreiche action-Abenteuer verwickeln. Die Texte greifen die in den Jahren der Prohibition entstandene Korruption vieler Städte Amerikas, in denen Gangsterbanden Politiker zu ihrem Zweck einsetzten, auf. „Tough guys", Männer, die sich auf humane Weise von ihren Gegenspielern abheben, moralisch integer bleiben, auch wenn sie sich gewalttätiger Mittel bedienen, bekämpfen das Verbrechen. Ihr Erfolg bleibt fraglich, denn die Verfilzung zwischen Politik, Kapital und Gangstertum können auch sie kaum ankratzen. Die Erzählungen und Romane Dashiell Hammetts

(2) Hammett und Chandler

oder Raymond Chandlers lassen deutlich werden, dass das Verbrechen tendenziell Teil einer undurchschaubar gewordenen Gesellschaft ist, Schuld und Unschuld nicht mehr eindeutig zwischen Opfern und Tätern verteilt werden kann. Immerhin verhalfen sie ihren Lesern zu der Illusion, dass ein hartgesottener Privatdetektiv das Spinnennetz von Profitgier, Machtstreben und Korruption wenigstens zeitweise aufreißen und sich damit Respekt verschaffen kann.

(3) G. Simenon und

Weniger hektisch, aber in einer ähnlich dichten Atmosphäre legte Georges Simenon seine rund 80 Kommissar-Maigret-Romane an, die eine Welt der Kleinbürger schildern. Zwischen 1929 und 1973 geschrieben, entsteht die zentrale Figur, ein verheirateter Berufspolizist mit seinen festen Alltagsgewohnheiten – Pfeife, Wein, der Vorliebe für gutes Essen – und einer bescheidenen Karriere, in deren Verlauf er immer wieder mit seinen Vorgesetzten kollidiert. Seine Fälle sind in einem Milieu angesiedelt, das für den Leser nachvollziehbar ist, sein Vorgehen ist alltagsnah, häufig mehr darauf ausgerichtet, der Frage nach den Umständen und den Motiven der Tat nachzugehen als den Täter zu entlarven.

In der Nachfolge Simenons steht der Schweizer Friedrich Glauser, der in seiner Gestaltung des Wachtmeisters Studer dem Vorbild Maigrets folgt. Zwischen 1936 und 1941 entstanden die fünf Romane „Wachtmeister Studer", „Matto regiert", „Die Fieberkurve", „Der Chinese", „Krock und Co.". Ihre zentrale Figur, der mürrische Fahnder Studer, ist eng an Schweizer Lokalkolorit gebunden, spricht mit Dialektanklängen und überzeugt durch seine Rechtschaffenheit. Er zeigt eine deutlich gesellschaftskritischere Haltung als der französische Kommissar, ist aber in seiner Konzeption von Simenon geprägt. Glauser versteht sich uneingeschränkt als „Schüler" des Franzosen:

F. Glauser

> „Bei einem Autor habe ich all das vereinigt gefunden, was ich bei der gesamten Kriminalliteratur vermißt habe. Der Autor heißt Simenon, und er hat einen Typus geschaffen, der, obwohl er einige Vorläufer hatte, nie mit einer solchen Leidenschaftlichkeit gesehen worden ist: der Kommissar Maigret. Ein durchschnittlicher Sicherheitsbeamter, vernünftig, ein wenig verträumt. Nicht der Kriminalfall an sich, nicht die Entlarvung des Täters und die Lösung ist die Hauptsache, sondern die Menschen und besonders die Atmosphäre (...) Ich möchte Georges Simenon danken. Was ich kann, habe ich von ihm gelernt. Er war mein Lehrer – sind wir nicht alle jemandes Schüler?" (Friedrich Glauser: Offener Brief über die „Zehn Gebote für den Kriminalroman", 1937, in: ders.: Wachtmeister Studers erste Fälle. Kriminalgeschichten, Zürich 1991, S. 190)

Dürrenmatts Bibliothek war mit den Klassikern der Kriminalliteratur gut ausgestattet: in seinem Haus oberhalb von Neuchâtel waren die Kriminalromane von Agatha Christie, Edgar Wallace und Georges Simenon lückenlos vorhanden. Seinen Detektiv setzt er daher zunächst auch aus Versatzstücken der Vorgänger zusammen, die Handlungsstruktur greift auf Schablonen zurück, die bekannt sind: Bärlach kombiniert, zieht seine Rückschlüsse wie Dupin und Sherlock Holmes; wie Philip Marlowe oder Lew Archer setzt er sich kaltblütig Risiken aus, die lebensgefährlich sind – v. a. im zweiten Roman „Der Verdacht" – und ist trotzdem in die Bürokratie der Zürcher Kriminalpolizei eingebunden; mit seinem Vorgesetzten verbindet ihn eine herzliche gegenseitige Abneigung.

Quellenmaterial Dürrenmatts:

Der erste Kriminalroman Dürrenmatts, „Der Richter und sein Henker", ist noch am offensichtlichsten nach der klassischen Schablone gearbeitet. Vorbildcharakter scheint hier vor allem der Schweizer Friedrich Glauser besessen zu haben. Dessen Romane waren in den vierziger und fünfziger Jahren äußerst populär und wurden in hohen Auflagen gedruckt, „Wachtmeister Studer" ebenso wie „Matto regiert" sogar zu Beginn des Zweiten Weltkriegs verfilmt; mit einer Bearbeitung von „Krock und Co." reiste jahrelang eine Schweizer Theatergruppe durch die Städte.

die Bedeutung Glausers

Wachtmeister
Studer

Glausers Wachtmeister Studer raucht wie Bärlach mit Vorliebe Zigarren, Brissagos, obwohl – oder weil – die Vorgesetzten sie nicht ausstehen können. Im gleichnamigen Roman zieht er sich im Verlauf der Untersuchungen eine Brustfellentzündung zu, die dringend behandelt werden müsste, was er jedoch hinauszögert, um die Aufdeckung des Falles zu Ende zu bringen. Das Verbrechensopfer wird in einer regnerischen Nacht beerdigt, wobei der Mörder anwesend ist. Auch Studer ist Kommissär gewesen und wurde degradiert, weil er sich geweigert hatte, ein Verbrechen zu vertuschen. Er überführt den Verbrecher – einen wohlhabenden Geschäftsmann und Gemeindepräsidenten – im Verlauf eines langen Gesprächs, das mit reichlich Alkohol und einigen Zigarren geführt wird. Den Täter lässt Studer jedoch selbst die Konsequenzen ziehen: mit seinem Kraftwagen rast er in einen See und ertrinkt. Für Außenstehende – und dazu gehört auch die Polizei – sieht es so aus, als handle es sich um einen Unglücksfall.

und Kommissar
Maigret als
Vorbilder

Über Glausers „Wachtmeister Studer" wird auch der Bezug zu Simenons Kommissar Maigret hergestellt: gerade in den äußeren Charakteristika – etwa Maigrets dampfender Pfeife, die er stets im Mund hat, wenn er seinen Vorgesetzten besuchen muss, der dies als persönliche Beleidigung empfindet. Dann in ihrer Vorgehensweise – alle drei Figuren sind starrköpfige, altmodisch-konservative Ermittler, die wenig auf Ergebnisse der modernen Kriminalistik geben. Den gesellschaftlichen Honoratioren stehen sie fast feindselig gegenüber, aus ihrer bodenständig sozialkritischen Haltung machen sie kein Geheimnis.

Mit Glauser verbindet Dürrenmatt mehr als der inhaltliche Aspekt der Kriminalromane. Auch der spielerische Umgang mit diesem Genre und seinem scheinbar festgelegten Schema entspricht dem Vorgehen Glausers. Er hatte es schon 1937 abgelehnt, sich auf ein festes Regelwerk einzulassen:

> „Der Kriminalroman (...) ist (...) ein Spiel, das nach gewissen Regeln
> gespielt wird. Die Einhaltung dieser Regeln versteht sich gewöhnlich
> von selbst – nur ist es manchmal schwer, diese Regeln einzuhalten. (...)
> Durch das Spielerische, das in ihm steckt, ist der Kriminalroman verwandt mit seinem salonfähigeren Bruder, der sich kurzweg ‚Roman'
> nennt und darauf Anspruch erhebt, zu den Kunstwerken zu zählen."
> (Friedrich Glauser, ebd., S. 182)

Thema und
Variation

In ähnlicher Weise spielte Dürrenmatt verschiedene Varianten seiner Kriminalprosa in unterschiedlichen Medien durch. Mehrfach wurden die Romane verfilmt; „Das Versprechen" unter dem Titel „Es geschah am hellichten Tag" mit einer völlig anderen, pädagogischen Intention und einer diametral entgegengesetzten Schlussfassung. Weniger prinzipiell ging dagegen die Verfilmung des Romans „Der Richter und sein Henker" vor, hier waren vor allem publikumswirksame Effekte gefragt, die das Publikumsinteresse sichern sollten. Auch sie wurden jedoch unter Mitarbeit des Autors vorgenommen. „Die Panne" hat Dürrenmatt sowohl als Erzählung wie auch als Hörspiel, als Fernsehspiel und als Komödie bearbeitet, wobei jede Fassung eine eigene Schlussvariante besitzt, die unterschiedliche Verhaltensmöglichkeiten des Protagonisten durchspielt.

Wenn Dürrenmatt dennoch in einem späteren Interview leugnete, von Glauser gelernt zu haben und sich vielmehr auf Fontane berief –

> „Ich habe ‚Der Richter und sein Henker' – so grotesk es klingen mag – unter dem (sprachlichen) Einfluß von Fontanes ‚Stechlin' geschrieben. (…) Ich kannte Glauser zur Bärlach-Zeit nicht. Vielleicht habe ich die Lindtberg-Filme gesehen, ich weiß nicht mehr." (Dieter Fringeli: Nachdenken mit und über Friedrich Dürrenmatt, Breitenbach/Schweiz 1977, S. 9)

– dann sollte man diesen Angaben nicht allzuviel Glauben schenken. Fontanescher Einfluss lässt sich allenfalls rudimentär entdecken; die Einbettung der Handlung in das Schweizer Milieu, Dialektanklänge und vor allem die Figur des Kommissär Bärlach weisen bis in die Details Anklänge an die Romane Friedrich Glausers auf.

Wählt man den Terminus „Kriminalroman" als Oberbegriff für all die Werke, die sich mit dem Verbrechen und der Strafe, die der Verbrecher zu gewärtigen hat, beschäftigen, wird der Detektivroman zu einer Teilkategorie des gesamten Genres. Diese Terminologie dürfte der Gewohnheit der meisten Leser entsprechen und hat sich wohl – im Unterschied zu einer Differenzierung, die Richard Alewyn („Anatomie des Kriminalromans", 1968) vorgeschlagen hat – in der Sekundärliteratur durchgesetzt.

Da der klassische Kriminalroman als intellektuelles Rätselspiel funktioniert, hat sich bei allen Differenzierungen im Verlauf seiner Geschichte ein Raster ergeben, in dem alle Elemente ihren feststehenden Platz einnehmen. Die Handlung verläuft zumeist nach dem Muster Mord – Ermittlung – Auflösung; die Personentypen setzen sich aus Detektiv – Mörder – Verdächtigen zusammen. In einem retrospektiven, analytischen Verfahren nähert sich der Detektiv dem Verbrechen; seine intellektuellen Bemühungen kreisen vorrangig darum, die im Dunkeln liegenden Vorgänge zu erhellen und den Täter einer Bestrafung zuzuführen.

Die Elemente des Kriminalromans:

Das rätselhafte Verbrechen ist streng funktional darauf ausgerichtet, die Handlung zu eröffnen und den Verdacht auf möglichst viele Personen zu lenken. Es wirkt zunächst irritierend, weil es die Strukturen einer für intakt gehaltenen Welt aufbricht. Im Verlauf der Ermittlungen wird es jedoch als Höhepunkt sozialer Auseinandersetzungen erkennbar, die mit der Entlarvung des Täters abgeschlossen sind und damit die Welt wieder heil erscheinen lassen.

Vorgaben:
– Bezug auf
das Verbrechen

– die Fahndung	Die Fahndung nach dem Verbrecher – näher unterteilbar in die Teilaspekte Beobachtung, Verhör, Beratung, Verfolgung und Inszenierung der Überführungsszene – ist Aufgabe des Detektivs, der mit Hilfe seiner intellektuellen Fähigkeiten die „Clues", die Hinweise, richtig zu deuten vermag. In den meisten Fällen ist er als Privatmann unabhängig von hierarchischen Strukturen wie von finanziellen Sorgen, ein freies Individuum, das zum bloßen Zeitvertreib die komplexen Mordrätsel löst.
– den Tathergang	Die Rekonstruktion des Tathergangs findet meist im Schlussteil des Romans statt und mündet in der Identifizierung des Täters. Sie verdeutlicht das Einfühlungsvermögen und umfassende logische Denken des Detektivs, vor allem, wenn kein Geständnis des Täters vorliegt und im Verlauf der Rekonstruktion eine Falle eingebaut ist, in die sich der Täter verfangen muss.
– die Klärung	Die Klärung der Motive für die Tat ist meist in diese Schlussszene integriert, in der die Zusammenstellung des Beweismaterials zum Triumph des Detektivs wird.
und Lösung des Falles	Die Lösung des Tathergangs und die Überführung des Täters bilden den krönenden Abschluss der Handlung. Sie führen dem Leser noch einmal vor Augen, dass er – trotz aller Hinweise, die auch ihm die Lösung des Falles ermöglicht hätten – sich vergeblich bemüht hat. Verblüfft muss er feststellen, dass der Detektiv ihm in seiner intellektuellen Kapazität überlegen ist. (Vgl. dazu: Peter Nusser: Der Kriminalroman, a. a. O., S. 26–32.)

Das stereotype Schema dieser Romane fordert geradezu eine Innovation heraus, die das Spiel von erwarteter Imitation und überraschender Variation zu einer Provokation für die Autoren und zu einem besonderen ästhetischen Vergnügen für den vorgeprägten Leser werden lässt. Bert Brecht verwies auf diesen Zusammenhang, auch er ein scharfsinniger Kenner der Kriminalliteratur, der ähnlich wie Dürrenmatt fordert, Kunst dort zu tun, wo niemand sie vermutet:

> „Das Schema ist der beste innere Widerstand für den Schriftsteller. (...) Es wird also gut sein, ein Schema zu pflegen. Ein solches Schema hat in unserer Zeit außer Operette und Revue von künstlerisch höherstehenden Erzeugnissen vielleicht nur der Kriminalroman." (Bert Brecht: Glossen über den Kriminalroman, in: Schriften zur Literatur und Kunst 1 [Gesammelte Werke, Bd. 18], Frankfurt/M. 1967, S. 32)

Gerade in der Abarbeitung der formalen Voraussetzungen erscheint sie ihm erreichbar:

> „Die Tatsache, daß ein Charakteristikum des Kriminalromans in der Variation mehr oder weniger festgelegter Elemente liegt, verleiht dem ganzen Genre sogar das ästhetische Niveau." (Bert Brecht: Über die Popularität des Kriminalromans, in: Schriften zur Literatur und Kunst 2 [Gesammelte Werke, Bd. 19], Frankfurt/M. 1969, S. 451)

In der Anfangsphase von Dürrenmatts Arbeit am Kriminalroman ist der Einfluss der Vorbilder am deutlichsten erkennbar. „Der Richter und sein Henker" ist konsequent nach den Gesetzen des Genres formuliert, erfüllt damit die Lesererwartungen und sichert den Verkaufserfolg des Buches. Nach klassischem Muster beginnt der Roman mit dem Auffinden einer Leiche, dem die Ermittlungsarbeit des Detektivs folgt. Die Handlung weist zahlreiche Raffinessen auf, so dass der Leser bis zuletzt im Ungewissen über die wahre Identität des Mörders gehalten wird. Die Lösung des Falles zeichnet sich durch einen genreüblichen Überraschungscoup aus: nicht, wie erwartet, Gastmann, der große Gegenspieler des Kommissärs, ist der Täter, sondern der auf den Erfolg seines Kollegen eifersüchtige Kriminalbeamte Tschanz.

Dürrenmatts Spiel mit dem Schema – konventionell im „Richter und sein Henker"

Folgt das Handlungskonstrukt noch den konventionellen Regeln, so weicht die Themenstellung schon weit davon ab. In einer absurden Wette zwischen Gastmann und Bärlach, die den einen zum Zufallstäter, den anderen zum rechtsbrechenden Detektiv werden lässt, sind weltanschauliche Probleme angelegt, zu denen die Kontrahenten gegensätzliche Thesen vertreten. Die Auseinandersetzung über die Ambivalenz des Zufalls, die Unklarheit und Vieldeutigkeit des menschlichen Handelns und die Realisierung von Recht und Gerechtigkeit in einer Welt der bösen Zufälle wird zum eigentlichen Motor der Handlung und schiebt die Suche nach dem Täter in den Hintergrund.

Kommissär Bärlach ist hier aber noch in der Lage, den Fall zu lösen, wenn er auch einige Zufälle zu Hilfe nehmen muss. Zu einem relativ frühen Zeitpunkt weiß er – anders als der Leser –, wer der tatsächliche Mörder Schmieds ist. Ihm geht es dann nur noch darum, sich selbst zum Richter aufzuspielen und seinen Gegenspieler Gastmann zu Fall zu bringen.

In direkter Kontinuität zu diesem ersten Kriminalroman steht der folgende zweite Text „Der Verdacht". Die Handlung setzt ein, nachdem der Kommissär erfolgreich operiert wurde. Noch im Krankenzimmer wird er mit einer Photographie der Zeitschrift „Life" konfrontiert, die einen Arzt des Konzentrationslagers Stutthof bei Danzig zeigt, wie er ohne Narkose KZ-Insassen operiert. Geht es ihm zunächst darum nachzuweisen, welche Identität dieser Arzt nach dem Krieg angenommen hat, versucht Bärlach ihn im zweiten Teil des Romans als den Leiter der Züricher Prominentenklinik „Sonnenstein", Dr. Emmenberger, zu überführen, indem er sich unter falschem Namen als Patient in diese Klinik einweisen lässt. Relativ schnell aufgrund eines Presseartikels entlarvt, in dem aus Anlass von Bärlachs Pensionierung über ihn berichtet wird, soll er selbst zum Opfer einer narkoselosen Operation werden, die mit Sicherheit tödlich verläuft. Gerettet wird er durch Gulliver, einen ehemaligen Häftling und Opfer

– innovativ im „Verdacht"

Emmenbergers, der auch unter Lebensgefahr das Sensationsfoto geschossen hat und jetzt zu Bärlachs Freunden zählt.

Im Unterschied zum ersten Roman ist dieser Text weitgehend handlungsarm, geht es doch weniger darum, einen Mordfall zu lösen und den Täter zu entlarven, als um ein kalkulatorisches Problem: nachzuweisen, dass eine erste Hypothese – Emmenberger und der KZ-Arzt seien ein- und dieselbe Person – haltbar ist. Ist dieses Vorgehen schon ein rein rationales, das das Geschehen auf ein Mindestmaß reduziert, so trifft dies in besonderem Maße zu, nachdem die Identität des Mörders im ersten Drittel des Romans bereits geklärt ist. Bei seinem anschließenden Entlarvungsversuch wird Bärlach in der Klinik „Sonnenstein" mit Hilfe von Medikamenten an sein Bett fixiert. Er gerät so in absolute Abhängigkeit von seinem mutmaßlichen Mörder und wird zu einer „immobile(n) Denkmaschine" (Edgar Marsch: Die Kriminalerzählung. Theorie Geschichte Analyse, München 1972, S. 236).

Gefüllt wird dieser Handlungsfreiraum zum einen durch die Decouvrierung der allmächtigen Detektivgestalt klassischen Stils: ohnmächtig ist Bärlach den verbrecherischen Plänen Emmenbergers ausgeliefert. Zwar ist er noch in der Lage, seinen Kontrahenten zu entlarven und in dessen Sphäre einzudringen. Er kann ihn aber weder vernichten noch dessen Pläne durchkreuzen. Seine eigene Rettung verdankt er ausschließlich der Hilfe eines Dritten, einer mystischen Figur, die durch ihren Namen – Gulliver – wie durch ihre Charakteristika – als altjüdische Ahasver- oder Golemgestalt – einer anderen Welt zu entstammen scheint. Dieser vertritt wohl auch die Ansicht des Autors, wenn er dem Kommissär anachronistisches Verhalten vorwirft:

> „Man kann heute nicht mehr das Böse bekämpfen, wie die Ritter einst allein gegen irgendeinen Drachen ins Feld zogen. Die Zeiten sind vorüber, wo es genügt, etwas scharfsinnig zu sein, um die Verbrecher, mit denen wir es heute zu tun haben, zu stellen. Du Narr von einem Detektiv; die Zeit selbst hat dich ad absurdum geführt!" (Friedrich Dürrenmatt: Der Verdacht, Zürich 1986, S. 116)

breite ethische und philosophische Exkurse

Viel Raum beansprucht daneben die Darstellung weltanschaulicher Positionen. Ausführlicher noch als im „Richter und sein Henker" wird das Credo Emmenbergers und seiner Assistentin Dr. Marlok, der ehemaligen kommunistischen Gefangenen und jetzigen Geliebten des Arztes, dargeboten. In dieser Phase verlässt der Text das Genre des Kriminalromans, die Dialoge zwischen Emmenberger, Marlok und Bärlach entwickeln sich zu einem Exkurs über existentialistische Grundfragen, die Suche nach prinzipieller Freiheit und Selbstverwirklichung des Menschen wird zur Grundlage für sadistische Verbrechen – Positionen, denen Bärlach nichts als sein Schweigen entgegenstellen kann.

In den beiden Bärlach-Romanen kann die Kriminalhandlung, wenn auch unter Mühen, noch zu Ende geführt werden. Der Täter wird entlarvt und seiner gerechten Bestrafung zugeführt. Ganz anders ist die Erzählung „Die Panne" von 1956 konzipiert. Als „Eine noch mögliche Geschichte" charakterisiert sie der Autor im Untertitel und verweist damit bereits auf das gebrochene Verhältnis dieses Textes zum Genre der Kriminalliteratur: ging es in den klassischen Detektivromanen um unwahrscheinliche, wenn auch „noch mögliche" Mordfälle, so ist hier das gesamte Geschehen auf einer rein artifiziellen Ebene angesiedelt: geschildert wird ein Prozessspiel, in dem vier pensionierte Herren sich ein kulinarisches Vergnügen daraus bereiten, einen zufälligen Gast zum Angeklagten zu ernennen und ihn einem Verfahren zu unterwerfen, das ihn schuldig spricht. In dieser Kunstwelt bleibt nur die Alternative, sich als schuldiger Alltagsmensch oder als schuldfreier Verbrecher zu bekennen; die Entscheidung wird zum Produkt einer spielerischen Konstruktion.

„Die Panne"

– ein rein artifizielles Spiel

Der Modellcharakter des Geschehens wird noch betont, wenn man sich die Schlussvarianten der unterschiedlichen Textbearbeitungen vor Augen führt: die Erzählung endet mit dem Freitod des Angeklagten, der sein Selbstbewusstsein in der Akzeptanz seiner Schuld findet. Das Hörspiel lässt ihn überleben, blind gegenüber jeglicher Einsicht in seine Schuldfähigkeit. Das Fernsehspiel hält sich im wesentlichen an die Hörspielfassung, die Komödie aber spielt beide Varianten in Folge durch: das Theaterstück beginnt mit der Schlussszene, in welcher der verstorbene Angeklagte von einer Hure betrauert wird. Am Ende steigt er jedoch aus seinem Sarg, und die Komödie beginnt auf einer anderen Ebene von vorn.

Noch einen Schritt weiter in der Destruktion des Kriminalromans und seiner Zentralfigur, des Detektivs, geht der letzte Roman, den Dürrenmatt in den fünfziger Jahren geschrieben hat. „Das Versprechen", 1957 zunächst als Drehbuch zu einem Spielfilm konzipiert, der Eltern vor den Gefahren durch Sexualverbrecher warnen sollte, erhielt in der folgenden Prosaversion einen veränderten Schluss. Er lässt den genialen Detektiv Dr. Matthäi, einen kühlen, gefühllosen Logiker, an einem läppischen Zufall scheitern. In seinem neuen Strukturkonzept splittet Dürrenmatt das Geschehen auf und differenziert zwischen Rahmen- und Binnenhandlung. Damit erreicht er von Beginn an eine weitgehende Distanzierung des Lesers vom Protagonisten. Der Kommissär wird zunächst als tüchtiger leitender Beamter der Kantonspolizei geschildert, der sich durch seine Kontaktarmut unbeliebt bei den Kollegen macht und zum Einzelgänger wird. Er hat eine schlüssige Hypothese über den Tathergang der vorhergehenden Kindermorde entwickelt und versucht, ihre Gültigkeit zu belegen, indem er ein den Ermordeten ähnliches Mädchen als Köder verwendet. Tatsächlich erweist sich, dass sein intellektuelles Kalkül zutrifft und

– Charakterbild eines monomanen Detektivs in „Das Versprechen"

der Täter nach genau dem Schema vorgegangen ist, das Dr. Matthäi entschlüsselt hat. Dennoch missglückt die Falle, weil der Mörder auf dem Weg zum Tatort einem tödlichen Unfall zum Opfer gefallen ist: ein läppischer Zufall macht die Berechnungen des Kommissärs zunichte. Er ist aber nicht in der Lage, sich von seinem rationalen Konzept zu lösen, will sich sein Scheitern nicht eingestehen und beharrt mit fanatischer Radikalität auf der Validität seines Plans. Matthäi versucht weiterhin „ein fehlerloses Vernunftgebilde durchzusetzen" (Friedrich Dürrenmatt: Das Versprechen, a. a. O., S. 146). Jahrelang wartet er auf den Täter, bis er schließlich zum Alkoholiker wird und als verblödeter und verkommener alter Mann endet, gerade weil er sich radikal auf die intellektuelle Durchdringbarkeit der Welt verlassen hat. Seine Unfähigkeit zu erkennen, dass zufällige Ereignisse die methodische Planmäßigkeit durchkreuzen können, macht ihn zum Narren, zu einem Idioten, der letztlich auf der gleichen Stufe steht wie der Kindesmörder, ein schwachsinniger, geisteskranker Idiot.

Die Auflösung der klassischen Konzeption

Dürrenmatt zerstört mit dieser Gestaltung die Grundlage des klassischen Kriminalromans mit seinem großen intellektuellen Detektiv, der in poescher Manier Kriminalfälle durch „ratiocination", logisches Denken und Kombinieren, löst. Als „Requiem auf den Kriminalroman", so sein Untertitel, geht „Das Versprechen" aber noch auf einer anderen Ebene gegen das konventionelle Schema des Kriminalromans vor: die Binnenhandlung setzt mit dem Höhepunkt von Matthäis Karriere, seiner Berufung nach Jordanien, um die dortige Polizei zu reorganisieren, ein. Sie wird durch den Mordfall zunächst verzögert, später gänzlich aufgegeben. Der Rahmen dagegen wirkt mit seiner Reflektion über die immanenten Widersprüche des Kriminalromans als bewusster Illusionsbruch. Der Fall des Kommissärs Matthäi dient nur noch als Beweisführung für seine These, dass die Wirklichkeit nicht mit dem regelgebundenen Schema übereinstimmt. Dürrenmatt stellt die Denkfehler der logischen Deduktion in einer theoretischen Erörterung dem Geschehen voran und lässt so erkennen, dass er mit dem Genre abgeschlossen hat – sein erneuter Versuch, 1959 mit „Justiz" einen weiteren Kriminalroman zu schreiben, scheitert folgerichtig; das Manuskript bleibt bis in die achtziger Jahre unveröffentlicht. Dürrenmatts Versuchsreihe, die mit „Der Richter und sein Henker" begonnen hat, ist abgeschlossen, die Beweisführung geglückt.

– ein Impuls für die neuere Kriminalliteratur

Offensichtlich gilt das aber nur, wenn man den Kriminalroman auf die klassische Schablone reduziert. Dürrenmatts Spiel mit Schema und Variation, mit Traditionsbruch und Innovation zeigt auch eine Möglichkeit auf, dieses Genre jenseits der überlieferten Form weiterzuentwickeln. Die allmähliche Erstarrung der Kriminalliteratur führte seit ungefähr 1960 zu verschiedenen Versuchen, ihre Unterhaltungsqualitäten zu nützen und doch auf eine veränderte und sich ständig

Friedrich Dürrenmatt

verändernde Realität zu reagieren. Die Autoren setzten dabei zum einen auf gesellschaftskritische und emanzipatorische Ansätze – wie sie etwa im Romandekalog von Maj Sjöwall und Per Wahlöö zum Ausdruck kommen –, zum anderen auf eine stärkere psychologische Ausleuchtung der Charaktere – wie in den Texten von Patricia Highsmith (vgl. dazu: Peter Nusser: Der Kriminalroman, a. a. O., S. 138–153).

Die Komisierung des Genres

Ein dritter Weg schließlich knüpft in den siebziger und achtziger Jahren direkt an die grotesken Elemente in den Texten von Dürrenmatt an – die Komisierung wird als „probates Mittel" entdeckt, „um ihrer gesellschaftlichen und literaturhistorisch problematischen Situation Herr zu werden, ohne ihre Genrezugehörigkeit und ihre narrative Grundstruktur suspendieren zu müssen" (Thomas Wörtche: Von komischen Köpfen und anderen Abscheulichkeiten. Komik und Realistik in neuen ausländischen Kriminalromanen, in: die horen 34. Jg., Bd. 2/1989, S. 12). Am Beispiel der Romane von Edmund Crispin, Chester Himes, Sjöwall/Wahlöö und zuletzt Joseph Wambaugh wird als „*das* zentrale Verfahren in der Kriminalliteratur neueren Datums" eine Tendenz beschrieben, die mit dem Begriff einer „Komisierung des Grausigen" (ebd., S. 16/17) nichts anderes meint, als die Verfahrensweise Dürrenmatts: die Groteske tritt in den Vordergrund des Geschehens, weil die Kriminalliteratur als ernsthafte Bastion aufklärerischen Denkens abgedankt habe. Die aberwitzige Gesellschaft einer amerikanischen Großstadt etwa lasse sich adäquat nur noch in der Verfremdung durch literarische Komik ins Auge fassen.

Was Dürrenmatt als „Requiem auf den Kriminalroman" formuliert hatte, erweist sich unverhofft als Vorgeschmack einer höchst aktuellen Kunstform.

„Und ich war damals sehr stolz und dachte, ich will mich nur mit Dramentexten durchs Leben schlagen, und daher habe ich ihn gleich so konzipiert, daß ich keinen weiteren schreiben müsse, und daraus entstand eigentlich der Roman von einem sterbenden Kommissär, nicht, also der ist totkrank, ich dachte, dann ist er tot, und ich komme nicht in Versuchung, einen weiteren zu schreiben."
(Friedrich Dürrenmatt im Gespräch mit Thomas Fischer und Norbert Zwölfer, Südwestfunk Baden-Baden, 1979)

I. Der Richter und sein Henker

1. Der inhaltliche Aufbau

Am 3. November 1948, einem trüben Donnerstagmorgen, findet der Dorfpolizist von Twann, Alphons Clenin, eine Leiche. Mit leicht ironischer Brechung berichtet der Erzähler den Vorgang aus der Perspektive des Beamten: Er registriert in der Nähe des Ortes Lamboing einen blauen Mercedes. Den toten Fahrer hält er zunächst für einen Betrunkenen, dem er „nicht amtlich, sondern menschlich" (S. 5) begegnen möchte: ausführlich wird geschildert, wie Clenin dem Fahrer zu einem klaren Kopf verhelfen will, nicht ohne zu überdenken, ob er damit gegen Dienstvorschriften verstoßen könnte. Dass der scheinbar Betrunkene in Wirklichkeit tot ist, bemerkt er erst, als er die Wagentür öffnet, um ihm „die Hand väterlich auf die Schultern" zu legen: „Die Schläfen waren durchschossen" (S. 5).
Der Mord steht in deutlichem Kontrast zur alltäglichen Situation dieses Polizisten und zu seiner gutmütig-jovialen Haltung. Der Umschlag von einer banalen, unverfänglichen Situation in plötzliches Grauen, die komische Ausprägung existentieller Ereignisse gehört zu den erzählerischen Mitteln Dürrenmatts, lässt sich aber auch im traditionellen Schema des Genres wiederfinden: das hilflos-unbedarfte Bemühen des Provinzbeamten kontrastiert umso heftiger mit den genialen Fähigkeiten des ermittelnden Detektivs.
Groteske Elemente prägen auch das weitere Vorgehen Clenins: er erfährt aus den Papieren des Toten, dass dieser ein Berner Polizeileutnant, Ulrich Schmied, gewesen ist und der Fall daher besondere Ausmaße annimmt. Ihm wächst der Fall über den Kopf. Daher versucht er, den Mord aus seinem Lebensumfeld zu entfernen: er kaschiert, indem er die Schusswunde mit einem Hut verdeckt, den Todesfall. Gegen alle Vorschriften entfernt er die Leiche vom Fund-

Der Leichenfund

Eine groteske
Fahrt nach Biel

ort, wobei er den Toten zusätzlich mit einem Lederriemen am Bei-
fahrersitz fixiert und dann den Wagen nach Biel fährt.

Er bemüht sich dabei, den Eindruck des Normal-Alltäglichen zu wahren, tankt auf und lässt den Toten bewegungslos neben sich sitzen:
„und nur manchmal, bei einer Unebenheit der Straße etwa, nickte er
mit dem Kopf wie ein alter, weiser Chinese, so daß Clenin es immer
weniger zu versuchen wagte, die anderen Wagen zu überholen" (S. 6).

Bärlachs
Vorgeschichte

Mit der Aufklärung des Falles wird der Vorgesetzte Schmieds, Kommissär Bärlach aus Bern, betraut. Mit wenigen Strichen wird dessen
Vorgeschichte skizziert: ein auslandserfahrener, selbstbewusster Kri-
minalbeamter, der sich seinen Mut auch im Dritten Reich während
eines Einsatzes in Frankfurt am Main nicht abkaufen ließ, einen nationalsozialistischen Beamten ohrfeigte und daher demissionieren musste – was ihm in der Schweiz zunächst keine Meriten eintrug; erst nach
dem Krieg trifft seine Haltung auf Bewunderung.

Bärlach scheint zunächst ebenso unfähig zu sein, den Mordfall adäquat zu bearbeiten wie der Provinzpolizist. Auch er versucht, den Fall
geheim zu halten und zeigt offen seine Scheu vor dem Toten und seinen Habseligkeiten: er besucht zwar dessen Zimmerwirtin, Frau
Schönler, nimmt auch eine Mappe Schmieds an sich, hütet sich aber
davor, weitere Untersuchungen anzustellen (S. 8–11). Ähnlich verhält
er sich im Gespräch mit dem Polizeileutnant Tschanz, den er wenig
später zu seinem Stellvertreter in diesem Fall macht: auch hier zeigt er
ein deutliches Desinteresse für den Taschenkalender des Toten; Protokolle der Ermittlungen weigert er sich zu lesen (S. 20).

Der Vorgesetzte
Dr. Lucius Lutz

Bärlach kollidiert durch dieses unkonventionelle Vorgehen mit seinem
direkten Vorgesetzten Dr. Lutz: Der eitle Theoretiker, der an der Universität Vorlesungen über Kriminalistik hält und – wie Tschanz –
Ermittlungen nach den modernsten wissenschaftlichen Erkenntnissen
fordert, findet mit diesem Pragmatiker keinen gemeinsamen Weg. Im
Gegenteil: Bärlach provoziert ihn, wenn er mit seiner stinkenden
Zigarre in dessen Büro tritt und ihm Informationen vorenthält. Clenin, den Provinzpolizisten, nimmt Bärlach dagegen in Schutz, auch dessen Selbstvorwürfe „Vielleicht wäre es besser gewesen, ich hätte den
Wagen mit dem Toten noch hier stehenlassen" (S. 16) lässt er nicht gel-
ten. Und dennoch erweist sich, genregerecht, die Überlegenheit des
Detektivs: er findet die Patrone, mit der Schmied ermordet wurde, im
Straßendreck – ein Zufall, wie er betont.

Der professionelle
Mitarbeiter
Tschanz

Tschanz, Bärlachs neuer Stellvertreter, geht wesentlich aktiver vor; er
ist es auch, der eine Indizienkette zusammenstellt und seinen Vorgesetzten über den Tathergang und das Motiv für Schmieds Aufenthalt
in Lamboing informiert. Das geheimnisvolle G, das sich der Tote in
seinen Taschenkalender notiert hat, lenkt den Verdacht auf Gastmann,
einen dort lebenden ehemaligen Gesandten und reichen Geschäftsmann. Tschanz will Bärlach dazu motivieren, sich um diese Figur als

möglichen Täter zu kümmern. Das Verhältnis zwischen den beiden Kriminalbeamten ist offensichtlich gestört: Tschanz möchte den Kommissär von seinen Fähigkeiten überzeugen, Bärlach dagegen zeigt sich argwöhnisch und äußert auch ihm gegenüber seinen Verdacht nicht; durch dunkle Andeutungen verunsichert er seinen Stellvertreter vielmehr – „Ich bin ein großer alter schwarzer Kater, der gern Mäuse frißt" (S. 21) – wie Dr. Lutz enthält er auch ihm wichtige Informationen vor. Um sieben Uhr abends holt Tschanz seinen Chef in dessen Privatwohnung ab, um mit ihm nach Lamboing zu fahren. Das Haus in Altenberg ist unverschlossen; Bärlach scheint zu schlafen, und Tschanz sieht sich in der Wohnung des Kommissärs um. Als erstes fällt ihm auf dem Schreibtisch ein eiserner Brieföffner in Form einer Schlange ins Auge, den Bärlach aus Konstantinopel mitgebracht hat. Während der Fahrt am Nordufer des Bieler Sees werden erneut Spannungen zwischen Bärlach und Tschanz deutlich, die jenseits der unterschiedlichen kriminologischen Auffassungen begründet sind: Tschanz wird von Minderwertigkeitsgefühlen getragen, die sich als Neid auf die bessere Herkunft des Ermordeten, seine höhere Schulbildung und seine größere berufliche Begabung äußern. Kurz vor dem Ort Schernelz begegnet den beiden ein Mann mit einem kleinen weißen Hund, der ihnen den Weg nach Lamboing zeigt – „der Schriftsteller", wie sich später erweist.

Auf die Adresse Gastmanns stoßen sie, indem sie einer Reihe schwerer Wagen folgen, die offensichtlich zu der Gesellschaft gehören, die sich jeden Mittwoch dort trifft – und zu der, wie Tschanz vermutet, auch Schmied gehört hat. In diesem kleinen Ort gibt es schließlich nur zwei Adressen, die mit einem G anfangen – neben Gastmann noch die Gendarmerie. Und wer wollte wohl glauben, „daß ein Gendarm etwas mit dem Mord zu tun ha(t)?" (S. 31).

Sie statten dem Areal einen Besuch ab, wobei Bärlach von Gastmanns Hund angefallen wird, einer Bestie, deren Anblick Bärlach lähmt und fasziniert zugleich: sie wird vor seinem inneren Auge zum Inbegriff des Bösen.

Von diesem Hund niedergerissen, wird Bärlach nur durch eine schnelle Aktion seines Stellvertreters gerettet: Tschanz schießt auf den Hund und tötet ihn.

Durch den Schuss wird Gastmanns Gesellschaft aufgeschreckt; Oskar von Schwendi, der als Nationalrat, Oberst und Advokat „alle drei Teufel auf einmal im Leib hat" (S. 39), steht als einer seiner gewichtigen Gäste in der Tür, um die Störer abzufertigen. In seiner martialischen Logik vermutet er in ihnen zunächst bernisch-jurassische Separatisten oder Kommunisten, eine „Demonstration gegen die westliche Zivilisation". Durch Bärlachs Verweis auf ein mögliches Polizeiprotokoll wird er zwar ruhiger, verweigert ihnen aber als Advokat Gastmanns den Zutritt ins Haus.

Tschanz geht stattdessen in die Dorfkneipe von Lamboing, wo er auf
den Polizisten Charnel trifft. Dieser charakterisiert Gastmann als
Wohltäter von Lamboing: „Er zahlen Steuern für das ganze Dorf
Lamboing. Das genügt für uns, daß Gastmann ist der sympathisch-
ste Mensch im ganzen Kanton" (S. 42). Bärlach ist währenddessen zu
einem Restaurant am Rande der Schlucht gewandert, wo er abgeholt
werden will. Tschanz trifft ihn dort nicht an; in der Nähe des Tatortes

Konfrontation
Bärlach–Tschanz

wird er dagegen mit einer Situation konfrontiert, die derjenigen des
Opfers gleicht: er begegnet einer „dunklen Gestalt", die den Wagen
stoppt, öffnet die rechte Wagentür, greift in der plötzlichen Erkenntnis seiner Lage zum Revolver und erkennt Bärlach in dieser Gestalt,
ohne dass dies sein „heimliche(s) Entsetzen" mildern würde (S. 43).
In Bärlachs Wohnung angekommen, bedankt sich der Kommissär
dafür, dass Tschanz ihm das Leben gerettet habe. In Widerspruch zu
seinen Worten steht allerdings das weitere Verhalten Bärlachs: er entnimmt seiner Manteltasche einen schweren Revolver; sein linker Arm
ist mit dicken Tüchern bandagiert „wie es bei jenen Brauch ist, die
ihre Hunde zum Anpacken einüben" (S. 44) – er war auf die Begegnung mit Gastmanns Hund also durchaus vorbereitet und hätte sich
selbst zur Wehr setzen können. Welche Bedeutung diese Informationen besitzen, erfährt der Leser jedoch zunächst nicht.
Die Kapitel acht und neun lassen im Gespräch zwischen Bärlachs Vorgesetztem Dr. Lutz und von Schwendi, der seine Position als Nationalrat ausspielt, die Umrisse von Gastmanns Gestalt in klaren Kon-

Gastmanns
Macht und
Reichtum

turen entstehen: ein erfolgreicher Gesandter und Wirtschaftsmanager, der durch eine steile Karriere zu Macht und Reichtum gelangt ist
und sich so die nötige Unabhängigkeit erworben hat, um sein Leben
völlig nach eigenen Vorstellungen einzurichten, sich sogar am Rand
der Legalität zu bewegen, etwa indem er Kontakte zwischen Schweizer Geschäftsleuten und der chinesischen Botschaft herstellt, die aus
diplomatischen Gründen geheimgehalten werden müssen.
Die innere Entwicklung des Romangeschehens drängt auf eine Begegnung zwischen Bärlach und Gastmann hin – zunächst ist jedoch an

Die Beerdigung
Schmieds

dieser Stelle ein retardierendes Element eingefügt, die Beerdigung
Schmieds am folgenden Tag. Sie findet bei strömendem Regen statt,
ein Unwetter, das in grotesken Vergleichen beschrieben wird: „Der
Regen kam nun in wahren Kaskaden (…) Trams, Automobile
schwammen irgendwo in diesen ungeheuren, fallenden Meeren
herum" (S. 56). Die Bereiche des Lebendigen und des Toten ver-
mengen sich („Die Grabsteine und die Kreuze wichen zurück, sie
schienen einen Bauplatz zu betreten" (S. 57)); hinzu treten komische
Elemente wie die seltsam stilisierte Polizistengruppe – „alles Polizisten,
alle in Zivil, alle mit den gleichen Regenmänteln, mit den gleichen
steifen schwarzen Hüten, die Schirme wie Säbel in den Händen, phantastische Totenwächter, von irgendwo herbeigeblasen, unwirklich in

ihrer Biederkeit" (S. 59) – und die Bläser der Stadtmusik in schwarzroten Uniformen und gelben Instrumenten, den Farben des Berner
Wappens.

Lebendig wird diese Gruppe, als Dr. Lutz zu seiner Leichenrede
anhebt und plötzlich mit zwei Dienern Gastmanns konfrontiert wird,
die sturzbetrunken Schweizer Volkslieder grölen, „Der Tüfel geit um",
dann „Der Müllere ihre Ma isch todet", schließlich einen deutschen
Schlager „Es geht alles vorüber, es geht alles vorbei". Nachdem sie
einen mächtigen Lorbeerkranz mit der Schleife „Unserem lieben Doktor Prantl" – Schmieds Pseudonym in Gastmanns Gesellschaft – hin-
terlegt haben, verschwinden sie torkelnd und lassen eine konsternierte
Trauergesellschaft zurück.

Am selben Tag noch dringt Gastmann in Bärlachs Wohnung ein, findet Schmieds Dokumentenmappe und wartet Bärlachs Rückkehr ab.
Der folgende Dialog zwischen den beiden Männern führt ins Zentrum des Romans. Gleich zu Beginn wird die Rollenverteilung deutlich: Bärlach erscheint als zäher Kämpfer für die Gerechtigkeit, Gastmann als energischer, geheimnisvoller Verbrecher, der die Gesetze
der Gesellschaft in Frage stellt. Allerdings erscheinen die Vorbedin-
gungen dieser Beziehung unausgewogen, wie Gastmann kühl betont
– er hat sich durch einen Einbruch bei Bärlachs Arzt Dr. Hungertobel Einblick in die Krankenakte verschafft und weiß daher, dass
Bärlach ein tödliches Magenleiden hat: „Die Ärzte geben dir noch ein
Jahr, wenn du dich jetzt operieren läßt" (ebd.). Tatsächlich ist Bärlachs Lage noch dramatischer, als Gastmann zu wissen annimmt; er
muss sich innerhalb von drei Tagen operieren lassen, um noch ein
Jahr zu überleben.

Konfrontation
Bärlach–
Gastmann

Im folgenden Gespräch präsentiert Gastmann die Vorgeschichte des
aktuellen Geschehens: das Leben beider Männer wird durch eine
40 Jahre zurück liegende Begegnung in der Türkei geprägt. Sie trafen
sich „in irgendeiner verfallenen Judenschenke am Bosporus", ein
„junger Polizeifachmann" und „ein herumgetriebener Abenteurer"
(S. 65). Voneinander fasziniert, ließen sie sich im Verlauf dieser alko-
holisierten Nacht auf eine Wette ein, die ihr Leben grundlegend veränderte. Beide, Bärlach wie Gastmann, gingen davon aus, dass die
Welt durch den Zufall dominiert werde und menschliches Verhalten
rational kaum berechenbar sei. Aus dieser Idee zogen sie jedoch unterschiedliche Schlüsse, die ein je eigenes Weltbild entstehen ließen.
Während Bärlachs These darauf hinauslief, dass der Zufall als posi-
tive Macht die Ordnung der Gesellschaft erhalte, weil es unmöglich
sei, „mit Menschen wie mit Schachfiguren zu operieren" (S. 67), war
Gastmann begierig darauf, „dieses mein einmaliges Leben und diesen einmaligen Planeten kennenzulernen" (S. 65). Er behauptete, dass
der Zufall Verbrechen geradezu begünstige und ihre Aufklärung verhindere. Sein skrupelloser Selbstverwirklichungswille brachte ihn

Die Wette:
Kann der Zufall
die Aufklärung
von Verbrechen
verhindern?

dazu, nicht nur die Wette zu halten, sondern sie durch ein mutwillig begangenes Verbrechen – den Mord an einem deutschen Kaufmann – zu untermauern. Gastmann gewann diese Wette und entwickelte sich in der Folge zu einem perfekten Verbrecher, Bärlach hingegen zu einem fähigen Kriminalisten, dessen Lebensziel es war, Gastmann seiner Taten zu überführen – ohne dass ihm dies im Laufe der Jahre je geglückt wäre.

Die Wette, aus Schnaps und Übermut geboren, wurde zur Herausforderung an eine transzendente Macht – „eine Wette, die wir trotzig in den Himmel hineinhängten, wie wir etwa einen fürchterlichen Witz nicht zu unterdrücken vermögen, auch wenn er eine Gotteslästerung ist, nur weil uns die Pointe reizt als eine teuflische Versuchung des Geistes durch den Geist" (S. 67). Sie ließ beide Männer schuldig werden: Gastmann, weil er sie als Herausforderung empfand, die absolute Freiheit jenseits der persönlichen Verantwortung auszuleben, Bärlach, weil er in seiner „Biederkeit" den Kontrahenten in Versuchung führte, den Beweis für seine These zu liefern.

Gastmanns Überlegenheit

Der Kreis hat sich nun für beide geschlossen: Gastmann ist nach Lamboing, seinem Geburtsort zurückgekehrt und scheint nach dem Mord an Schmied endgültig über Bärlach zu triumphieren. Dessen tödliche Krankheit verhindert weitere Anstrengungen, Gastmann zur Strecke zu bringen. Zudem hat Gastmann die Aufzeichnungen Schmieds entwendet, von denen Bärlach sich unvorsichtigerweise keine Kopien anfertigen ließ. Seine Gewaltbereitschaft demonstriert er, indem er Bärlachs Schlangenmesser knapp am Kommissär vorbei in den Lehnstuhl schleudert. Er macht ihn überdies zur lächerlichen Figur, wenn er ihn fälschlicherweise glauben lässt, er habe seinem Revolver die Munition entnommen – deprimiert und von einem neuerlichen Krankheitsanfall getroffen, liegt Bärlach am Schluss dieser Szene hilflos am Boden und stöhnt „Was ist der Mensch?" (S. 72)

Der Kommissär kommt wieder auf die Beine. Seine tödliche Krankheit zwingt ihn jedoch, die Entscheidung mit Gastmann schnell und um jeden Preis zu suchen – gegen den Willen seines Chefs, der unter dem Einfluss von Schwendis versucht, ihn von dieser Spur abzubringen. Bärlach zieht sich selbst aus der Ermittlungsarbeit zurück; er bittet um Krankheitsurlaub und lässt Tschanz an seine Stelle treten.

Zunächst vernehmen beide noch „den Schriftsteller", der Gastmann gut kennt und zum Kreis seiner „Mittwochsgäste" gehört. Das Verhör trägt wenig zum Fortgang der Handlung bei, es bietet auch kaum Informationen, die über bereits vorhandene Aussagen hinausgingen. Im Zentrum des Gesprächs steht vielmehr Kulinarisches. Gastmanns Kochkunst fasziniert den Schriftsteller, sie gehört auch zu den Ambitionen Bärlachs, so dass sich der lebhafte Dialog der Gourmets über eine Dreiviertelstunde hinzieht, obwohl Tschanz unbedingt zur Sache kommen will. Aber es ist mehr als der Gaumenkitzel, der den Schrift-

Der Schriftsteller: ein Gourmet

steller in Gastmanns Gesellschaft zieht. Er fühlt sich angezogen von
der Lebensphilosophie dieses Verbrechers, dessen Charakterstudie er
im zweiten Teil des Gesprächs entwirft. Sie besitzt programmatische
Bedeutung: der Schriftsteller vertritt den Verfasser des Romans, wenn
er quasi auf dem Reißbrett den Mörder als Figur des reinen Bösen
zeichnet, entworfen nach geometrischem Muster: „Man könnte sein
Gegenbild im Bösen konstruieren, wie man eine geometrische Figur
als Spiegelbild einer anderen konstruiert" (S. 82). Ist Gastmanns Handeln durch den Zufall bestimmt, ein Nihilist mit seinen bösen, an keine
moralischen Prinzipien gebundenen Neigungen, so wird sein Pendant
definiert als ein Verbrecher, der böse handelt aus Prinzip – ausfor-
muliert in der Figur des Dr. Emmenberger im zweiten Bärlach-Roman
„Der Verdacht". Das Phänomen des Bösen fasziniert Bärlach wie den
Schriftsteller: auf die Frage des Kommissärs, ob seine Äußerungen ein
Bild Gastmanns entwerfen oder der eigenen Träume, antwortet der
Schriftsteller: „Unserer Träume" (S. 83).

Tschanz, der missmutig diesem Gesprächsverlauf folgt, weil er auf der
Suche nach einem möglichen Täter nicht weiterführt, will Bärlach auf
Gastmann als Täter festlegen. Der Kommissär weigert sich, er stachelt
vielmehr Tschanz' krankhaften Ehrgeiz durch den Verweis auf
Schmieds Leistungen an und steigert dessen Nervosität, indem er
explizit Gastmann als Mörder ausschließt.

Bärlachs Gesundheitszustand ist miserabel – dies lässt er am gleichen
Abend durch seinen Hausarzt Dr. Hungertobel bestätigen. In der
Nacht kommt es zur Konfrontation mit einem Unbekannten: der
Kommissär muss sich in der eigenen Wohnung gegen einen einge-
drungenen Mörder zur Wehr setzen. Die Spannung und Verunsicherung dieser Szene erlebt der Leser aus der beschränkten Perspektive
Bärlachs. Durch vereinzelte Beobachtungen – Luftzug, ein schlagendes Schlafzimmerfenster, die Silhouette einer Hand im „braunen
Lederhandschuh", den Griff nach dem Schlangenmesser – wird die
fortschreitende Bedrohung verdeutlicht. Bärlach befindet sich in einer
ungünstigen Position; er muss sich gegen einen Täter wehren, der zu
allem entschlossen ist und das Gesetz des Handelns ergriffen hat:
„Bärlach stand in vollkommener Dunkelheit, der andere hatte den
Kampf aufgenommen und die Bedingungen gestellt: Bärlach mußte
im Finstern kämpfen" (S. 92). Er nimmt den Kampf auf, entschlossen, sein „Leben, das noch ein Jahr dauern konnte, wenn alles gut
ging, wenn Hungertobel gut und richtig schnitt" (S. 92 f.), zu vertei-
digen. Mit einem raffinierten Trick gelingt es ihm, den Gegner zum
Messerwurf zu provozieren, gleichzeitig die Nachbarn zu veranlassen,
Licht anzuschalten und damit die bedrohliche Dunkelheit zu been-
den. Der Unbekannte flieht.

Noch in der gleichen Nacht ruft Bärlach Tschanz an, um ihm von dem
Überfall zu berichten und mitzuteilen, dass er den Unbekannten

*Der Überfall auf
Bärlach*

kene. Am nächsten Morgen, einem Sonntag, will er die angekündigte Kur in Grindelwald beginnen. Bärlach lässt sich von einem Taxi abholen und erkennt erst im Wagen, dass Gastmann neben ihm sitzt, „er in eine Falle gegangen war" (S. 98). Unterschwellig bedroht Gastmann seinen Kontrahenten – „Es ist noch jeder umgekommen, der sich mit mir beschäftigt hat, Bärlach" (ebd.). Der Kommissär antwortet mit einem Gegenangriff, der mit dem Unterton ratloser Entschlossenheit vorgetragen wird: „Es ist mir nicht gelungen, dich der Verbrechen zu überführen, die du begangen hast, nun werde ich dich eben dessen überführen, das du nicht begangen hast" (S. 100). Gegen

Bärlachs Prophezeiung

alle Erwartungen setzt Gastmann Bärlach am Bahnhof ab. Dessen mit alttestamentarischem Pathos vorgetragener Prophezeiung – „Der Henker, den ich ausersehen habe, wird heute zu dir kommen. Er wird dich töten, denn das muß nun eben einmal in Gottes Namen getan werden" – kann Gastmann nur noch mit einem hilflosen Schrei – „Du Narr!" beantworten (S. 102).

Tschanz, provoziert durch Bärlachs scheinbares Desinteresse, ist entschlossen, die Auseinandersetzung mit Gastmann selbst zu suchen. Nach der Kirche passt er Anna, die Verlobte Schmieds, ab und vergewissert sich ihrer Zuneigung – sie solle ihm „das gleiche" sein „wie ihrem verstorbenen Bräutigam" –, eine überdeutliche Anspielung auf den krankhaften Ehrgeiz des Polizisten und seinen Wunsch, mit der beneideten Person des ehemaligen Kollegen zu verschmelzen. Durch die Weinberge steigt er anschließend bei gleißendem Sonnenlicht nach

Tschanz tötet Gastmann

Lamboing empor. Er stellt Gastmann in seiner Villa. Der hat sich Bärlachs Drohung offensichtlich zu Herzen genommen und ist bereits abreisefertig; Tschanz tötet ihn und seine zwei Diener in einem kurzen Schusswechsel, wobei er selbst verletzt wird.

Am folgenden Morgen treffen von Schwendi und Dr. Lutz in der Leichenkammer von Biel auf Bärlach, der von Grindelwald zurückgekehrt ist. Einer der Diener Gastmanns hatte die Mordwaffe im Fall Schmied „mit der Hand umklammert" (S. 106), woraus Dr. Lutz auf Gastmann als Auftraggeber schließt. Tschanz soll als erfolgreicher Ermittler und als derjenige, der Gastmann in Notwehr getötet hat, mit einer Beförderung belohnt werden. Damit hat die Auseinandersetzung zwischen Bärlach und Gastmann ihr Ende gefunden. Ohne sich

Bärlach nimmt Abschied

seines Erfolges freuen zu können, nimmt der Kommissär mit einer versöhnlichen Geste Abschied von seinem Gegner: „nun war dem Alten nichts mehr geblieben als ein müdes Zudecken, als eine demütige Bitte um Vergessen, die einzige Gnade, die ein Herz besänftigen kann, das ein wütendes Feuer verzehrt" (S. 109).

Ein verhaltener Schluss der Geschichte: Der Kriminalfall ist gelöst, die Gerechtigkeit hat gesiegt, das Böse ist endgültig unterlegen – scheinbar. Das zwanzigste Kapitel zeigt, dass dieser Schluss voreilig ist. Noch am gleichen Montagabend wird Tschanz von Bärlach zu

einem opulenten Abendessen geladen, angeblich, um seinen „Sieg"
zu feiern. Der an Magenkrebs Erkrankte hat für diesen Abend ein
Dienstmädchen und eine Köchin engagiert, um eine wahre Fressorgie   *Das Festbankett*
vorzubereiten. Er hat auch den festlichen Rahmen des Abends mit
Kerzen betont, die durch ihre Schattenbilder dem Gastgeber ein gro-
tesk-riesenhaftes Aussehen verleihen: „An der Wand zeichnete sich,
zweimal vergrößert, in wilden Schatten seine Gestalt ab, die kräftigen
Bewegungen der Arme, das Senken des Kopfes, gleich dem Tanz eines
triumphierenden Negerhäuptlings" (S. 111). Durch seine ungeheure
Fressgier verwirrt Bärlach sein Gegenüber, er scheint ungeheuer vital,
leugnet seine Krankheit und lässt Tschanz damit erkennen, in eine
„heimtückische Falle geraten" zu sein (S. 112). Die Siegesfeier wird zu
einer Henkersmahlzeit: Bärlach sagt ihm auf den Kopf zu, Schmieds
Mörder gewesen zu sein.

Das Dénouement, die traditionelle Täterentlarvung, wird nun in einer   *Die Lösung des*
streng logisch aufgebauten Indizienkette vorgeführt. Bärlach hatte wie   *Falles*
ein „unerbittliche(r) Schachspieler" (S. 114) mit seinem Opfer gespielt.
Tschanz war, von Neid und Ehrgeiz getrieben, zum Mörder des fähigen Kriminalisten Schmied geworden, der Gastmann seiner Verbrechen überführen sollte. Daher wurde er nun selbst von Bärlach eingesetzt, um ihn zur Strecke zu bringen. Indem der Kommissär scheinbar im Zusammenspiel mit Dr. Lutz alle Ermittlungen gegen Gastmann unterband, provozierte er Tschanz zu der letzten tödlichen Konfrontation – eine *Chance*, die Bärlach unerbittlich ergriff. „Da haben
Sie mich und Gastmann aufeinander gehetzt wie Tiere!" – „Bestie
gegen Bestie" (S. 116). Das Verhältnis zwischen Bärlach und Tschanz
war genau kalkuliert, wie der entsetzte Mörder erst auf der vorletzten Seite des Romans erkennt: „Dann waren Sie der Richter, und ich
der Henker" (S. 117). Bärlach ist schuldig geworden: er hat sich eine
Rolle angemaßt, die ihm nicht zukommt. Um Gastmann zu besiegen,
die Wette endgültig für sich entscheiden zu können, hat er auf Maßnahmen zurückgegriffen, deren sich bislang stets sein Kontrahent
bedient hat.

Letztlich kann er daher auch Tschanz gegen alle Vorschriften in die
Freiheit entlassen – eine Freiheit allerdings, die Tschanz in den Selbstmord führt: er wird „unter seinem vom Zug erfaßten Wagen tot auf-
gefunden" (S. 118). Das Ende des Romans zeigt damit eine Welt, in
der die Schuldigen zwar bestraft sind, eine „heile Welt", der sich der
Leser beruhigt stellen kann, will sich dennoch nicht einstellen, zu   *Keine heile Welt*
irritierend sind Recht und Gerechtigkeit in ihr Gegenteil verkehrt
worden.

2. Zur Bauform des Romans

Krimischablone

Dürrenmatts Roman hält sich eng an die Vorgaben, die das Mordrätsel englischer Tradition vorgibt. Spannung wird mit den üblichen Kunstgriffen der Kriminalerzählung aufgebaut: mit der Verfolgung richtiger und falscher Spuren, der Entdeckung lückenhafter Alibis und Indizien, dem Aufstellen widersprüchlicher Schlussfolgerungen, dem verdächtigen Verhalten einzelner Personen, dem Verschweigen wesentlicher Informationen. Erzählt wird in einem konsequent chronologischen Durchgang der Ereignisse, der aber an wesentlichen Stellen von retardierenden Elementen durchbrochen wird. So wird auch in der Struktur deutlich, dass Dürrenmatt das vorgegebene Schema aufgreift, um es zu variieren und damit zu spielen.

Exposition
Kap. 1–3

Die Exposition (Kapitel 1–3) orientiert sich streng am Genre: das Auffinden der Leiche konfrontiert den Leser ohne Umschweife mit dem aufgegebenen Rätsel. Alle Personen stammen aus dem Polizeimilieu: das Opfer ebenso wie der Kommissär, sein Vorgesetzter und sein Assistent. Verblüfft wird der Leser – wenn auch nur der unbedarfte: ein ausgeprägter Konsument der Kriminalliteratur dürfte gerade in diesen Passagen die Traditionslinien wiedererkennen – durch die unorthodoxe Gestalt Bärlachs, der in seinem grobschlächtigen Äußeren und unsensiblen Verhalten wenig in das Gardemaß der trivialen Mythen passt. Er ist Einzelgänger und seinem Chef gegenüber ebenso aufsässig, wie er seinem Assistenten misstraut.

1. Erzählphase
Kap. 4–7

An die Exposition schließt eine erste Erzählphase (Kapitel 4–7) an, in der die Ermittlungstätigkeit am 4. November 1948, dem zweiten Abend nach dem Mord, geschildert wird. Bärlach und Tschanz fahren nach Lamboing, um der geheimen Tätigkeit des Mordopfers nachzuforschen. Sie stoßen dabei auf das Haus Gastmanns. Hier kommt es zu einem ersten Spannungshöhepunkt: dem Kampf Bärlachs mit Gastmanns Hund, wobei ihm Tschanz – scheinbar – das Leben rettet. Am Ende dieses Erzählabschnitts sieht sich der Leser um sein Verständnis der bisherigen Handlung betrogen: Bärlach ist bewaffnet und durch seine Bandagen gut gesichert – der Assistent sollte offensichtlich zu einem Schuss provoziert werden.

Zwischenspiel 1
Kap. 8–10

Ein satirisch-groteskes Zwischenspiel (Kapitel 8–10) schiebt sich als retardierendes Element in den weiteren Fortgang der Ermittlungsarbeit: die Nachforschungen bei Gastmann sollen aufgrund politisch-militärisch-wirtschaftlicher Gesichtspunkte nicht weitergeführt werden – hier entlarvt sich die Schweizer haute volée als opportunistische Mitläufer –, und die Begräbnisfeier Schmieds wird durch die grölenden Leibwächter Gastmanns gestört, ein klarer Hinweis auf die Skrupellosigkeit und Durchsetzungsfähigkeit ihres Auftraggebers.

Damit wird die Konfrontation der beiden Antagonisten vorbereitet.
Der zweite Erzählabschnitt (Kapitel 11–12) lässt erstmals Bärlach und *2. Erzählphase*
Gastmann in direktem Schlagabtausch aufeinandertreffen. Dass sich *Kap. 11–12*
hier das Zentrum des Romans befindet, ist formal wie inhaltlich offensichtlich: die Szene befindet sich genau in der Mitte des Buches, und
sie geht in die Tiefe der Handlung. In einer Retrospektive wird der
Sinnzusammenhang des Geschehens enthüllt, alle wichtigen Informationen werden hier für den Leser nachgeliefert. Mit diesem erneuten retardierenden Element treten die Spannungselemente zunächst
zurück. Eine zweite lebensbedrohliche Szene, in der Gastmann Bärlach ausmanövriert und an den Rand seiner physischen wie psychischen Existenz treibt, bringt einen neuen Spannungshöhepunkt.

Ein zweites Mal wird die Handlung unterbrochen (Kapitel 13–15), *Zwischenspiel 2*
wenn der Schriftsteller von Bärlach und Tschanz verhört wird – er ist *Kap. 13–15*
als Zeuge zwar wenig informativ, breitet dafür aber das ethisch-phi-
losophische Grundschema des Romans aus. Zugespitzt wird die Kriminalhandlung wieder, wenn Tschanz seinen unterdrückten Ehrgeiz
offenbart und Bärlach seinen Assistenten auf Gastmann hetzt. Zudem
wird das Tempo der Handlung gesteigert, wenn der Leser erfährt,
dass Bärlach nur noch kurze Zeit zu leben hat, sofern er sich nicht
innerhalb weniger Tage operieren lässt (und auch dann bleibt ihm nur
noch ein Jahr).

Die dritte Erzählphase (Kapitel 16–18) wird mit einem Mordanschlag *3. Erzählphase*
auf Bärlach eingeleitet, der dritten lebensbedrohlichen Situation, aus *Kap. 16–18*
der sich der Kommissär nur mit Hilfe eines raffinierten Schachzugs
retten kann, auch wenn dieser Schuss aus dem Fenster zunächst unlo-
gisch wirkt. Der Angreifer entkommt unerkannt, sein „brauner Lederhandschuh" ist das einzige Identifikationselement. Es erweist sich später als blindes Motiv: zwar trägt Gastmann, der ihn am folgenden Tag
mit seinem Wagen entführt, ebenfalls braune Lederhandschuhe, er
hat aber mit dem Überfall nichts zu tun. Im Verlauf dieser zweiten
Konfrontation kündigt Bärlach den Tod Gastmanns an und lässt in
einer zunächst kryptisch wirkenden Äußerung den Titel des Romans
anklingen. Wer der „Henker" sein wird, lässt das folgende Kapitel
deutlich werden. Tschanz versichert sich der Zuneigung von
Schmieds Verlobter Anna, bevor er sich auf den Weg zu Gastmanns
Villa macht und diesen erschießt.

Die Schlussphase des Romans (Kapitel 19–21) ist, dem Schema des *Schlussphase*
Genres durchaus angemessen, mehrfach gebrochen. Eine erste Vari- *Kap. 19–21*
ante entspricht den Lesererwartungen, wirkt dadurch allerdings auch
enttäuschend. Gastmann ist in den Augen der Berner Polizeispitze
tatsächlich Auftraggeber des Mordes an Schmied gewesen, Tschanz
der selbstlose Aufklärer. Ein zweiter Schluss entlarvt den tatsächlichen
Mörder im Verlaufe des vorgeblichen Festmahls. In dieser abschließenden Aufklärungsszene gibt Bärlach die Antwort, wer wo

wann und warum den Polizeileutnant Schmied umgebracht hat. Hier kommt Dürrenmatts Kommissär nahe an das Vorgehen des schwergewichtigen Nero Wolfe in den Romanen des Amerikaners Rex Stout heran. Das Dénouement des klassischen Kriminalromans ist konventionell, sprengt aber zugleich die Spielregeln des Genres, wenn deutlich wird, dass Bärlach an der Aufklärung des Falles gar nicht gelegen war, er vielmehr das selbstgefällte Urteil an seinem Kontrahenten Gastmann vollstrecken ließ.

Der dritte Teil dieses Schlussarrangements schließlich berichtet vom Tode Tschanz' und weist noch einmal auf das nahe Ende Bärlachs hin – ein verstörendes Ende, das der Hoffnung des Lesers auf die Wiederherstellung einer gerechten Ordnung Hohn spricht.

3. Zur Thematik des Romans

Verbrechen und ihre kriminaltechnische Aufklärung bilden lediglich die Oberfläche für die Handlung der Dürrenmattschen Kriminalromane. In ihrem Kern sind sie dagegen Ausdruck des problematischen Verhältnisses von Recht, Gerechtigkeit und Gnade in einer gutbürgerlichen Gesellschaft. Arbeitet der Text als Mordrätsel mit allen Spannungs- und Unterhaltungseffekten des traditionellen Genres, um den Leser zum Mitdenken zu stimulieren und ihn am Ende zu verblüffen, so gestaltet er als Parabel die moralische Auseinandersetzung um Rechtsbruch und Rechtsverwirklichung.

Das Verhältnis von Recht, Gerechtigkeit und Gnade

In diesem ersten Roman geht es vordergründig um den Mord des Polizisten Tschanz an seinem Kollegen Schmied und seinen Versuch, die Tat dem Großverbrecher Gastmann in die Schuhe zu schieben. Im Hintergrund aber steht die Wette zwischen Bärlach und Gastmann, die erst die Gegenwartshandlung auslöst. Hier wird der Leser eingeladen, über die Unvollkommenheit der menschlichen Planung und die Rolle des Zufalls, die Natur des Bösen, den Unterschied zwischen Recht und Gerechtigkeit nachzudenken.

Eindeutige ethische Wertsetzungen werden im Verlauf dieser Handlung fragwürdig. Wie sehr die Positionen verschwimmen, zeigt sich bereits in der ersten Annäherung der Kontrahenten: beide, so zeigt die Retrospektive Gastmanns, sind fasziniert von der makabren Macht des Bösen. Animiert durch den reichlich genossenen Alkohol kommen sich die jungen Schweizer in einer Istanbuler Kneipe näher: „Wir liebten uns auf den ersten Blick" (S. 65) erinnert der Verbrecher den Kommissär. Deutlicher noch: „Wahrlich, *eine* Nacht kettete uns für ewig zusammen!" (S. 70) – als zwei Seiten einer einzigen Kraft erscheinen sie, jugendliche Abenteurer beide, für die der spielerische

Die Faszination des Bösen

Reiz einer blasphemischen Pointe mehr zählt, als ihre mögliche Realisierung, um die sie sich zunächst keine Gedanken machen.

Die gemeinsame Leidenschaft für das Kochen suggeriert noch einmal
die Aufhebung der Grenzen zwischen den Kontrahenten. Beide sind
Genussmenschen, besitzen die gleiche Vorliebe für ein Spiel mit *Das Spiel*
Regeln, die sie über den Bereich des Kulinarischen hinaus auf die *mit Menschen*
Manipulation von Menschen übertragen. Sie beanspruchen damit
eine Freiheit, die moralische Grenzen weit übersteigt. Was den Verbrecher von seinem Verfolger noch unterscheidet, erscheint daher
mehr dem Zufall überlassen als einer auf moralischen Grundsätzen
beruhenden Maxime des Handelns. Bärlach und Gastmann bilden
so Figuren in einer Geometrie der Beziehungen, die nach mathematischen Regeln austariert ist und durch eine weitere Position
ergänzt werden könnte: „Man könnte sein Gegenteil im Bösen konstruieren, wie man eine geometrische Figur als Spiegelbild einer anderen konstruiert, und ich bin sicher, daß es auch einen solchen Menschen gibt – irgendwo – vielleicht werden Sie auch diesem begegnen"
(S. 82).

Diese Darstellung steht im Zentrum des Schriftstellergesprächs
(S. 76–83), in dem es zwischen Bärlach und dem Schriftsteller zu einer
lebhaften Diskussion über „Gerichte" (S. 78) kommt. An dieser Stelle
bereits wird die Henkersmahlzeit am Schluss des Romans angedeutet
– die Kochkunst des magenkranken Kommissärs erweist sich dort in
seinem raffinierten Arrangement des „letzten Gerichts", das ihn noch
einmal als „Richter" zeigt, der ein böses Spiel mit seinem Assistenten
Tschanz treibt.

Die Unlogik der Welt wird in der umnebelten Kneipenatmosphäre
zunächst Thema einer rational-abstrakten Auseinandersetzung. Zwei
Thesen mit einem gemeinsamen Ausgangspunkt werden gegenüber
gestellt: überzeugt davon, dass der Mensch in seiner Unvollkommenheit die Handlungsweise anderer nie mit Sicherheit voraussagen
könne, bewirke der Zufall – Bärlachs These – zwangsläufig die Auf- *Die Bedeutung*
deckung von Verbrechen oder ermögliche gerade das risikofreie, weil *des Zufalls*
nicht geahndete Verbrechen – Gastmanns These. Um ihre antitheti-
schen Behauptungen zu erhärten, lassen sie sich „im Übermut" (S. 67)
auf eine Wette ein, die ihr eigenes Leben bestimmt und andere Menschen das Leben kostet.

Gastmann hat in den folgenden Jahren die Wette unzählige Male
gewonnen; Bärlach, stets auf seiner Spur, um die Verbrechen aufzudecken und den Täter zu bestrafen, kommt immer einen Schritt zu
spät. Schuldig geworden sind mit dem Abschluss der Wette beide: *Bärlachs und*
Gastmann, der sie anbot und in der Folge „ein immer besserer Ver- *Gastmanns*
brecher" wurde (S. 69), wie Bärlach, der die Wette hielt. Er kann sich *Schuld*
nach dem Mord an einem Unbeteiligten nicht mehr damit herausre-
den, er habe eigentlich die Wette nicht ernst genommen, nie damit

gerechnet, dass sie realiter umgesetzt werden könnte. Gerade seine „Biederkeit" war es ja, die Gastmann „in Versuchung" führte (S. 67). Bärlach sieht sich damit herausgefordert, die Wette für sich zu entscheiden – sei es, um den Zweikampf zu gewinnen, um seinen Teil der Schuld abzugelten, oder um so zu beweisen, dass es doch ein normatives Recht gibt, das jenseits menschlichen Beliebens steht und nicht dem zufälligen Übermut ausgesetzt ist.

Prinzipien des Naturrechts wie Menschenwürde, Gerechtigkeit, Gleichheit werden dabei nicht in Zweifel gezogen – selbst Gastmann wendet sich nicht gegen die Normen eines überindividuellen Rechts, das zwischen Gut und Böse unterscheiden lässt. Allerdings setzt er sich nach Belieben darüber hinweg; seine Schuld besteht gerade darin, spielerisch mit dem Leben umzugehen, als Hasardeur „den Zufall", so der Schriftsteller, über sein Handeln bestimmen zu lassen (S. 82). Staatliches positives Recht, das in Gesetze gegossen ist, wird dagegen von Gastmann leichthändig umgebogen, sei es, indem er geschickt mit Motiven und Indizien manövriert (S. 69) oder sich durch eine gesellschaftlich und ökonomisch unangreifbare Stellung außerhalb des Zugriffs der Strafverfolgungsorgane bewegt (S. 53–55).

Bärlach setzt sich seinerseits für die strikte Einhaltung des Rechts ein: ohne Skrupel und jenseits aller gesetzlichen Normen fordert er die Respektierung naturrechtlicher Grundlagen; ein nicht bestraftes Verbrechen lässt ihn an der Gerechtigkeit der Welt überhaupt zweifeln.

Bärlach als Gerechtigkeitsfanatiker

Er wird zu einem Gerechtigkeitsfanatiker, dem schließlich alle Mittel recht sind, um sein Ziel zu erreichen. Selbst die Todesstrafe legitimiert er, wenn er sich zum „Richter" aufspielt und dafür sorgt, dass das von ihm verhängte Urteil durch einen „Henker" tatsächlich ausgeführt wird. Im Gegensatz zu der routiniert und opportunistisch agierenden Polizeibürokratie, die, wenig verwunderlich, stets den Falschen trifft und den Mörder befördert, ist Bärlach unerbittlich und kompetent, ein Einzelkämpfer, dem es gelingt, der Gerechtigkeit zu ihrem Triumph zu verhelfen.

Ein Ausnahmerecht für Bärlach?

Seine Legitimationsbasis ist jedoch schmal: er nimmt sich als Sterbender ein Recht außerhalb der Gesetze. Die „Endspielsituation", so Dürrenmatt im Gespräch mit Thomas Fischer und Norbert Zwölfer (Südwestfunk Baden-Baden, 1979), lässt ihn schuldig werden, die existentielle Situation Bärlachs wird entscheidender als das legale Prinzip. Offensichtlich kann er, nachdem er mit Mitteln des Rechtsstaats immer wieder gescheitert ist, dem Recht nur Geltung verschaffen, wenn er selbst ein kriminelles Verhalten an den Tag legt, das ihn seinem Gegner gleichstellt. Paradoxerweise kann Bärlach die Wette nur durch eigene Schuld einlösen. Damit bestätigt er genau die These, die er Gastmann gegenüber bestritten hat. Um sein Verhalten zu rechtfertigen, greift er auf ein transzendentes Ausnahmerecht zurück: „Der Henker, den ich ausersehen habe, wird heute zu dir

kommen. Er wird dich töten, denn das muß nun eben einmal in Gottes
Namen geschehen" (S. 100).

Ein „Ausnahmerecht" billigt Bärlach auch der Karlsruher Professor
für Öffentliches Recht, Peter Schneider, 1966 mit einer ausgefeilten
juristischen Begründung zu:

> „Der Griff nach dem außerordentlichen Mittel erweist sich als ultima
> ratio. Er könnte sich auf Staatsnotrecht wie auf Widerstandsrecht be-
> rufen. Auf Staatsnotrecht als Träger einer Kompetenz, auf Wider-
> standsrecht als selbstverantwortlicher Bürger. (…) Sein Sieg über den
> Rechtsbrecher befreit ihn nicht von der Mitverantwortung am Rechts-
> bruch. Er erfährt sich nicht als derjenige, dem es zukommt, das eigent-
> liche Recht im Widerspruch und Widerstand gegen das uneigentliche
> positive Alltagsrecht zu verwirklichen. Seine Aktion „offenbart" nicht,
> daß das, was öffentlich als Recht bezeichnet wird, in Wahrheit kein
> Recht ist. Sein „Recht" ist im strikten Sinne des Wortes Ausnahme-
> recht." (Peter Schneider: Die Fragwürdigkeit des Rechts im Werk von
> Friedrich Dürrenmatt. Vortrag gehalten vor der Juristischen Studien-
> gesellschaft in Karlsruhe am 20. Juni 1966, Karlsruhe 1967, S. 21)

Folgt man seiner Einschätzung, dass in dieser außerordentlichen Lage
der Gesetzesbruch die einzig angemessene Verhaltensweise darstellt,
dann wird Bärlach zu einem unerschrockenen Helden. Entschlossen,
sich einem durch korrupte Mächte geschützten Feind ebenso entgegenzusetzen wie einem banal-ehrgeizigen Mörder, erwiese er sich so
als der „mutige Mensch", den zu zeigen der Autor 1954 in den „Thea-   *Der „mutige*
terproblemen" als sein „Hauptanliegen" bezeichnet hat: er wäre der-   *Mensch"*
jenige, der in einer Welt von Monstern Position bezieht, sich „der
Wurstelei unseres Jahrhunderts entgegensetzt", in der „es keine Schuldigen und auch keine Verantwortlichen mehr (gibt). Alle können
nichts dafür und haben es nicht gewollt." (Friedrich Dürrenmatt:
„Theaterprobleme", a. a. O., S. 59 f.)

Ein weniger moralisch-seriöses Bild Bärlachs entsteht, wenn man die
„Spiel"-Metapher des Romans ernst nimmt. Der Kommissär spielt   *oder der*
mit Leidenschaft falsch – Tschanz gegenüber betont er im ersten   *Falschspieler?*
Gespräch: „Ich bin ein großer alter schwarzer Kater, der gern Mäuse
frißt" (S. 21) und noch einmal im Verlauf des letzten: „Ich habe mit
dir gespielt" (S. 114); im Kampf gegen Gastmann greift er zu gezink-
ten Karten, die er seinem Kontrahenten offen zeigt, um ihn so nur
noch mehr in die Ecke zu drängen (S. 100). Damit erweist sich, so Ira
Tschimmel, dass Bärlach „genau wie der ‚klassische' Detektiv sein
Gerechtigkeitsstreben nur als moralisch akzeptierten Rechtferti-
gungsvorwand benutzt."

Dieser Deutungsansatz nimmt ein klassisches Motiv der Kriminalliteratur auf: den Detektiv als Mitglied der leisure class, der jenseits
einer nur vordergründig angelegten moralischen Gerechtigkeitssehn-
sucht das Recht durchsetzt, sich die Zeit zu vertreiben und seinem

Spieltrieb zu frönen. Dürrenmatt entmythologisiert diesen Typus in seinem Roman jedoch, indem er die Widersprüche prononciert zur Schau stellt: gerade die Tatsache, dass er Bärlach betrügerisch die Partie gewinnen lässt, ihn so offensichtlich in Schuld verwickelt, macht den innovativen und gattungskritischen Ansatz des Romans aus: „Statt den Detektiv der Gattungstradition zu präsentieren, stellt Dürrenmatt ihn schon in dem ersten Kriminalroman kritisch als schuldigen Narren dar." (Ira Tschimmel: Kritik am Kriminalroman, in: Gerhard Knapp u. Gerd Labroisse (Hrsg.): Facetten. Studien zum 60. Geburtstag Friedrich Dürrenmatts, Bern 1981, S. 180 f.)

Manipulation und blinder Zufall sind konträre Kräfte in diesem Romangeschehen, die eng aufeinander bezogen sind. Als „unerbittlicher Schachspieler" (S. 114) agiert Bärlach aus dem Hintergrund und fädelt eine Situation ein, in der er alle Figuren in der Hand hält und nach Belieben zieht – allerdings erst, nachdem sein ursprüngliches Konzept durch einen unvorhergesehenen Umstand hintertrieben wurde. Auslöser des Geschehens wird der Zufall – aus bloßem Eigennutz tötet Tschanz gerade Schmied, mit dessen Hilfe Bärlach Gastmann ausspionieren wollte; zufällig trifft Bärlach mit Gastmann in Istanbul zusammen, „aus einer Laune, einem Einfall" heraus wird Gastmann zum Verbrecher (S. 82).

Launen und Zufälle werden ausschlaggebend

Zufälle werden so zu einem ausschlaggebenden Moment, das an unwesentlichen Punkten einsetzt, um die Handlung konsequent und unaufhaltsam auf das Ende zuzutreiben; eine schlichte Banalität lässt den ausgefeilten Plan scheitern und seinen Urheber zur lächerlichen Figur werden. Dürrenmatt nimmt hier eine Position ein, die er 1966 in den „21 Punkte(n) zu den Physikern" theoretisch umschreibt, so etwa im 5. Punkt: „Die Kunst des Dramatikers besteht darin, in einer Handlung den Zufall möglichst wirksam einzusetzen." (Friedrich Dürrenmatt: Theater-Schriften und Reden, a. a. O., S. 193) „Wirksam" erscheint der Zufall im Romangeschehen tatsächlich, ist das Schicksal der Figuren doch mit seinem Eingreifen bereits besiegelt. Die einzige Figur, die selbst mit diesen Zufällen umgehen und sie für den eigenen Zweck ausnützen kann, ist der Kommissär. Seine genialische Fähigkeit zeigt sich gerade in der Manipulation von Situationen und Menschen: er bedient sich skrupellos einer Figur wir Tschanz, die ihm der Zufall zugespielt hat, um die Wette zu gewinnen.

Von Gnade ist dagegen in diesem Roman kaum die Rede, auch wenn Dürrenmatt nachdrücklich auf diesen Begriff im Zusammenhang mit dem Zufallsprinzip zu sprechen kommt: „Gnade hat mit Zufall zu tun: denn wenn etwas unberechenbar ist, so ist es die Gnade. Ich würde sagen, daß die Gnade für mich ein existentielles Signal ist." (Dieter Fringeli: Nachdenken mit und über Dürrenmatt, a. a. O., S. 20)

Alttestamentarisches Recht

Gerechtigkeit wird von Bärlach auf eine fast alttestamentarische Weise eingelöst, wenn er nach dem mosaischen Gesetz „Auge um Auge,

Zahn um Zahn" Tschanz auf Gastmann hetzt, um damit beide Mörder zur Strecke zu bringen.

Eine „heile Welt" kann auf diese Weise nicht entstehen. Zwar ist die *Eine brüchige*
Sicherheit und die Seriosität der Gesellschaft durch das Auffinden der *Welt*
Verbrecher oberflächlich wiederhergestellt, aber dafür bedarf es der
Manipulation und des Betrugs. Der Detektiv gehört als Kommissär
einer gesellschaftlich anerkannten Institution an, seine Maßnahmen
stehen jedoch schon längst nicht mehr auf dem Boden des Gesetzes,
und er beteiligt sich nur äußerlich an der allgemein anerkannten Praxis der Rechtsverwirklichung. Bärlach maßt sich richterliche Macht-
befugnisse an, die er im Namen einer selbstdefinierten göttlichen
Gerechtigkeit vollstreckt; zugleich stellt er sich durch die Verurteilung
Gastmanns und den Freispruch von Tschanz außerhalb der rechtli-
chen Normen.

Seine Anschauungen über Recht und Gerechtigkeit dürften kaum mit
denen des großen Publikums übereinstimmen. Das Zusammenspiel
von Leserängsten und -wünschen, das Peter Nusser in seiner Abhand- *Lesererwartun-*
lung über den Kriminalroman beschreibt, wird von Dürrenmatt *gen werden nicht*
gerade nicht erfüllt: *erfüllt*

> „Die Unsicherheit oder Angst verursachende Abweichung vom Ge-
> wohnten (hier das Verbrechen) wird durch die Vergnügen bereitende
> Abweichung vom Normalen (hier den idealisierten Detektiv) aufge-
> wogen. Wunschvorstellungen sind das Gegengewicht für Ängste. Die
> Unterhaltungsliteratur evoziert beide und pendelt das psychische
> Gleichgewicht des Lesers danach wieder ein." (Peter Nusser: Der
> Kriminalroman, a. a. O., S. 164)

So besteht auch die Handlung, anders als der Leser nach seiner Kennt-
nis der Schemata von Detektivgeschichten vermuten muss, nicht in
der Aufklärung eines Mordes und der Überführung des Täters – Bärlach weiss schon auf den ersten Seiten des Romans, dass Tschanz und
nicht etwa Gastmann der Mörder Schmieds ist. Es geht ihm nicht
darum, diese Tat aufzudecken, sondern Rache zu nehmen und endgültig die Wettsituation aus der Welt zu schaffen.

Damit führt Dürrenmatt die Spielregeln des Kriminalromans ad
absurdum; der Leser folgt blauäugig dem Angebot eines intellektuellen Rätselspiels und nimmt erst auf den letzten Seiten des Romans
wahr, dass er um wichtige Informationen betrogen wurde, er überhaupt nicht in der Lage war, die Lösung zu finden – in ähnlicher Weise
vom Autor manipuliert wie der Verbrecher vom Kommissär.

4. Personenkonstellation

Grand Guignol

Die Figuren in diesem Roman Dürrenmatts haben nichts mit den real gedachten Gestalten eines klassischen Detektivromans zu tun; sie sind Figuren in einem absurden Grand Guignol, einem grandiosen Kasperletheater, das von typisierten Rollen und ausgetüftelten Tableaus bestimmt wird. Dieser Griff ins traditionelle Figurentheater erlaubt dem Autor, disparate Elemente zu verbinden: die populäre Kriminalgeschichte mit einem ethischen Thema zu verknüpfen, die Spannungseffekte des klassischen „Whodunnit" auf eine groteske Welt zu beziehen. Dürrenmatt entwickelt damit auf der Suche nach verfremdenden und zugleich intimen Darstellungsformen neue Ausdrucksmöglichkeiten in der Prosa, die sich an seine Theatertheorien anlehnen.

Das Spiel mit typisierten Figuren

Zu den typisierten Figuren gehören die kleinen Komparsenrollen – etwa die beiden Leibwächter Gastmanns, die polternd und irritierend in die Beerdigungsszene einbrechen – wie die zentralen Gestalten: Bärlach tritt als Magier auf, der in die verschiedensten Rollen schlüpft, genialisch die Fäden des Geschehens in der Hand behält und doch von einer inneren Krankheit zerfressen wird. Als Kontrahenten stehen der Großverbrecher Gastmann parat, deutlich Resultat einer abstrahierenden Logik des Schriftstellers, wie Tschanz, dessen Name bereits auf seine funktionale Bedeutung verweist. Auf anderer Ebene sind die Nebenfiguren stilisiert: Dr. Lutz und Nationalrat von Schwendi erscheinen als Karikaturen in einer platten Gesellschaftssatire, die auf Individualisierung gerade verzichten muss, um wirksam zu sein. Frauen spielen – im Unterschied zum Figurenpersonal des Grand Guignol – bei Dürrenmatt kaum eine Rolle: lediglich als leichtsinnig willfährige, den Verführungskünsten dominierender Männer ausgelieferte Personen treten sie auf: so Anna, Schmieds Verlobte, die Tschanz das letzte Motiv für den Mord an Gastmann liefert, oder die Verlobte des Dorfpolizisten Charnel, die sich mit dem wohlhabenden Verbrecher einlässt. Die anderen Frauen im Roman sind noch stärker auf mediokre Funktionen begrenzt: sie dürfen als Aufwartefrau, Dienstmädchen oder Zimmervermieterin in weitem Abstand um die männlichen Zentralfiguren auftreten – ein Problem der Drehbuchautoren für die Verfilmung des Romans im Jahr 1975.

4.1 Hans Bärlach, Kommissär

Ein kauziger Einzelgänger

Bärlach ist eine zwiespältig angelegte Figur: dem Leser tritt er zunächst als kauziger Einzelgänger entgegen, der eng mit seiner Heimatstadt Bern verbunden, ein zurückgezogenes Leben führt. Seine

Qualitäten als polizeilicher Ermittler werden von den Vorgesetzten nicht sonderlich geschätzt, verlässt er sich doch auf seine praktischen Erfahrungen und lehnt die wissenschaftlichen Methoden der neueren Kriminalistik konsequent ab. Offensichtlich hält er auch wenig von standardisierten Untersuchungsmethoden – Protokolle interessieren ihn nicht; dem Ermordeten gegenüber legt er große Scheu an den Tag; er geht weder in die Leichenhalle, noch scheint er sich um die Hinterlassenschaften des Toten zu kümmern (S. 20).

Dagegen steht sein internationales Renommee: Bärlach wurde nach Istanbul ebenso berufen wie nach Frankfurt am Main. Er hat sich dort als „bekannter Kriminalist hervorgetan" (S. 8), aber auch als Person, die standhaft eigene Positionen bezieht. Selbst – oder gerade – in der Diktatur des Dritten Reiches ist er konsequent; er ohrfeigt „eine(n) hohen Beamten der damaligen neuen deutschen Regierung" (S. 8) und muss danach in die Schweiz zurückkehren. Seine Maßnahme wird in den dreißiger Jahren weder von der öffentlichen Meinung noch von den politischen Machthabern der Schweiz gedeckt. „Halb gescheitert" kehrt Bärlach nach Bern zurück, um dort eine untergeordnete Rolle in der Polizeihierarchie zu führen – ein deutlicher Seitenhieb auf die quietistische Haltung der Schweizer dem Dritten Reich gegenüber (S. 70). *mit internationalem Renommee*

Weniger gewalttätig, aber genauso undiszipliniert zeigt er sich noch als pensionsreifer Kommissär. Seinen Chef Dr. Lutz lässt er deutlich spüren, wie wenig er von ihm hält. Absichtlich zündet er sich bei seinen wenigen Kontakten in dessen Büro stets eine Zigarre an, „wohl wissend, daß sich der jedesmal über die Freiheit ärgerte" (S. 13). Er unterlässt es auch, ihn über seine Nachforschungen zu informieren oder sich um dessen Weisungen zu kümmern. In ähnlicher Weise verhält er sich Nationalrat von Schwendi gegenüber; Bärlachs Insubordination ist ihm gegenüber jedoch von diplomatischem Geschick getragen und verliert so ihren fast schon beleidigenden Charakter (S. 36–39). *und wenig Disziplin*

Bärlach ist alles andere als ein Sozialrevolutionär – in ähnlicher Weise wie gegenüber der wissenschaftlichen Modernität lässt er seinen Unmut auch an modernen demokratischen wie technischen Kommunikationsmitteln aus, sei es nun die freie Presse oder die Straßenbahn (S. 8/10). Er ist kulturell gebildet: sein Studierzimmer, in dem er sich auch auszuruhen pflegt, ist mit Büchern umstanden, eine „Halle" ohne Fenster, „doch in jeder Wand eine Türe, die zu weiteren Zimmern führen mußte" (S. 24). Bärlach wird, so Friedrich Spycher, auch durch sein Ambiente charakterisiert: „das Studierzimmer ist wie sein Hirn: geheimnisvoll dunkel, jedoch mit Zugängen in viele Bereiche" (Friedrich Dürrenmatt: Das erzählerische Werk, Frauenfeld und Stuttgart, 1972, S. 154). Ein Hinweis auf Theodor Fontane deutet seinen literarischen Geschmack an: eine unbezahlte Fontane-Rechnung fällt *konservativ und kultiviert* ihm ein, als er von Gastmann in rasender Fahrt durch Bern entführt wird (S. 99) – die einzige Anspielung im gesamten Roman übrigens auf den deutschen Realisten, der Dürrenmatt nach eigenen Angaben maßgeblich beeinflusst haben soll. Insgesamt tritt er als ein biederer, konservativ-altväterlicher Individualist auf, dessen stets mürrische Haltung ihn zum gesellschaftlichen Außenseiter prädestiniert. In dieser Gestaltung besitzt der Kommissär durchaus Züge des klassischen Detektivs: seine Marotten pflegt er wie Agatha Christies Miss Marple. Wie Arthur Conan Doyles Sherlock Holmes oder Simenons Kommissar Maigret durch die Pfeife, ist Bärlach durch seine stinkenden Brissagos charakterisiert. Bärlach ist Gourmet und schätzt einen guten Wein – Eigenschaften, die er von seinem Autor selbst übernommen zu haben scheint:

> „Ich war früher ein großer Raucher, und die Zigarren spielten in meinen Arbeiten eine große Rolle – bis zu den „Physikern" ungefähr. (...) Man überträgt seine Eigentümlichkeiten offenbar ganz automatisch auf die Bühne, die Buchgestalten." (Dieter Fringeli: Nachdenken mit und über Friedrich Dürrenmatt, a. a. O., S. 23)

todkrank

Bärlachs Vorliebe für Wein, Nikotin und gutes Essen kollidiert mit seiner schweren Magenerkrankung. In heftigen Anfällen überkommt ihn der „Schmerz, der ungeheure, wütende, stechende Schmerz, eine Sonne, die in ihm aufgog, ihn aufs Lager warf, zusammenkrümmte, mit Fiebergluhten überbrühte, schüttelte" (S. 72). Die Aussichten sind düster: einen weiteren Anfall kann er nicht überleben. Nur wenn er innerhalb von drei Tagen operiert wird, hat er noch die Chance, ein weiteres Jahr zu überleben (S. 89/90). Der Magenkrebs hat wohl auch metaphorischen Charakter, lässt er sich doch als Sinnbild für die amoralische Haltung Bärlachs verstehen:

> „Einerseits wehrt sich der Kommissär mit allen Kräften gegen den inneren und äußeren Zerfall und nötigt dem Leser Bewunderung und Respekt ab; andererseits spiegelt seine Krankheit sein fragwürdiges moralisches Verhalten wider, das sich vor allem in seinem Verhältnis zu Tschanz zeigt." (Jochen Richter: „Um ehrlich zu sein, ich habe nie viel von Kriminalromanen gehalten." Über die Detektivromane von Friedrich Dürrenmatt, in: Waldemar Düsing (Hrsg.): Experimente mit dem Kriminalroman. Ein Erzählmodell in der deutschsprachigen Literatur des 20. Jahrhunderts, Frankfurt/M. 1993, S. 143)

heimtückisch

Selbst diese lebensgefährliche Erkrankung setzt Bärlach ein, um sich zu tarnen und ein falsches Spiel mit Tschanz zu treiben. Er täuscht, verwirrt und treibt ihn in die Enge, „in eine heimtückische Falle", indem er ihm mit einer infernalischen Fressorgie vorspiegelt, er sei überhaupt nicht krank (S. 112). Seine magische Verwandlungsfähigkeit gipfelt in dieser „Henkersmahlzeit", die Bärlachs Hinterlist am deutlichsten veranschaulicht. Die Bilder, die der Szene unterlegt sind, stellen seinen wilden Machthunger vor. Der Kommissär wird zum „Dämon, der einen unendlichen Hunger stillte"; sein Schatten gleicht „dem Tanz eines triumphierenden Negerhäuptlings", „ein unheimliches Schauspiel" (S. 111). Dass er Tschanz am Ende laufen lässt, ist Ausdruck eigenen Schuldbewusstseins: er weiß, dass er seinen Assistenten auf Gastmann angesetzt hat und damit die Verantwortung für diesen Mord trägt.

Tarnung und Betrug sind die Charakteristika, die tatsächlich seine Figur bestimmen. Die vordergründige kauzige Haltung dient lediglich dazu, das kalt-berechnende Vorgehen zu kaschieren. Bärlachs rationales Kalkül wird dem Leser zum ersten Mal vor Augen geführt – auch wenn das Geschehen ihm an dieser Stelle noch unverständlich bleiben muss –, als seine Vorbereitung auf die Begegnung mit Gastmanns Bluthund, das Umwickeln des Armes, erkennbar wird (S. 44). Seine Taschenspielertricks erhalten eine überdimensionale Größe, führt man sie auf die Faszination des Kommissärs für die Macht des Bösen zurück, die ihm dieses Tier schlechthin zu verkörpern scheint: „Er sah nach dem Tier, unerschrocken, aber gebannt. So hatte ihn das Böse immer wieder in seinen Bann gezogen, das große Rätsel, das zu lösen ihn immer wieder aufs neue verlockte" (S. 33).

kalt und berechnend

Als Abenteurer, Spieler und dämonischer Magier wird Bärlach am Ende des Romans in seiner wirklichen Größe vorgestellt: als „teuflischer Esser" (S. 112) in „dieser nächtlichen Hölle" (S. 114), „mächtig und gelassen, das Bild einer übermenschlichen Überlegenheit, ein Tiger, der mit seinem Opfer spielt" (S. 113). Wird dieser übermenschliche Eindruck auch durch die tödliche Krankheit Bärlachs konterkariert, so treibt doch seine Lebensfreude, „die Gier, zu leben und nur zu leben" (S. 94) ihn dazu, die Zeit, die ihm noch zur Verfügung steht, bis zum Äußersten zu dehnen und auszufüllen. „Nur noch ein Jahr" – mit diesen Worten Bärlachs endet „Der Richter und sein Henker" (S. 118) und verweist damit zugleich auf den folgenden Roman.

ein dämonischer Magier

4.2 Gastmann, Großverbrecher

Gastmann ist eine Romanfigur, die am Reißbrett entstanden ist, einer modellhaften Versuchsanordnung gleich, die in allen Punkten als Kontrast- und Ebenbild des Kommissärs angelegt ist. Bereits seine äußeren Charakteristika verweisen auf die Gegenfigur: er ist ein international bekannter, angesehener Wirtschaftsmanager und erfolgreicher Diplomat, nach Auskunft von Schwendis Gesandter Argentiniens in China und Verwaltungspräsident des „Blechtrusts" – hinter der Metallbezeichnung dürfte ein ironischer Hinweis auf die

Gastmann als erfolgreicher Gegenspieler

kompromittierende Scheinwelt Gastmanns stecken (S. 53). Er hat
Kontakte in aller Welt und kann daher aus dem provinziellen Lamboing internationale Verbindungen für einen offensichtlich illegalen
Handel mit China knüpfen. Sein Renommee ist hervorragend. Er
arbeitet unter dem Schutz der Regierung, trägt das Kreuz der Ehren-
legion, er ist als Sachbuchautor bekannt geworden und kann es sich
sogar leisten, die Berufung in die Französische Akademie abzulehnen
(S. 74). Kurz: er ist in jeder Hinsicht erfolgreicher, eleganter, welt-
männischer als der Berner Kommissär, dessen Karriere im Ausland
abrupt gestoppt wurde.

mit einfacher
Herkunft

Dies alles trotz seiner banalen Herkunft. Dr. Lutz behauptet zu wissen, Gastmann stamme aus „Pockau in Sachsen, Sohn eines Groß-
kaufmanns in Lederwaren" (S. 73), er selbst bezeichnet verächtlich
Lamboing als seinen Geburtsort: „in diesem gottverlassenen Ort hat
mich irgendein längst verscharrtes Weib einmal geboren, ohne viel zu
denken und reichlich sinnlos" (S. 70). Von hier aus habe er sich mit
13 Jahren „fortgestohlen" und sei nun zurückgekommen, um „abzu-
runden" – eine deutliche Vorahnung des Verbrechers auf sein Ende
oder ein Kunstgriff in der Konstruktionsskizze des Autors, der sein
System stimmig machen will?

und großer
Karriere: ein
triviales Schema

Die soziale Karriere und das Machtbewusstsein Gastmanns erscheinen den Klischees trivialer Gesellschaftsromane nachempfunden, so
wie auch seine Verbrecherlaufbahn nur mit groben Strichen skizziert
ist. Das soziale Umfeld bildet lediglich die Hochglanzfolie, hinter der
sich Gastmanns gewaltige verbrecherische Potenz entwickeln kann.
Auch sie steht in deutlichem Kontrast zu dem bieder-bescheidenen
Dasein Bärlachs, was Gastmann ihm mit einiger Arroganz vor Augen
hält: „So lebten wir denn. Du ein Leben unter deinen Vorgesetzten,
in deinen Polizeirevieren und muffigen Amtsstuben, immer brav eine
Sprosse um die andere auf der Leiter deiner bescheidenen Erfolge
erklimmend, (…) ich dagegen bald im Dunkeln, im Dickicht verlo-
rener Großstädte, bald im Lichte glänzender Positionen, ordenüber-
sät…" (S. 70). Und doch korrespondiert diese überdimensionale kriminelle Energie Gastmanns mit der diabolischen Kraft des Magiers,
die hinter Bärlachs biederer Fassade steckt – im Zweikampf der beiden Protagonisten verwischen die Grenzen zwischen Opfer und Verfolger, werden zwei Seiten einer gemeinsamen Kraft erkennbar. Der
Tod Gastmanns lässt noch einmal die Balance im Lebensweg der Kontrahenten deutlich werden: „So trafen sie sich zum letzten Male, der
Jäger und das Wild, das nun erledigt zu seinen Füßen lag. Bärlach
ahnte, daß sich nun das Leben beider zu Ende gespielt hatte, und noch
einmal glitt sein Blick durch die Jahre hindurch, legte sein Geist den
Weg durch die geheimnisvollen Gänge des Labyrinths zurück, das
beider Leben war" (S. 108/109).

Gastmann ist als flache Figur mit wenigen individualisierenden Zügen

angelegt. Wesentlich soll er als Stellvertreter einer abstrakt-philoso-
phischen Grundhaltung zum Ausdruck verhelfen: der Abenteurer
und Spieler, der hemmungslos sich selbst verwirklichend, keine
Rechtsordnung anerkennt, wird zum Schwerverbrecher. Er wird als
Nihilist par excellence stilisiert, weil er seine Freiheit absolutiert: „Bei   *Der Nihilist*
ihm ist das Böse nicht der Ausdruck einer Philosophie oder eines
Triebes, sondern seiner Freiheit: der Freiheit des Nichts" (S. 83).
Dürrenmatt unterlegt ihm in den Worten des Schriftstellers ein Programm, das handlungsbestimmend wird – und ihn als Person un-
glaubwürdig macht. Es lassen sich in seiner Gestalt Züge von Grand
Guignol-Figuren wie des Picaro-Romans – eine unbändige Freiheits-
lust, das Agieren jenseits gesellschaftlicher Tabus, die ständige Verfolgung durch die Staatsgewalt – erkennen (vgl. dazu: Walter Seifert:
Friedrich Dürrenmatt. Der Richter und sein Henker, München 1975,
S. 76). Ein plastischeres Format erhält diese Rolle damit jedoch nicht.

4.3 Tschanz, Polizeileutnant

Tritt Gastmann in der Rolle des philosophisch fundierten genialen
Großverbrechers auf, dem Bärlach ein erhebliches Maß an Hoch-
achtung entgegenbringt, erscheint in Tschanz der kleinbürgerlich-   *Ein kleinbürger-*
banale, aus niedrigen Beweggründen handelnde Mörder. Sein „gut-   *licher Mörder*
mütig-volles Gesicht" (S. 18) täuscht über die eigentliche Mentalität
des Polizeileutnants, die von persönlichem Neid, beruflichem Ehrgeiz
und gesellschaftlichem Underdog-Bewusstsein geprägt ist, hinweg. Er   *Eifersucht auf*
fühlt sich ständig zurückgesetzt, ein Zu-Kurz-Gekommener, dessen   *sein privilegiertes*
Verlangen nur noch darauf ausgerichtet ist, den Nebenbuhler aus dem   *Opfer*
Weg zu räumen.
Schmied war ihm in allen Belangen überlegen: er stammte aus wohl-
habender Familie, hatte studiert, war mit einem hübschen Mädchen
verlobt, fuhr einen großen Mercedes, war als begabter Kriminalist bei
seinen Vorgesetzten anerkannt und beliebt. Während einer Autofahrt
mit Bärlach bricht der unbändige Hass, der Tschanz innerlich aus-
füllt, heraus: „Jahrelang bin ich im Schatten gestanden, Kommissär",
keuchte er. „Immer hat man mich übergangen, mißachtet, als letzten
Dreck benutzt, als besseren Briefträger!" (…) „Nur weil er bessere
Schulen hatte! Nur weil er Lateinisch konnte" (S. 86). Typisch für den
Versuch des Polizeileutnants, Macht- und Männlichkeitsdefizite zu
kompensieren, ist seine Vorliebe für rasantes Autofahren (S. 26/75);
selbst mit der Verlobten Schmieds verabredet er sich „am Tage seiner
Beerdigung" (S. 75/101 f.).
So bieder-kleinbürgerlich Tschanz auch auf den ersten Blick wirkt, so
überdimensional erscheint die Fixierung auf sein Mordopfer: er übernimmt die Attribute Schmieds: Mantel, Filzhut, „den blauen Charon".

In seinem lächerlichen Bemühen geht er so weit, dass Bärlach beim ersten Zusammentreffen meint, „der tote Schmied komme zu ihm" (S. 18). Das gleiche Muster zeigt seine aggressive Haltung gegenüber Intellektuellen wie dem Schriftsteller – „ich werde mir dieses Exemplar einmal vorknöpfen müssen. Schriftsteller sind immer dubios, aber ich komme diesen Übergebildeten schon noch bei" (S. 40) –, aber auch der Versuch, sich an den modernen wissenschaftlichen Erkenntnissen von Bärlachs Vorgesetztem, Dr. Lutz, zu orientieren. Wie der Untersuchungsrichter ist auch Tschanz bemüht, „kriminalistisch auf der Höhe zu bleiben" (S. 15). Ihn kann er schließlich auch mit seinem fingierten Notwehrmanöver überzeugen, so dass der Fall offiziell abgeschlossen wird.

Welche fragwürdigen Manöver Dürrenmatt dabei ergreift, um den Leser in Atem zu halten, mit wie viel Plumpheit und Ungereimtheiten er seine Romanfigur versuchen lässt, Beweise herbeizuschaffen oder Gegenspieler zu beseitigen, hat im Detail Peter Spycher nachgewiesen: „angefangen von der ungewöhnlichen Route, die Tschanz einschlägt, um Bärlach mit dem ‚blauen Charon' von Bern nach Lamboing zu fahren, über den Anschlag auf Bärlach bis zum Mord an Gastmann." (Vgl. dazu: Peter Spycher: Friedrich Dürrenmatt. Das erzählerische Werk, a. a. O., S. 145–148)

Der Kommissär hat Tschanz von Anfang an in Verdacht – wohl seit der Lektüre von Schmieds Mappe (S. 13) – und bestimmt ihn daher auch zu seinem „Stellvertreter" bei der Aufklärung des Mordfalles, obwohl Tschanz zu diesem Zeitpunkt noch im Urlaub ist (S. 15). Endgültig überführt ist er, seit Bärlach die Kugel aus dem erschossenen Hund identifiziert hat. Er liefert ihn jedoch nicht der Justiz aus, sondern benutzt Tschanz, den ihm der Zufall in die Hand gespielt hat, als ahnungsloses Werkzeug, als „furchtbarste Waffe" (S. 116), um ihn anschließend in den Selbstmord zu treiben. In doppelter Wortbedeutung wird so der Name des Polizeileutnants zu einem sprechenden *„Chance"* Begriff: Tschanz bedeutet „chance", der „Zufall", ebenso wie die einmalige „Chance" im Sinn von Gelegenheit, die Wette zu gewinnen.

4.4 Dr. Lucius Lutz, Untersuchungsrichter

Als Zerrbild eines servilen, inkompetenten, schwachen und korrupten Polizeibeamten in führender Position tritt Dr. Lutz in das Geschehen ein. Seine Figur ist deutlich als Karikatur angelegt: im Unter-
Karikatur des schied zu den zentralen Personen des Romans gibt es bei ihm keine
Polizeibeamten Ambivalenz; er besteht nur aus Negativeigenschaften, die auszumalen dem Autor deutlich Spaß bereitet haben muss. Entlarvend wirkt der offensichtliche Kontrast zwischen Selbstdarstellung und eigentlichem Ich: wie er, der permanent seine in Amerika gemachten Erfah-

rungen einwirft und die rückständige Provinzialität der Berner Polizei beklagt, unfähig ist, zur Lösung des Mordfalles Schmied auch nur
eine Idee beizutragen. Als leitender Beamter ist er eine Fehlbesetzung:
er „liest zwar auch an der Universität über Kriminalität" (S. 8); in seinem Amt werden ihm aber Informationen vorenthalten, sein Parteifreund von Schwendi hindert ihn daran, Ermittlungen zu führen, er
sitzt falschen Informationen über Gastmanns Herkunft auf und ist am
Ende schnell bereit, den Fall zu den Akten zu legen und den Mörder
zu befördern. Unter einem solchen Chef arbeiten zu müssen, bedarf
einer schier übermenschlichen Gelassenheit, die Bärlach offensichtlich klaglos besitzt.

Die Kumpanei mit seinem Förderer und Parteifreund von Schwendi
zeigt prompt Wirkung, denn Lutz erweist sich von Beginn an als der
Schwächere, unfähig, von Schwendi zu widersprechen oder sich seinen Weisungen zu widersetzen. Von Schwendi nützt seinen Einfluss
gnadenlos aus – „Der Nationalrat bemerkte die Verlegenheit des
Untersuchungsrichters mit einem gewissen Triumph" (S. 47) –, süffisant variiert er die Anrede zwischen „Dökterli" (S. 46/55), „Herr
Untersuchungsrichter" (S. 51) und „Lützchen" (S. 54), der jeweiligen
Situation entsprechend, immer aber einschüchternd. Er kennt den
Schwachpunkt des Polizeichefs, seine soldatische Attitüde: so betritt
er dessen Büro bereits mit den Stakkatosätzen militärischer Provenienz – im Gegensatz zu den langatmigen Reden von Dr. Lutz, der offensichtlich sich selbst gerne reden hört. Der Erfolg ist deutlich: Dr. Lutz
knickt vor dem Oberst zusammen; er, der den Perfektionismus der
Chicagoer Polizei am liebsten auf die Berner Verhältnisse übertragen
möchte, reagiert auf politischen Druck, indem er Zusagen macht, die
das Gesetz beugen: „Deiner Forderung, Gastmann zu verschonen,
will ich nachkommen, wir sehen selbstverständlich auch von einer
Hausdurchsuchung ab. Wird es dennoch nötig sein, ihn zu sprechen,
bitte ich dich, mich mit ihm zusammenzubringen und bei unserer
Besprechung anwesend zu sein" (S. 54). Auch hier hat Dürrenmatt
einen sprechenden Namen verwendet: der Vorname Lucius wirkt derart offensichtlich aufgesetzt, dass er seinen Träger um Amt und Würden bringt (S. 45), der Nachname verspricht – dem lateinischen „lux"
entsprechend – Licht in eine Sache zu bringen, was Dr. Lucius Lutz
gerade nicht vermag.

Parteienklüngel

4.5 Oskar von Schwendi, Nationalrat, Oberst und Advokat

Noch bissiger ist die Gesellschaftssatire Dürrenmatts in dieser Honoratiorenfigur ausgefallen: selbstgefällig, intrigant, rücksichtslos und
einfältig tritt von Schwendi in Erscheinung. Als Politiker verdankt er
seine Position der „Partei der konservativen liberalsozialistischen

Gesellschaftssatire:
der Schweizer
Politiker

Sammlung der Unabhängigen" – Dürrenmatts Sammelbegriff für die Parteien des bürgerlichen Spektrums in der Schweiz. In der abendlichen Gesellschaft bei Gastmann durch einen Schuss gestört, vermutet er als Parteipolitiker zunächst einen Anschlag der „Separatisten" aus dem Berner Jura, wenig später sieht der Militär in ihm Gefahren durch „Kommunisten", eine „Demonstration gegen die westliche Zivilisation", für die die „schweizerische Armee" zuständig sei (S. 36). Erst der Verweis auf ein mögliches Protokoll ernüchtert ihn – was schwarz auf weiß festgehalten wird, kann zu unliebsamen politischen Konsequenzen führen.

Als Angehöriger der politischen Klasse ist er bravourös in der Lage, idealistisches Wortgeklingel, vage Beschuldigungen – „Schmied spionierte für eine fremde Macht" – und harte materielle Interessen zu verbinden. Wortfetzen aus dem politischen Tabubereich – „wir haben noch lange nicht die Gestapo" (S. 46) – sollen den Kontrahenten beeindrucken, letztlich dreht sich die politische Zusammenkunft aber lediglich ums Geld: „Millionen stehen auf dem Spiel" (S. 55).

So prall die Figur dieses aufgeblasenen Politikheroen gezeichnet ist, gibt sie doch nicht mehr als ein Gegenbild für das Handeln Bärlachs her. In einer Gesellschaft, die derart von korrupten, unglaubwürdigen Politikern beherrscht wird, kann Gerechtigkeit nicht von den Repräsentanten des Rechtsstaats erwartet werden. Hier ist der Einzelne auf sein eigenes Gefühl verlassen, weil positives Recht nicht mehr greift.

4.6 Der Schriftsteller

Doppelgänger Dürrenmatts

In der Figur des Schriftstellers tritt nun der Puppenspieler selbst auf die Bühne: er ist, von den äußeren Charakteristika – seinem kleinen weißen Hund, dem Ambiente, der Vorliebe fürs Kochen – bis zum literarischen Programm, das er im Gespräch mit Bärlach formuliert, eine Verkörperung Friedrich Dürrenmatts. Die Verfilmung des Romans lässt daher folgerichtig den Autor selbst in dieser Rolle auftreten. Die „Schriftstellerszene", das Gespräch zwischen Bärlach, Tschanz und dem Schriftsteller, trägt zur Klärung der Tatumstände oder der Entlarvung des Täters wenig bei; die Ansichten des Schriftstellers über Gastmann decken sich weitgehend mit denen Bärlachs. Die Szene ist zweigeteilt: in der ersten Phase dreht es sich weitgehend um kulinarische Genüsse, anschließend wird das theoretische Selbstverständnis des Autors vorgestellt. Zunächst allerdings zeigt sich Dürrenmatt selbstironisch: der Schriftsteller erscheint als eine selbstverliebte Figur, will „ernst genommen" werden und „mordverdächtig" sein, er ist wenig kooperativ, lebt aber auf, sobald es um die internationale Kochkunst geht. Er definiert sich selbst als „eine Art Polizist

(...), aber ohne Macht, ohne Staat, ohne Gesetz und ohne Gefängnis hinter sich. Es sei auch *sein* Beruf, den Menschen auf die Finger zu sehen" (S. 81).

Damit entsteht ein ganz anderes Bild des Künstlers, als es von Schwendi im Gespräch mit Dr. Lutz formuliert hatte: für ihn sind sie nichts als „notwendige Dekoration", nur an Kunst interessiert und ohne Gespür für soziale Verhältnisse oder internationale Politik, brauchbar damit zur Camouflage delikater diplomatischer Verhandlungen (S. 52). Um vordergründige Zusammenhänge, etwa die Frage, ob Gastmann als Täter im Mordfall Schmied in Frage komme, kümmert sich der Schriftsteller tatsächlich wenig; weiß er doch, dass der Verbrecher als Täter nicht in Frage kommt, da er ihm selbst das Alibi liefert. Dennoch ist sein Vorgehen nicht so gesellschaftsfern, wie es für den Machtpolitiker den Anschein hat.

Das Bild des Künstlers

Den Schriftsteller reizt vielmehr der Typus des Menschen, der sich hinter Gastmann verbirgt. Auf dem Höhepunkt der Kriminalhandlung verlässt Dürrenmatt damit die Ebene der Fiktion und reflektiert sein poetologisches Konzept. Auf den Wechsel der Ebenen weist zuvor schon Bärlachs Angst hin, „in den nächsten Roman zu kommen" (S. 80). Der Schriftsteller hat sich in seinen Überlegungen bereits eine Vorstellung über den Typus des Nihilisten gemacht und findet es nun „atemberaubend", diesem Konstrukt, „einem Schlagwort in Wirklichkeit zu begegnen" (S. 82). 1956 stellt Dürrenmatt sein Konzept noch einmal in einem Vortrag zur Diskussion:

Dürrenmatts poetologisches Konzept

> „Es gibt in der deutschen Sprache die zwei Ausdrücke ‚sich ein Bild machen' und ‚im Bilde sein'. Wir sind nie ‚im Bilde' über diese Welt, wenn wir uns von ihr kein Bild machen. Dieses Machen ist ein schöpferischer Akt. Er kann auf zwei Arten verwirklicht werden: durch Nachdenken, dann werden wir notgedrungen den Weg der Wissenschaft gehen müssen, oder durch Neuschöpfen, das Sehen der Welt durch die Einbildungskraft." (Friedrich Dürrenmatt: Vom Sinn der Dichtung in unserer Zeit, in: ders., Gesammelte Werke, Bd. 7, Zürich 1991, S. 427)

In der zweiten Phase des Gesprächs stellt der Schriftsteller ein Modell vor, das den Dichter wie einen Informatiker arbeiten lässt: er entwickelt ein Programm für künstliche Welten, in denen die Figuren nach mathematischen Regeln gesetzt werden. Zwar nimmt er an, dass ein Typus wie der des Nihilisten auch in der Wirklichkeit anzutreffen ist, im Prinzip geht es ihm aber um sein „Bild von ihm", während Bärlach den realen Menschen in die Hand bekommen will. Das abstrakte Konstrukt des Schriftstellers ist jedoch in der Lage, den Schlüssel zum Verständnis Gastmanns zu liefern. Schreiben wird so tatsächlich zu einem Akt der Detektion.

Virtuelle Welten

5. Sprache und Stil

> „Es ist nicht zufällig, daß Aristophanes, Rabelais und Swift kraft des Grotesken ihre Handlungen *in* ihrer Zeit abspielen ließen, Zeitstücke schrieben, *ihre* Zeit meinten. Das Groteske ist eine äußerste Stilisierung, ein plötzliches Bildhaftmachen und gerade darum fähig, Zeitfragen, mehr noch, die Gegenwart aufzunehmen, ohne Tendenz oder Reportage zu sein". (Friedrich Dürrenmatt: Anmerkungen zur Komödie, in: ders.: Gesammelte Werke, Bd. 7, a. a. O., S. 26 f.)

Groteske als Bruch des Kriminalromangenres

Dürrenmatts Vorliebe für die Verfremdung des Geschehens durch die Groteske lässt sich durchgängig in seinen Dramen wie in der Prosa wiederfinden. In den Kriminalromanen der fünfziger Jahre wird diese Technik zum auffälligsten Stilmittel vor allem deshalb, weil es mit dem Schema des Genres bricht. Dürrenmatt will damit – seinem Zeitgenossen, Vorbild und Kontrahenten Bertolt Brecht gleich – Situationen verfremden und Distanz schaffen: der Leser soll von der Identifikation mit seiner Zeitfigur abgehalten und so gezwungen werden, die fragwürdigen Zustände seiner Gegenwart mit geschärftem Auge wahrzunehmen.

„Der Richter und sein Henker" lässt die Groteske im Aufbau der Szenenfolge, der Personendarstellung, in Einzelelementen der Stoffgestaltung wie der Metaphorik erkennen. An drei zentralen Szenen des Kriminalromans – der Exposition, dem Begräbnis Schmieds und der „Henkersmahlzeit" – soll Dürrenmatts Verfahren im Einzelnen vorgestellt werden.

Die Exposition

Die Exposition der Handlung, der Fund der Leiche und das Vorgehen des Twanner Polizisten Clenin, zeigt bereits wesentliche Elemente der Dürrenmattschen Groteske: den abrupten Umschlag einer ernsthaften Handlung ins Lächerliche, die Heterogenität und „Komisierung" des Geschehens. In krassem Gegensatz zur Brutalität des Mordfalls steht die Reaktion des Dorfpolizisten. Unfähig, mit dem Ereignis umzugehen, versucht er sich der Verantwortung dafür zu entziehen, indem er Normalität vortäuscht. Die „väterliche" Geste, mit der er sein Berufsverständnis zum Ausdruck bringt, passt nicht zur Schusswunde, hilflos daher seine erste Reaktion: „Er lief am Straßenrande hin und her" (S. 6). Dass die aufgehende Novembersonne den Fall an den Tag bringen könnte, ist ihm „unangenehm", daher zieht er der Leiche den Hut weit über den Kopf. Quer zu allen kriminalistischen Grundregeln beschließt er danach, die Leiche vom Fundort wegzubewegen, muss sie aber dafür „mit einem Lederriemen" (ebd.) anbinden.

Der Tod, dessen Würde zum Ausdruck gebracht wird, wenn Bärlach an der Bahre seines Kontrahenten Gastmann steht (S. 109), ist zu

Beginn des Romans, als es um den engsten Mitarbeiter geht, wie ein makabrer Witz gestaltet. Clenin versucht, den Ermordeten im Stau über die unebene Landstraße nach Bern zu manövrieren. Die Leichenstarre setzt wohl schon ein, und der Blutverlust lässt die Gesichtsfarbe gelblich erscheinen, mit der Folge, dass der Tote „mit dem Kopf (nickte) wie ein alter weiser Chinese, so dass Clenin es immer weniger zu versuchen wagte, die anderen Wagen zu überholen" (ebd.).

Der Tod als makabrer Witz

Dürrenmatts vitale Lust an der Groteske bindet die Exposition eng an die Trauerfeier für Schmied. Komisch wirkt bereits der Auftritt der Trauernden, der sich vor allem in den Attributen und Partizipien erschließt: „der Totengräber in einem lächerlichen frackartigen Arbeitsgewand, frierend von einem Bein auf das andere tretend", „Frau Schönler, unförmig und dick in diesem unaufhörlichen Regen" (S. 57); „Polizisten (...), phantastische Totenwächter, von irgendwo herbeigeblasen, unwirklich in ihrer Biederkeit", „die Stadtmusik, überstürzt zusammengetrommelt, in schwarzroten Uniformen, verzweifelt bemüht, die gelben Instrumente unter den Mänteln zu schützen" (S. 59).

Die Beerdigung Schmieds

Das Ambiente des Friedhofs wirkt dagegen bedrohlich, tote Elemente erscheinen belebt und lassen eine beklemmende Atmosphäre entstehen: „Der Schloßhaldenfriedhof schob sich zwischen den dampfenden Stämmen hervor", „Die Grabsteine und Kreuze wichen zurück" (S. 57). Vertauscht sind die Bereiche des Todes und des Lebens: das Grabfeld ähnelt einem Bauplatz, Gräber erscheinen „unbewohnt" (ebd.). Als das einzig Lebendige, „Warme, Geborgene" liegt der Sarg Schmieds auf dem regennassen Boden (S. 59).

Untermalt wird diese Stimmung durch einen Platzregen, der apokalyptische Ausmaße anzunehmen scheint – „Alles versank hinter einer weißen Wand (...) Trams, Automobile schwammen irgendwo in diesen ungeheuren, fallenden Meeren herum" (S. 56) – und schließlich die Totenfeier abrupt zum Abbruch zwingt.

In diese Feier platzen wie in einer Slapstick-Szene zwei Diener Gastmanns, schreckenerregend in ihrer Monströsität: sie sind sturzbetrunken, wirken wie „befrackte Schlächter", grölen Schweizer Volkslieder und einen Schlagertext, verhöhnen den Toten mit einem Lorbeerkranz, auf dessen Schleife der angenommene Name des Toten, Doktor Prantl, steht. Das Schockhafte der Situation zielt darauf, die gravitätischen Worte des Untersuchungsrichters absurd erscheinen zu lassen; die Komik balanciert den übermächtig-dämonischen Eindruck, der am Schluss der Szene beunruhigend stehen bleibt: „die Totengräber (...), schwarze Vogelscheuchen im Heulen der Winde, im Prasseln der Wolkenbrüche, bemüht, den Sarg hinabzusenken" (S. 62).

Hohn und Spott

> „Daß Dürrenmatts Gestalten nun einmal diesen unwiderstehlichen Drang haben, sich zu erweitern, ihren Umriss nach allen Seiten zu dehnen wie Schattenbilder, ohne jedoch an Körperlichkeit zu verlieren, das ist ganz einfach anzunehmen, das ist ihr innerstes Baugesetz."

Die Schlussszene

Elisabeth Brock-Sulzers generalisierende Aussage über die Personenzeichnung des Autors (in: dies.: Dürrenmatt, Zürich 1960, S. 94) trifft auf die beiden Diener Gastmanns, mehr noch aber auf Bärlach selbst in der Schlussszene des Romans zu. Wenn er hier in einer monströsen Fressorgie alle Anzeichen eines gepflegten Gourmets von sich wirft, wächst ihm eine märchenhaft-magische Gewalt zu, verwandelt er sich in einen „teuflischen Esser" (S. 112). Seine Wandlungsfähigkeit ist notwendig, um den Polizistenmörder zur Strecke zu bringen, sie ist aber auch bezeichnend für eine Welt, in der Recht und Gerechtigkeit auseinanderfallen und nur noch mit Taschenspielertricks mühsam einer Lösung zugeführt werden können. Die Groteske wird so zum Bild einer disharmonischen Welt, die gerade nicht mehr – wie noch im klassischen Kriminalroman – in eine sinnvoll gestaltete Ordnung zurückfindet.

Auch hier wird der diabolische Eindruck durch den Gebrauch übersteigernder Adjektive – „ein unendlicher Hunger", „in wilden Schatten", „ein unheimliches Schauspiel", „eine übermenschliche Überlegenheit" – gebildet. Um die Atmosphäre besonders eindrücklich zu gestalten, greift Dürrenmatt aber in seiner Charakterisierung des Berner Kommissärs zu weiteren Stilmitteln der Übertreibung: in den Bewegungs- und Vernichtungsverben – „in sich hineinschlingend", „zermalmend", „wetterleuchtete" – wie in den Substantiven – „ein Dämon", „ein Negerhäuptling", „ein Tiger" (S. 111–113) –, so dass in der Kumulation der Eigenschaften die Grenze zwischen Lächerlichkeit und Grausamkeit gestreift wird, Dürrenmatts Markenzeichen der Groteske.

Groteske und Realismus

Der besondere Reiz seiner Texte ergibt sich aber erst aus der Verbindung von grotesker Stilisierung auf der einen und lokalgebundenem Realismus auf der anderen Seite. Wenn auch in diesem Kriminalroman Orte wie Chicago, New York, Istanbul oder Frankfurt genannt werden, ist die Handlung doch ausschließlich auf die Stadt und den Kanton Bern bezogen – der Gegend, in der Dürrenmatt zur Zeit seiner Arbeit an diesem Romanmanuskript wohnte, konkreter, der Gegend am Nordufer des Bieler Sees, an der Grenze zum Kanton Neuenburg. Die Topographie – so Peter Spycher (Friedrich Dürrenmatt, a. a. O., S. 137) – deckt sich bis ins Detail mit der Wirklichkeit. Man könnte die Villa Gastmanns in Lamboing finden oder das Haus des Schriftstellers als Dürrenmatts Domizil in Schernelz nachweisen. Der Stadtplan Berns und die Straßenkarte des Kantons Bern stimmen mit den Angaben des Kriminalromans minuziös überein.

Kirche in Ligerz mit Blick auf Bieler See

Foto: © Thomas Schäfer, Göttingen

© ZEIT-Graphik

Schweizer Kolorit
in Sprache

Obwohl die Darstellung des schweizerischen Milieus einen dichten atmosphärischen Eindruck vermittelt, wird die Sprache nur wenig von spezifisch Berner Ausdrücken oder Wendungen durchsetzt; der Roman ist fast ausschließlich in konventionellem Hochdeutsch gehalten. Bärlach hängt zwar an seiner heimatlichen Sprache – so findet er die Bezeichnung Lamlingen „schöner" als das französische Lamboing (S. 16). Berner Deutsch sprechen aber ausschließlich die eher zwiespältigen Gestalten des Romans: Oberst von Schwendi in wenigen Floskeln, wenn er Dr. Lutz als „Mano" oder „Dökterli" anredet oder die betrunkenen Diener Gastmanns mit ihren Volksliedversen – ein deutlicher Hinweis darauf, dass Dürrenmatt sich mit seinem Text einer volkstümlichen Heimeligkeit zu entziehen sucht.

und Landschaft

Ebenso wie die Schweizer Landsleute Dürrenmatts ambivalent als biedere Männer mit der Fähigkeit zur grotesken Übersteigerung gestaltet sind – die „befrackten Schlächter" etwa „scheinen (…) aus dem Emmental zu stammen" (S. 74) –, so erhält auch die Landschaft eine unterschiedliche Färbung: idyllisch in der Mittagssonne, wenn Tschanz zwischen Ligerz und Lamboing über die Weinberge zu Gastmanns Villa steigt, um ihn zu töten (S. 101); unheimlich-bedrohlich, wenn Clenin die Leiche Schmieds nach Bern fährt (S. 6). Zwiespältig auch die Charakterisierung der Stadt Bern, die provinziell und gespenstisch zugleich wirkt. So nennt Gastmann sie „diese verschlafene, biedere Stadt, von der man nicht recht weiß, wieviel Totes und wieviel Lebendiges eigentlich noch in ihr ist" (S. 70). Für Tschanz erscheint sie als „eine weiße Muschel, das Licht aufsaugend, in ihren Gassen verschluckend, um es nachts mit tausend Lichtern wieder auszuspeien, ein Ungeheuer, das immer neue Menschen gebar, zersetzte, begrub" (S. 101).

Traditionell
auktoriale
Perspektive

Der distanzierende Blick auf das Geschehen wird auch durch die Erzählperspektive vermittelt, die weitgehend auktorial gehalten ist. Nur an einigen spannungsreichen Episoden wechselt der Autor in das personale Erzählen und erlaubt so einen Blick auf das Geschehen aus der beschränkten Perspektive seiner Figuren. In der Exposition lässt er den Leser Gedanken und Unsicherheiten Alphons Clenins miterleben, um den Zusammenprall der dörflich-heilen Welt mit der Ungeheuerlichkeit des Mordfalles zu verdeutlichen. Auf dem Höhepunkt der Handlung verfährt er in ähnlicher Weise, wenn Bärlach sich in

personale
Perspektive in der
Bedrohungsszene

einer fast ausweglosen Situation befindet und seinem potentiellen Mörder nachts in der eigenen Wohnung ausgeliefert scheint. Der Leser wird mit der fortschreitenden Bedrohung in gleicher Weise wie der Kommissär selbst konfrontiert; wie Bärlach weiß auch er nicht, von wem die Gefahr ausgeht.

An sich unbedeutende Bewegungen und Geräusche verraten, dass eine besondere Situation vorliegt: ein Luftzug, ein schlagendes Fenster, dann das Schließen der Tür im Schlafzimmer, das Einschnappen der Haustür. Die Gefahr nimmt zu, als Bärlachs Gegner körperlich sichtbar wird, wenn auch nur in Details: der Silhouette eines Arms, einer Hand, eines braunen Lederhandschuhs (S. 92). Die Ängste des Kommissärs lassen sich nachfühlen, wenn er die Kulisse der Stadt als „die schwarze Masse des unaufhörlich fließenden Flusses, die aufgetürmte Stadt jenseits, die Kathedrale, wie ein Pfeil in den Himmel stechend" erahnt; Gefühle, die er sich in dieser unerbittlichen Situation nicht leisten kann: „Er stand unbeweglich und erwartete den Feind, der gekommen war, ihn zu töten."

Die Dunkelheit der Nacht erweist sich nicht mehr als Schutz und Erholungsfrist für den Kranken, sondern ist personifiziert als „diese geduldige, grausame Nacht, die unter ihrem schwarzen Mantel die tödliche Schlange barg." Die Schockwirkung überwindend, tritt nun aber seine Entschlossenheit zutage, den Kampf aufzunehmen; was ihn jetzt ausmacht, ist die „Gier zu leben und nur zu leben" (S. 94). Seine Körperteile – Auge, Ohr, Hand – separieren sich scheinbar und agieren quasi autonom, jeder für sich in voller Konzentration, um die Situation beherrschen zu können.

Die Bedrohungs-szene

Mit einem Taschenspielertrick schließlich löst Bärlach sich aus der ungünstigen Ausgangsposition; nur um Haaresbreite entgeht er dem Anschlag – hier greift Dürrenmatt auf das traditionelle Erzählmuster atemberaubender Thriller zurück; in umgekehrter Reihenfolge der Sinneseindrücke wird der Rückzug des Unbekannten aus Bärlachs Haus deutlich. Am Ende steht der Kommissär wieder allein, isoliert der Nacht ausgesetzt: „Bärlach stand an der Wand, wieder in der Dunkelheit, eins mit ihr, allein im Haus" (S. 95) – gerettet zwar, aber ohne Aussicht auf Unterstützung im Kampf gegen das Böse. Seine Vereinzelung erinnert an die Isolierung des Menschen in einer anonymen Umwelt, die zum Generalthema in der Literatur seit Kafka geworden ist.

Kafka-Anklänge

6. „Der Richter und sein Henker" als Kriminalroman/Zusammenfassung

In seinem ersten Roman passt sich Dürrenmatt im Großen und Ganzen dem vorgegebenen Schema an. Er befolgt die Konventionen des Genres und sichert sich so das Publikumsinteresse und den Verkaufserfolg. Daher entspricht der Handlungsverlauf im „Richter und sein Henker" weitgehend der Schablone: er beginnt mit einem Mord, am Ende wird der Täter überführt, dazwischen liegt der komplizierte Prozess der Aufklärung.

Ein genreadäqua-ter Roman

In seinem Bemühen, möglichst „alles richtig zu machen", gelingt es Dürrenmatt mehrfach, das Soll überzuerfüllen. Das führt zu logischen

Unstimmigkeiten: so lässt er Tschanz ein weitgehend unsinniges Manöver ausführen, wenn er auf ungewöhnlicher Route nach Lamboing fährt – es taugt weder dazu, seine Unschuld zu belegen, noch kann er sich damit als besonders geschickter Fahnder ins Licht setzen. Allerdings habe er mit diesem seltsamen Verhalten Bärlach „den ersten Beweis" für seine Täterschaft geliefert (S. 113) – als ob der Kommissär nicht bewußt gerade Tschanz als Assistenten gewählt hätte. Auch sonst verhält sich der Mörder reichlich blauäugig, etwa wenn er sich auf den Weg macht, um völlig auf sich gestellt den gefährlichen Verbrecher Gastmann in dessen Villa zu erledigen, zumal er weiß, dass brutale Bodyguards ihn dort erwarten.

mit innovativen Elementen in der Figur des Detektivs

Dürrenmatt variiert jedoch auch schon in seinem ersten Roman das Schema des traditionellen Kriminalromans und bringt innovative Elemente in dieses herkömmliche Modell ein. Er demontiert zunächst seine Zentralfigur, indem er Kommissär Bärlach totkrank in den Fall gehen lässt. Sein fortschreitender äußerer Zerfall, bedingt durch die Magenerkrankung, ist Spiegelbild einer moralisch fragwürdigen Haltung. Bärlach benutzt Tschanz, um Gastmann zu töten: er funktionalisiert ihn als Werkzeug einer letzten Abrechnung. Damit wird auch der Leser in seiner Erwartung getäuscht – er glaubt sich gemeinsam mit dem Kommissär auf der Suche nach dem Schuldigen im Mordfall Schmied und erfährt erst im vorletzten Kapitel, dass Bärlach sein eigenes Spiel getrieben hat. Der Leser ist nicht in der Lage, den Fall aufgrund seines logischen Mitdenkens zu lösen, da ihm wesentliche Informationen vorenthalten wurden – er wird damit von Dürrenmatt in gleicher Weise getäuscht und manipuliert wie der Mörder Tschanz durch den Kommissär.

Bärlach, der seinem Kontrahenten stets unterlegen ist, kann sein Vorhaben letztlich nur dadurch retten, dass er dessen eigene Methoden aufgreift, um ihn zur Strecke zu bringen. Seine angemaßte Rolle als Richter erweist sich als problematisch, entspringt sie doch der Unfähigkeit, mit den Mitteln des Rechtsstaats auf Gastmann einzuwirken. Darin allerdings steht er in einer langen Tradition selbsternannter Richter, die Vorbilder bei Autoren wie Edgar Wallace und Nachfolger in Filmen wie „Ein Mann sieht rot" findet.

Philosophisch-ethische Thematik

Auf einer anderen Ebene liegen die weltanschaulich-ethischen Probleme, die Dürrenmatt seinem Roman zugrundelegt. Die Ambivalenz des Zufalls wird in der zentralen Szene des Romans thematisiert, die Realisierung von Recht und Gerechtigkeit in der Wette problematisiert und zum Thema der gesamten Handlung erhoben, die mathematische Konstruktion der Personenkonstellation im Schriftstellergespräch ausführlich reflektiert.

Indem der Autor diese Thematik in den Mittelpunkt des Geschehens rückt, betont er die Verlagerung vom traditionellen Mordrätsel zum philosophischen Modellfall. Dennoch trägt das Schema des Detektivromans – trotz aller Entmythologisierung der Zentralfigur bleibt Kommissär Bärlach die beherrschende Figur, funktionieren die kriminologischen Kunstgriffe und Spannungseffekte, so dass der Leser bei allen Spielregelverstößen bis zum Schluss gefesselt bleibt.

7. Die filmische Adaption

Eine erste Verfilmung des Romansujets übernimmt 1957 der Südwestfunk Baden-Baden als Fernsehfilm für die ARD; das Drehbuch entsteht als Kooperation von Dürrenmatt, dem Produzenten Hans Gottschalk und dem Regisseur Franz-Peter Wirth.

Eine „Sensation" (Pforzheimer Kurier, 9. 9. 1957) stellt dieses Unternehmen durchaus dar, findet doch mit der Ausstrahlung zur Hauptsendezeit am Samstag, den 7. 9. 1957, der erste abendfüllende Spielfilm überhaupt, den das deutsche Fernsehen selbst produziert, auf dem Bildschirm statt. Von der ursprünglichen Absicht, den Roman als Fernsehspiel zu produzieren, war man abgekommen, weil zahlreiche Filmeinblendungen notwendig gewesen wären, so dass der Regisseur Franz-Peter Wirth sich dafür entscheidet, „gleich alles auf (Schmal-)Film zu nehmen". Erzielt wird damit, wie in den Kritiken fast aller Zeitungen hervorgehoben wird, eine „kaum erreichbar gewesene Präzision des Spiels, Einheitlichkeit zwischen Aussen- und Innenbildern und zwischen beiden ein atemberaubendes, dichtes Tempo" (Rheinische Post, 9. 9. 57). Vorbild sind Orson Welles' „Der dritte Mann" und Fritz Langs Film „M", was sich vor allem in der Vorliebe des Regisseurs für Nachtaufnahmen und Szenen im Halbdunkel zeigt.

Die erste eigene Filmproduktion im deutschen Fernsehen

Das Fernsehen in Deutschland steckt noch in den Kinderschuhen. Von ihm werden – zumindest in den Augen der Kritiker – kulturhistorisch wertvolle Beiträge erwartet. „Keine Experimente" lautet der CDU-Slogan bei den Bundestagswahlen in diesem Jahr, und das soll offensichtlich auch für das Fernsehen gelten. Der Versuch des Mediums, Neuland zu gewinnen, wird argwöhnisch beobachtet – die Konkurrenz zum Kinofilm wird ihm nicht zugetraut, die Kompetenz dafür bestritten.

trifft auf wenig Begeisterung

Gegenüber dem fernsehtechnischen Experiment tritt der Kriminalroman selbst in den Hintergrund. Erst in zweiter Linie gehen die Kritiken auf den Inhalt des Fernsehfilms ein. Hier steht die „knisternde Spannung" im Mittelpunkt, die dem Fernsehpublikum entgegenschlägt, wenngleich dem Edgar-Wallace-gewohnten Zuschauer die Dürrenmattsche Atmosphäre fremd bleibt:

weckt aber „knisternde Spannung"

> „In jeder Szene tappt der Zuschauer in die Schlaglöcher der Doppel-
> bödigkeit und verfängt sich in den Fußangeln des Hintergründigen.
> Bärlach, der mit dem Tod seines Gegenspielers der Gerechtigkeit zum
> Siege verhilft und damit zugleich das Sinnvolle der Welt erweist, ist
> nicht als ein reiner Held gezeichnet. Allzu sehr wird alles Geschehen
> ins Grausige und Groteske hinübergespielt." (Rheinpfalz, Ludwigs-
> hafen, 11. 9. 1957)

Die Resonanz der Zuschauer auf diese Novität im deutschen Fernsehen ist enorm: mit einem sehr hohen infratest-Urteil von +7 und einer
überdurchschnittlich hohen Sehbeteiligung von 81 % liegt der Fern-
sehspielfilm Dürrenmatts an der Spitze der Woche vom 1.–7. September.

Maximilian Schell als Regisseur: 1975

Es vergehen fast dreißig Jahre, bis sich eine deutsch-italienische
Koproduktion unter der Regie von Maximilian Schell erneut mit dem
Roman auseinandersetzt. Für den bekannten Schauspieler ist es der
dritte Film, bei dem er selbst Regie führt. Nach „Erste Liebe" (1970)
und „Der Fußgänger" (1973) bemüht er sich erneut um einen literarischen Stoff. Der Film erhält 1975 eine Aufsehen erregende Besetzung; Schell gewinnt Stars des internationalen Kinos wie Jon Voight
(„Asphalt Cowboy", „Coming Home"), Robert Shaw („Der weiße
Hai"), Martin Ritt, der Filme wie „Der weiße Hai", „Der Strohmann"
(gemeinsam mit Woody Allan), „Der Spion, der aus der Kälte kam"
gedreht hat und zwanzig Jahre lang nicht mehr als Schauspieler vor
der Kamera stand und Jacqueline Bisset.

internationale

und deutsche Stars

Neben ihnen spielen ältere Schauspieler des deutschsprachigen Films
wie Helmut Qualtinger und Lil Dagover – sie allerdings in den klei-
neren Rollen. Selbst die kleinsten Nebenrollen sind mit Stars besetzt:
Donald Sutherland etwa mimt die Leiche des ermordeten Polizisten
Schmied; der israelische Geiger Pinchas Zukerman spielt Stellen aus
Beethovens Violinkonzert. Friedrich Dürrenmatt tritt in der Rolle des
Schriftstellers selbst in der Handlung auf und verleiht damit dem Film
ein Stück zusätzlicher Authentizität. Auch die Musik stammt von
einem renommierten Filmkomponisten, dem Italiener Ennio Morri-
cone.

Die Besetzungsliste verweist auf das Anspruchsniveau und die Erwartungen, die mit diesem Film verbunden sind. Sie ist aber auch Teil des
Finanzierungskonzepts, wie Maximilian Schell beschreibt:

> „Im heutigen Filmgeschäft ist es unmöglich, einen Schweizer Film von
> diesem Format zu finanzieren. Dadurch, daß Jon Voight, der ja für
> „Coming Home" einen Oscar erhielt, sich bereit erklärt hatte, den
> Tschanz zu spielen, übernahm Fox die Hälfte der Finanzierung. Dafür
> mußten nun Schauspieler genommen werden, die in den Vereinigten
> Staaten einen Namen haben." (Maximilian Schell über „Der Richter
> und sein Henker", in: Der Bund, 22. 12. 1979, S. 39)

Foto: © Deutsches Institut für Filmkunde e. V.

*Kommissar Bärlach (Martin Ritt, re.) und sein Gegenspieler
Gastmann (Robert Shaw) reizen ihre Karten aus.*

1975 gedreht, erhält der Film auf dem Internationalen Filmfestival von
San Sebastian die Silberne Muschel, einen begehrten Preis. Es vergehen jedoch weitere vier Jahre, bevor der Film in die deutschen Kinos
gelangt. Voraus gehen Auseinandersetzungen mit den amerikanischen Produzenten, die den Film in dieser Form für das US-amerika-
nische Publikum zu anspruchsvoll empfinden. Sie verlangen vom
Regisseur einen Neuschnitt, der zugleich eine Vereinfachung des Dürrenmattschen Drehbuchs bringen soll. Schell ist von dieser Fassung
wenig angetan, dreht eine dritte Version für die deutschen Zuschauer
und eine vierte für das Schweizer Publikum. Sie ist mit der deutschen
Fassung nahezu identisch, wird auf Wunsch Dürrenmatts aber neu
synchronisiert und in Berndeutsch dem Publikum gezeigt.
Der Autor ist intensiv an der Arbeit des Regisseurs beteiligt: er wacht
über die von ihm stammende Vorlage, er arbeitet am Drehbuch mit,

*Dürrenmatt arbei-
tet intensiv mit*

spielt eine eigene Rolle im Film und erarbeitet die deutsche und die
berndeutsche Synchronfassung. Um seinen Beitrag einschätzen zu
können, soll noch einmal Maximilian Schell ausführlich zitiert werden:

> „Angefangen hat der Film für mich dann mit drei Flaschen Wein im
> Haus von Friedrich Dürrenmatt. Später merkte ich, daß zweieinhalb
> für ihn waren und eine halbe für mich. ‚Ich will vom Film nichts mehr
> wissen‘, sagte er. ‚Das ist alles ein ‚Seich‘.‘ Dann meinte er, er habe das
> Drehbuch gelesen und finde es gar nicht so schlecht. ‚Aber die politi-
> schen Gespräche stimmen nicht mehr. Die habe ich vor über zwanzig
> Jahren im Spital geschrieben.‘ Ich machte ihm den Vorschlag, er solle
> die politischen Gespräche neu schreiben. Nach wenigen Tagen hatte
> er ein 200seitiges neues Drehbuch verfaßt. Etwas ganz anderes, Neu-
> es. Ich konnte nicht darauf einsteigen, denn drei Wochen später be-
> gannen die Dreharbeiten. So haben wir uns denn um mein Drehbuch
> gerauft, haben verbessert und umgestaltet.“

Auf Initiative Dürrenmatts entsteht innerhalb von zehn Tagen im Syn-
chronisationsstudio die Schweizer Filmfassung. Wie vehement er sich
dabei engagiert, zeigt noch einmal Maximilian Schells Arbeitsbericht:

> „Friedrich Dürrenmatt hat aus den vorhandenen Texten und aus dem,
> was die Schauspieler mitbrachten, seine ganze Geschichte nochmals
> neu gedichtet. Dazu hat er immer wieder lange Vorträge gehalten über
> das Berndeutsch, das eben kein Dialekt, sondern eine Sprache sei, und
> wie man zu differenzieren habe zwischen Stadt- und Landberndeutsch.
> Oft hat er vor dem Bild direkt ins Mikrophon hinein formuliert. Die
> Situation läßt sich kaum beschreiben: Das war so abstrakt, so verrückt
> und berührte die Gebiete des Wahnsinns. Vom zweiten Tag an ließ
> ich ein Tonband mitlaufen. Wenn ich einmal Zeit finde, möchte ich da-
> mit eine Platte machen.“ (ebd.)

und setzt sich spä-
ter davon ab

Der Regisseur soll hier auch deswegen so ausführlich zu Wort kommen, weil Dürrenmatt später jede eigene Verantwortung für den Film
ablehnt. In einem Südwestfunk-Interview äußert er 1979, die Film-
rechte seien bereits 1954 für 10 000 Dollar nach Amerika an John
Wayne verkauft worden; daher „war das Drehbuch schon da. Die
schlimmsten Dinge konnte ich rausnehmen.“
Drei Jahre nach seiner Fertigstellung gelangt der Film damit erstmals
in die deutschsprachigen Kinos – was deutlich macht, mit wie vielen
Problemen selbst ein Film zu kämpfen hat, der eine populäre Schau-
spielerriege aufweisen kann und eine wichtige Auszeichnung errun-
gen hat. Die Premierenkritiken sind überwiegend begeistert; dabei

Begeisterung der
Fachkritik

lassen sich kaum Unterschiede zwischen Boulevardpresse und an-
spruchsvollen Informationsblättern machen. So titelt die BILD-Zeitung vom 3. Mai 1978: „Maximilian kam mit Super-Film“; die Frank-
furter Allgemeine Zeitung schreibt:

> „Sein Kommissär Bärlach ist von einem feinen Humor erfüllt, und die
> Logik, mit der er seine Rolle vom Intellekt her aufbaut, ist zwingend.
> Daß da ein Philosoph darangeht, das letzte Kapitel seines Lebens zu
> bewältigen und den Feind dem verdienten Schicksal zuzuführen, wird
> mit jenen leisen Tönen ausgesprochen, zu denen die Leinwand nur in
> besonderen Glücksfällen fähig ist." (13. 5. 1978)

Sogar die SED-eigene Zeitung ‚Die Wahrheit' fasst ihren Eindruck
mit den Worten zusammen:

> „Mehr noch als die verschlungenen Pfade der Story imponiert, wie
> Schell an sich spröde Szenen filmisch aufgelöst hat und eine be-
> drückende Atmosphäre der Bedrohung in die November-Idylle zau-
> bert. Ein Film für Feinschmecker." (10. 5. 78)

Eine Ausnahme von diesen rundum begeisterten Rezensionen stellt
nur die Züricher Weltwoche dar, die anlässlich der Schweizer Uraufführung 1979 mäkelt, Maximilian Schell habe seinen Film „mit deko-
rativen, bedeutungsschwangeren Szenenarrangements" aufgeplus-
tert. Mit einigem Recht heißt es hier:

> „Schell, der nun eigentlich genügend Erfahrung haben müßte, ver-
> wechselt auch noch vor lauter Kunstsinnigkeit dauernd Schauder mit
> Unschärfe, Spannung mit bellenden Hunden und einem blöd daher-
> tappenden Leoparden, Vielschichtigkeit mit Weichzeichnertricks und
> ähnlich schmierigen Linsen." (27. 12. 1979)

1987 lautet die Einschätzung des renommierten „Lexikon(s) des
internationalen Films" schließlich, die Verfilmung sei „fesselnd, wenn
auch nicht ohne Effekthascherei inszeniert" (Bd. 6, Reinbek 1987,
S. 3115). Der Film wird auch heute noch in Programmkinos gespielt
und erscheint hin und wieder auf den Fernseh-Bildschirmen, wobei
die Schwächen – insbesondere seine Vorliebe für Trivialmythen – mit   *Trivialmythen*
dem zunehmenden Abstand deutlicher zutage treten.
Der Romaninhalt wird für das Drehbuch neu strukturiert, um das
Handlungsgeflecht zu vereinfachen und dem Zuschauer einen leich-
teren Zugang zu dem vielschichtigen Geschehen zu erlauben. Der
Film verlegt die Wette zwischen Bärlach und Gastmann in die Exposition; zusätzlich wird die gesamte Sequenz in der Mitte des Films noch
einmal wiederholt. Der wortgetreue Text im Off-Ton wird durch eine
Reihe von Bildern mit Motiven aus Istanbul und einem ins Wasser
gestoßenen Mädchen kommentiert. Es ist Nadine, die gemeinsame
Geliebte von Gastmann und Bärlach. Das Photo Nadines wird im Verlauf der Handlung immer wieder im Film zitiert; es dient als visuel-
les Mittel dazu, den Zuschauer an die abenteuerliche Wette zu erinnern. Dieses Mädchen als Mordopfer anstelle eines unbekannten
„deutschen Kaufmann(s)" (S. 69) zu wählen, geht vermutlich auf Dür-

renmatt zurück, der bereits in der *Beobachter*fassung des Romans Gastmann das von beiden geliebte Mädchen umbringen lässt. Diese Änderung in der Struktur wie dem Inhalt des Handlungsgefüges hat einen doppelten Effekt: sie vereinfacht und akzentuiert das Geschehen; der Konflikt zwischen den beiden Kontrahenten wird publikumswirksam zugespitzt.

Die Filmhandlung
1. Teil

Der folgende erste Teil der Filmhandlung folgt weitgehend dem Romaninhalt. Der prekäre Gesundheitszustand Bärlachs wird verdeutlicht, indem der Zuschauer den Kommissär während einer Untersuchung bei seinem Arzt Dr. Hungertobel kennenlernt. Eine zentrale Rolle im Filmgeschehen erhält in dieser Phase jedoch bereits die Verlobte des Toten, Anna. Erfährt man von ihr im Roman lediglich, dass sie sich mit Tschanz trifft und bereit ist, sich auf ihn einzulassen, nachdem er Schmieds Mörder „gestellt habe" (S. 102), steht sie im Film zwischen den drei Hauptfiguren: sie ist die Geliebte Gastmanns – den sie an Nadine erinnert – und wird auch zur Geliebten von Tschanz, ohne jedoch Gastmann zu verlassen. Der Kommissär scheint ihren biographischen Hintergrund zu kennen.

Bärlach missbilligt ihr Verhalten, denn er achtet streng auf die Konventionen. Dies deutet der Autor in der Romanfassung an, wenn er den Kommissär aus dem Fenster der Arztpraxis ein Treffen von Tschanz und Anna wahrnehmen und mit den Worten „Am Tage seiner Beerdigung" kommentieren lässt (S. 89). Das Drehbuch entwickelt daraus eine Liebesszene, die den erotischen Unterton liefert, der dem Roman so vollkommen fehlt, den Erwartungen des Publikums aber offensichtlich nicht vorenthalten werden darf: Tschanz lernt Anna während des Begräbnisses kennen; direkt danach nimmt sie ihn mit in ihre Wohnung und in ihr Bett, in ihrer Libertinage dem Klischee von der Woodstock-Generation entsprechend. So zum Bindeglied zwischen Gastmann, Tschanz und Bärlach avanciert, tritt Anna in den Vordergrund und ersetzt die philosophische Auseinandersetzung, die im Roman das Geschehen zwischen den Protagonisten leitet.

Erotik

2. Teil

Der zweite Teil des Films schildert die Fahndung nach dem Mörder, die sich auf Gastmann konzentriert: im Mittelpunkt steht die Fahrt nach Lamboing und Bärlachs Kampf mit der Dogge. Verwirrend wie im Roman bleibt das Entsetzen von Tschanz über die nächtliche Begegnung mit Bärlach als Anhalter; ebenso die Information, dass der Kommissär den Schuss auf die Dogge offensichtlich provoziert hat.

3. Teil

Im dritten Teil des Filmes werden Bärlachs weitere Schachzüge gegen Gastmann vorbereitet: er schickt Tschanz zum Schriftsteller, der ihn über die Vorgeschichte der Wette informieren soll. Er erhält damit eine gewichtigere Rolle: der Schriftsteller der Drehbuchfassung kennt beide Kontrahenten und scheint über Bärlachs Vorgehen im Bilde zu sein. Breiter ausgemalt wird hier auch die Rolle von Schwendis. Dürrenmatts gesellschaftskritische Satire über die Schweizer Honoratiorenpolitik, die mit diesem aufgeblasenen und dennoch naiven Nationalrat, Oberst und Rechtsanwalt in Personalunion verknüpft ist, wird stark reduziert. Von Schwendi erscheint als bloßer Erfüllungsgehilfe Gastmanns, über dessen Machenschaften er genau informiert ist. Lächerlich wirkt er im Grunde erst, wenn er im folgenden vierten Teil vor den Augen von Tschanz und Bärlach ermordet und seine Leiche auf dem Gepäckförderband des Flughafens transportiert wird.

4. Teil

Dieser Mord wertet Gastmann zum „Superverbrecher" auf. Aus dem Nihilisten des Romans, der „das Gute ebenso aus einer Laune, aus einem Einfall tut wie das Schlechte" (S. 82), wird der Chef einer internationalen Verbrecherorganisation, der eiskalt berechnend nicht nur von Schwendi, sondern auch einen Taxichauffeur ermordet. Er wird mit einigen zusätzlichen Insignien männlich-gefährlicher Potenz ausgestattet: einer Geliebten, die er ohrfeigt, wenn sie selbständig agiert, und einem Raubtier an der Leine als häuslichem Begleiter – offensichtlich der Versuch des Drehbuchautors, die groteske Atmosphäre des Romans visuell wiederzugeben. Auch Lil Dagover als schwerbehinderte Mutter Gastmanns – im Roman lediglich in einem Nebensatz erwähnt (S. 70) – spielt die Standardrolle ihrer letzten Filme, eine gefährlich-geheimnisvolle alte Dame. So wird Gastmann zum Inbegriff der Beherrschung weiblicher Elemente – seiner abhängigen Geliebten, der rollstuhlfahrenden Mutter, einer gebändigten Raubkatze – auf allen Ebenen; seine Aura der Unbesiegbarkeit wird erst durch Bärlachs raffiniertes Vorgehen im fünften Teil unterminiert.

Exotik

5. Teil

Hier folgt der Film wieder weitgehend der Romanvorlage: Tschanz gerät in eine ausweglose Situation: er verspricht Anna, den Mörder von Schmied zu stellen; er überfällt Bärlach in der Hoffnung, die Mappe Schmieds zu erobern. Deutlicher noch wird herausgearbeitet, wie Bärlach ihn am folgenden Tag auf Gastmanns Spur ansetzt. Auch die folgende Entführung des Kommissärs durch den Verbrecher erhält durch den Zwischenstopp auf einem Brückenneubau in atemberaubender Höhe neue Akzente. Dort kündigt Bärlach Gastmann seinen „Henker" an; von der gleichen Brücke führt Tschanz in der vorletzten Szene des Films seinen Selbstmord aus.

Wirkungsvoll veranschaulicht das Drehbuch die Momente vor dem Mord an Gastmann und seinen beiden Dienern durch eine Parallelmontage: während Gastmann Reisevorbereitungen trifft und sich von Anna verabschiedet, steigt Tschanz den Weinberg empor und betritt die Villa. Um die Schüsse in das „verhallende Lachen Gastmanns hinein" (S. 105) mediengerecht zu zeigen, wählt der Film eine stark verlangsamte Einstellung dieser Sequenz. (Vgl. dazu: Monika Dallwitz: Sehen statt Lesen? Dürrenmatts „Der Richter und sein Henker" als Film, in: Diskussion Deutsch 127/Oktober 1992, S. 479–481)

Das Dénouement steht am Ende des Films wie des Romans, gefolgt von zwei kurzen Szenen, die den Selbstmord des Polizistenmörders – eine Fahrt über die nur halb fertiggestellte Brücke und den geplanten Sturz in die Tiefe – und ein abschließendes Gespräch mit Anna zeigen: sie reist zurück nach Irland; Bärlach bleibt wie im Roman als Einzelgänger zurück.

Effektvolle
Unterhaltung

Insgesamt ist dieser Film sicher kein künstlerisches Meisterwerk, aber er liefert, wo er sich auf die wohlkomponierte Handlung des Romans verlässt, als Kriminalfilm spannende, effektvolle Unterhaltung, die ebenfalls in der Lage ist, die parodistischen Elemente des Romans in das neue Medium zu übertragen.

Sein Erfolg hat auch Rückwirkungen auf die Textvorlage: pünktlich zur Premiere erscheint „Das Buch zum Film" (so die Stuttgarter Nachrichten vom 21. 7. 1978), eine Neuausgabe der beiden Bärlach-Krimis „Der Richter und sein Henker" und „Der Verdacht" im Benziger-Verlag.

„Ich hatte plötzlich nichts mehr. Da *mußte* ich schreiben, ich hatte keine andere Wahl. Also schrieb ich auf einen Auftrag hin die Kriminalromane „Der Richter und sein Henker" und „Der Verdacht". Für den ersten bekam ich, glaube ich, 1000 und für den zweiten 2000 Franken. Lächerliche Summen. „Der Verdacht" wurde übrigens gleichzeitig geschrieben und gedruckt, das heißt, alle vierzehn Tage mußte ich ein Fortsetzungs-Manuskript abliefern, das dann sofort gedruckt wurde. Zu allem Überfluß war ich während dieser Arbeit noch krank, ich lag im Spital." (Friedrich Dürrenmatt, in: Dieter Fringeli: Nachdenken mit und über Friedrich Dürrenmatt, a. a. O., S. 7)

II. Der Verdacht

1. Der inhaltliche Aufbau

Die Verdoppelung des Honorars war sicher das Hauptmotiv für Dürrenmatt, seinen totkranken Kommissär zu revitalisieren. Hinzu kam die eigene Situation, die ihn als Krankenhauspatienten die klaustrophoben Ängste eines alternden Mannes nachvollziehen ließ, der bewegungsunfähig an ein Klinikbett gebunden ist und auf die alles entscheidende Operation eines sadistischen Arztes wartet. Auf diese Weise entstand der zweite Bärlach-Roman, der die erfolgreiche Erstveröffentlichung fortsetzen und doch einen ganz anderen, inhaltlich wie stilistisch neukonzipierten Ansatz liefern sollte.

Entstehungsbedingungen

„Der Verdacht" beginnt im direkten Anschluss an das Geschehen in „Der Richter und sein Henker": Kommissär Bärlach ist tatsächlich in die Salemklinik seines Freundes Dr. Hungertobel eingeliefert und operiert worden, nachdem „eine Herzattacke" – offensichtlich die Folge der Fressorgie am Schluss der Fahndung nach Schmieds Mörder – eine Verzögerung von 14 Tagen mit sich brachte (S. 5). Der Erfolg dieser Operation ist relativ: sie gelingt zwar, aber die Diagnose, er habe eine „hoffnungslose Krankheit", bewahrheitet sich. Seine Lebenschancen sind damit gering, ein Zustand, der ihn in seinem weiteren Vorgehen zu radikalen Lösungen zwingt.

I. Teil
Anschluss an den
1. Roman

Bärlach wird „anfangs November 1948" nach Salem eingeliefert. Es gibt zunächst einige Komplikationen, aber nach den Weihnachtsfeiertagen ist er wieder so „munter", dass er sich die Zeit im Krankenzimmer mit der Lektüre der amerikanischen Zeitschrift „Life" vertreibt – ein beziehungsreicher Titel, der nicht nur die eigene Situation umschreibt, sondern auch in Bezug zu dem Artikel steht, der ihn in

Die Rekonvaleszenz

Der KZ-Arzt
Dr. Nehle

besonderer Weise interessiert: „Life" berichtet mit einem Bildbeitrag über einen Lagerarzt im Konzentrationslager Stutthof, Dr. Nehle, zu dessen besonderer Grausamkeit es gehörte, Häftlinge ohne Narkose zu operieren. Das Schicksal verbrecherischer KZ-Ärzte, die im Nachkriegseuropa ein weitgehend unbehelligtes Leben führen konnten, besaß nach dem Zweiten Weltkrieg in der Weltpresse eine besondere Aktualität.

Bärlach zeigt dieses Bild bei der abendlichen Visite seinem Freund, der blass wird – die einzige Reaktion des Arztes, die aber ausreicht, um den präzise beobachtenden Kommissär argwöhnisch zu machen.

Bärlachs Verdacht

Sein Verdacht, dass Hungertobel diesen Arzt kennen könnte, lässt sich nicht mehr beseitigen; Hungertobels Versuche, den Kranken zu beschwichtigen, laufen ins Leere. Bei der Visite am folgenden Morgen – dem 28. 12. – muss er sich erneut mit Bärlach auseinandersetzen. Ohne den Namen des Mannes zu kennen, der dem KZ-Arzt gleicht, hat der Kommissär bereits „gegen ihn Verdacht geschöpft" (S. 8). Dass es sich bei ihm um einen ehemaligen Studienkollegen Hungertobels handeln könne, nistet sich als Argwohn bei beiden ein; allerdings versucht der Arzt den Beweis zu führen, dass es sich lediglich um eine große Ähnlichkeit zwischen beiden Personen handeln könne. Damit sei ihre Identität aber nicht nachgewiesen, zumal auf dem Bild das Gesicht des Arztes durch eine Operationsmaske fast völlig verdeckt werde.

Parallelen zum
vorhergehenden
Roman

Der Zufall und ein Gegenstand stehen damit wie im ersten Kriminalroman Dürrenmatts am Ausgangspunkt der Handlung: das Zeitschriftenfoto, das Bärlach zufällig in Händen hält, als sein Arzt die Visite macht, lässt einen vagen Anfangsverdacht entstehen. In „Der Richter und sein Henker" ist es die Dokumentenmappe Schmieds, später die Kugel aus der Tatwaffe, die Bärlach zufällig in die Hände fällt, die am Beginn des Verdachtes gegen Tschanz stehen. Lassen sich im ersten Fall jedoch ein Mordopfer, ein Tatort und sichtbare Spuren finden, geht es hier zunächst um ein rein abstraktes Denkmodell, die Frage, welche Figur sich hinter dem KZ-Arzt verbirgt.

Hungertobels
Studienkollege
Dr. Emmenberger

Vom „Verdacht" Bärlachs infiziert, spricht Hungertobel über die Vorgeschichte, die sich ihm durch das Foto aufdrängt, die Erinnerung an seinen Studienkollegen Fritz Emmenberger. Er ist mittlerweile der angesehene Chef einer privaten Züricher Modeklinik, in der sich vor allem reiche Patienten durch wissenschaftlich fragwürdige Experimente mit Hormonkuren behandeln lassen. Für sie offensichtlich die letzte Hoffnung vor dem Tod, denn Emmenberger wird verehrt wie ein Gott und häufig zum „Erbonkel" ernannt (S. 10), dem nach dem Ableben ein Vermögen vermacht wird.

Ein SS-Arzt
in der Schweiz

Damit erhärtet sich der Verdacht, Emmenberger könne nach dem Krieg in der Schweiz mit den gleichen Methoden weiterarbeiten, „die er im Konzentrationslager Stutthof lernte" (S. 11) – wenn sich das nachweisen ließe, müßte man zu dem Schluss kommen, dass die Schweizer Verhältnisse sich nicht wesentlich von denjenigen im Dritten Reich unterscheiden. Kein Wunder, dass Bärlach wie Hungertobel sich dieser Möglichkeit nur sehr widerwillig nähern: „Wir dürfen das nicht denken! Wir sind keine Tiere!" (ebd.)

Am anderen Tag erst setzen die beiden ihr Gespräch über Emmenberger fort. Bärlach ist offensichtlich bereits von der kriminalistischen Aufgabe fasziniert; er erscheint dem Arzt „frischer als sonst" und hat „die alte Vitalität" wiedergefunden. Hungertobel ist daran gelegen, den Verdacht zu zerstreuen; er blättert seinem Freund gegenüber die Indizien auf, die Emmenbergers Alibi stützen: während des Krieges sei er in Chile gewesen und habe von dort aus Artikel in medizinischen Zeitschriften veröffentlicht.

Emmenbergers Alibi

Bärlach lässt sich von diesen Argumenten nicht überzeugen, der trockene Stil, in dem die Fachbeiträge gehalten sind, entspricht zu wenig den Fähigkeiten des Studenten, der „literarisch", „witzig" und „glänzend" formulieren konnte (S. 13). Er bemüht daher weitere Quellen, um seinem Verdacht nachzugehen: Zunächst kommt Bärlachs Chef, Dr. Lutz, der ihn von seiner bevorstehenden Pensionierung zu unterrichten hat. Ab dem 1. Januar 1949 wird der Kommissär in den Ruhestand geschickt und damit von allen offiziellen Aufträgen entbunden. Das Verhältnis zwischen beiden ist unverändert: wie im ersten Roman ist Bärlach der souveräne Gesprächspartner, der in entspannter Haltung – er „verschränkte wieder die Hände hinter dem Nacken" (S. 15) – den Dialog bestimmt, während der Vorgesetzte bereits „verlegen" in das Krankenzimmer hereingeht, „mühsam" die Absicht der Behörde hervorbringt und am Ende des Gesprächs kaum in der Lage ist, „den Ärger hinunter(zu)schlucken" (S. 15 17). Allein die Tatsache, dass er den skurrilen Alten bald los sein wird, lässt ihn die Contenance bewahren und versprechen, sich um Bärlachs Wünsche nach Informationen über den KZ-Arzt zu bemühen.

Bärlach wird pensioniert

Der Kommissär nützt dieses Gespräch zu einem Rundumschlag gegen die bürgerliche Verbrechensbekämpfung. Es ist das Resumee eines am Ende gescheiterten Idealisten, macht aber verklausuliert auch die Motivation Bärlachs für den Fall des KZ-Arztes deutlich: seiner Meinung nach „lasse (man) die großen Schurken laufen und stecke die kleinen ein" (S. 16). Er bezeichnet die Schweizer Verbrechensbekämpfung als Klassenjustiz, in der die wirklich gefährlichen Kriminellen „unter Staatsschutz genommen" würden (S. 17) – eine Deutung, die den Repräsentanten des Großbürgertums Dr. Lutz vor den Kopf stoßen muss. Bärlach aber treibt sie geradezu an, mit diesem Einzelfall den Opportunismus zu durchbrechen und damit Gerechtigkeit wiederherzustellen.

Vernichtende Kritik an Schweizer Verhältnissen

Noch am gleichen Abend lässt Dr. Lutz die Nachricht übermitteln, dass nach Angaben von Interpol Dr. Nehle, der KZ-Arzt, am

Dr. Nehles Selbstmord

10. August 1945 in Hamburg Selbstmord verübt habe; eine Information, die Bärlachs Arzt beruhigt, so dass er „genießerisch in Ringen und Spiralnebeln (Rauchwolken) aus seinem Munde entließ" (S. 19). Nur Bärlach zeigt sich noch immer nicht überzeugt.

Für Hungertobel ist der Verdacht ausgeräumt. Daher fühlt er sich imstande, die Gründe für seinen Argwohn mitzuteilen. Vierzig Jahre zuvor, im Juli 1908, hat „eine Szene" stattgefunden, „die in der Hölle vorkommen könnte, wenn es eine gibt" (S. 20). Hungertobel, Emmenberger und drei andere Medizinstudenten wollten in einer Almhütte über dem Kiental übernachten, als einer von ihnen verunglückte und zu ersticken drohte. Nur eine besondere Form der Notoperation, ein Schnitt mit dem Messer über dem Kehlkopf – eine Koniotomie – konnte sein Leben retten. Emmenberger nahm diesen Eingriff vor, vor dem die anderen zurückschreckten, und er tat dies offensichtlich

Emmenbergers Sadismus

lustvoll: „und als Emmenberger diesen Schnitt ausführte, mein Gott, Hans, hatte er die Augen ebenfalls weit aufgerissen, sein Gesicht verzerrte sich; es war plötzlich, als breche aus diesen Augen etwas Teuflisches, eine Art übermäßiger Freude zu quälen, oder wie man dies sonst nennen soll, daß ich eine menschliche Angst empfand, wenn auch nur für eine Sekunde" (S. 23). Der Gerettete musste instinktiv Emmenbergers sadistisches Vergnügen durchschaut haben; er dankte ihm mit keinem Wort und mied seinen Umgang weiterhin. In den darauf folgenden Jahren verlief Emmenbergers Studium wild und genialisch – er interessierte sich für vieles, neben Medizin auch für Physik, Mathematik, Philosophie und Theologie, ohne sich in ein Gebiet zu vertiefen. Nach einem glänzenden Examen war er unfähig, sich zu etablieren, er übernahm Praxisvertretungen – u. a. bei Hungertobel –, wurde zum egozentrischen Zyniker und galt als „unzuverlässiger Patron" (S. 24).

bereitet Hungertobel noch immer Alpträume

Mehr noch als an die eigentliche Operation erinnert sich Hungertobel an die Atmosphäre der Hütte, die sich in seinen Träumen eingebrannt hat: „Ja, manchmal träume ich noch von ihr und schrecke dann schweißgebadet auf; aber eigentlich, ohne dabei an das zu denken, was sich in ihr abspielte" (S. 20). Es scheint, als weigere sich seine Erinnerung, weiter in die Ereignisse vorzudringen und den grausamen Eindruck wieder aktuell werden zu lassen, oder als sei mit dieser erbärmlichen Hütte für ihn der adäquate Eindruck der gesamten Szenerie zusammengefasst. Hungertobel gelingt es nicht, diesen Alptraum beiseite zu schieben; er wirkt „nachdenklich" am Ende seiner Erzählung und durch Bärlachs Bemerkung „Träume lügen nicht" in dieser Haltung bestärkt, auch wenn er das Gegenteil behauptet.

Auf eigentümlichem Weg kommt ein mitternächtlicher Besucher zu Bärlach, den der Kommissär über ein Codewort – „sag dem Feitelbach, er soll mir ‚Gullivers Reisen' ins Salem schicken" (S. 18) –

zu sich gebeten hat: es ist Gulliver, eine ins Mythische überhöhte Gestalt, die in sich das verfolgte, gefolterte und ermordete jüdische Volk verkörpert. Er ist an der Krankenhausfassade hochgeklettert und durch das Fenster in Bärlachs Zimmer gestiegen. Die Annäherung erinnert an den Mordanschlag auf Bärlach in „Der Richter und sein Henker" – durch kaum hörbare Geräusche und einen leisen Luftzug kündigt sich der Besuch an. Diesmal allerdings ist es nicht der Gegner, sondern der Beschützer, der auf Bärlach zugeht.

Gulliver/Ahasver – eine jüdische Mythengestalt

Physiognomie und Hände des Besuchers deuten auf sein ursprüngliches Wesen wie auf die Folgen des Holocaust: „Sein Kopf war kahl und mächtig, die Hände edel, aber alles mit fürchterlichen Narben bedeckt, die von unmenschlichen Mißhandlungen zeugten, doch hatte nichts vermocht, die Majestät dieses Gesichts und dieses Menschen zu zerstören" (S. 25). Sein Aufzug – „ein alte(r), fleckige(r) und zerrissene(r) Kaftan" (ebd.) – ist Zeichen seiner Symbolgestalt, wie Gulliver in einem nächtlichen Wodkagelage Bärlach mitteilt. Seine Vorgeschichte wird dem Leser in einem zweiten Rückblick präsentiert: er hat die unterschiedlichsten Konzentrationslager durchlaufen, wurde gefoltert und sollte von einem Erschießungskommando hingerichtet werden. Für tot gehalten, konnte er sich schwerverletzt retten. Seither hält er sich im Untergrund auf. Da er offiziell nicht mehr existiert, lebt er auch jenseits von Legalitäts- oder Nationalitätsgrenzen, nur noch darauf ausgerichtet, „verfolgte und gemarterte Juden" zu unterstützen (S. 28). In seinem zerschlissenen Äußeren und seiner ruhelosen Existenz gleicht er der legendären Gestalt des ewigen Juden Ahasverus, eine Kennzeichnung, die mehrfach im Roman mit ihm verbunden wird.

Er war es auch, der das einzig existierende Bild des KZ-Arztes gemacht und in die Spalten von „Life" gebracht hat, da er ebenfalls von Dr. Nehle in Stutthof operiert worden war. Gulliver ist der einzige Überlebende einer solchen Operation; er hat sich – und dies war die besondere Schurkerei des Arztes – wie alle anderen Opfer freiwillig gemeldet, denn ihm war Hoffnung gemacht worden, nach dieser Folter in ein anderes, weniger lebensbedrohliches KZ verbracht zu werden. Tatsächlich wurde er im Anschluss an eine völlig überflüssige Magenresektion in das Lager Buchenwald geschickt. „Aus übergroßer Dankbarkeit", so Gulliver zynisch, habe er ihn fotografiert (S. 33), um zu verhindern, dass dieser Arzt nach Kriegsende „als Badedoktor irgendein kostspieliges Sanatorium" leiten könnte (S. 31). Wie die internationale Polizei nimmt auch er an, dass Dr. Nehle sich nach Kriegsende das Leben genommen habe, nachdem sein Bild in „Life" erschienen ist.

Opfer Nehles

Gullivers Bericht über die Hölle auf Erden, „die blutigen Meere des Unsinns dieser Epoche" (S. 37), und die grausamen Verbrechen die-

ses KZ-Arztes, „eine(s) der bösesten und unbarmherzigsten Engel"
(S. 31), wirken schockierend auf Bärlach. Aber die Aussicht, mit seinem Verdacht gegen Dr. Emmenberger allein zu sein, weckt in ihm,
gerade den „unbändigen Trotz (…), in dieser Welt zu bestehen und
für eine andere, bessere zu kämpfen" (S. 39) – auch wenn er, alt und
totkrank, ein letztes Mal den Kampf für eine gerechte Weltordnung

Bärlach nimmt
den Kampf auf

aufnimmt. Seine Empörung unterstreicht er durch den grölenden
Gesang des Berner Marsches.

Der nächste Morgen beginnt mit einem Filmriss; Bärlach kann sich
nur noch schemenhaft an die Ereignisse der letzten Nacht erinnern.
Die Krankenschwestern treten dagegen reserviert auf, denn der nächtliche Lärm hat die anderen Patienten verstört und den Frieden in der
Klinik durcheinander gebracht. Bärlachs Plan steht jetzt fest: er will
sich von Dr. Hungertobel unter falschem Namen – Blaise Kramer –
in die Klinik Sonnenstein einliefern lassen.

Die Entlarvung

In einer sorgfältigen Beweisführung setzt er die Teile seines Puzzles
zusammen, das Dr. Emmenbergers wahre Vergangenheit enttarnt.
Punkt für Punkt zerpflückt er die neue Identität Emmenbergers und
legt das Verhältnis zwischen Emmenberger und Nehle offen. Dabei
argumentiert er äußerst vorsichtig, seine Vermutungen immer wieder
auf ihren Wahrscheinlichkeitsgehalt abklopfend. Indirekt zitiert er

Das Vorbild
E. T. A. Hoff-
mann

einen bedeutenden Vorläufer der Kriminalliteratur, E. T. A. Hoffmanns „Das Fräulein von Scuderi", wenn er betont: „Das Mögliche
und das Wahrscheinliche sind nicht dasselbe; das Mögliche braucht
noch lange nicht das Wahrscheinliche zu sein." (S. 44) In Hoffmanns
Novelle aus dem Jahr 1819 ist es „Arnauld d'Andilly (…), der berühm-
teste Advokat in Paris", der, die Poetik des französischen Literatur-
theoretikers aus dem 17. Jahrhundert, Nicolas Boileau Despréaux,
zitierend, darauf hinweist: „Le vrai peut quelque fois n'être pas vrai-
samblable" (E. T. A. Hoffmann: Das Fräulein von Scuderi, Stuttgart
1982, S. 65). Auch in diesem Fall geht es darum, hinter der Maske
eines biederen, beliebten und anerkannten Mannes – des Gold-
schmieds Cardillac – den heimtückischen Mörder zu entlarven, allen
Widerständen der höfischen Gesellschaft zum Trotz.

Nehle und
Emmenberger
sind identisch

Ausgehend von der vollkommenen – und daher unwahrscheinlichen
– Ähnlichkeit zwischen Emmenberger und Nehle folgert Bärlach, dass
beide den Namen getauscht haben, Emmenberger unter dem Namen
Nehles in Stutthof operierte, während Nehle unter dem anderen
Namen in Chile gelebt habe. Von dieser These ausgehend argumentiert Bärlach weiter, habe Emmenberger nach dem Krieg Nehle umgebracht und die Rollen wieder vertauscht. Als letztes Argument legt
Bärlach eine vergleichende Stilanalyse vor, mit der er Hungertobel
schlagend beweist, dass eine „Spekulation" – so der Titel dieses Kapitels – unwiderlegbar ist. „Du hast mir die Wahrheit bewiesen", muss
daher der Arzt resignierend zugeben (S. 50). Bärlach ist jedoch mit

dem logischen Gedankenspiel nicht zufrieden; er will auch die Realität beeinflussen und Emmenberger vor aller Augen entlarven, der Gerechtigkeit zu ihrem Sieg verhelfen. Um das zu erreichen, lässt er sich in die Klinik Sonnenstein einliefern.

Ein weiterer Besucher kommt gegen Abend in Bärlachs Zimmer: der Berner Schriftsteller Fortschig, ein armseliges, lächerlich wirkendes „Männchen", die Karikatur eines Hinterzimmerpoeten. Bereits der Einzug in die Klinik ist bezeichnend für den widersprüchlichen Charakter dieses Menschen: wie in einer Slapstick-Nummer der Marx-Brothers stolpert er von einem Missgeschick ins nächste, kollidiert mit diversen Hindernissen, bevor er endlich vor Bärlachs Bett steht. Die Mischung aus hochfahrendem Stolz und naiver Ängstlichkeit, Selbstüberschätzung und Missmut über die eigene katastrophale wirtschaftliche Lage lassen ihn zum grantelnden Außenseiter werden, „einem Don Quijote, der gegen Windmühlen und Schafherden kämpft" (S. 54). Ausgerechnet ihn hat sich der Kommissär ausgewählt, um eine Intrige gegen Emmenberger einzufädeln: Fortschig, der als Ein-Mann-Unternehmen die Zeitschrift „Der Apfelschuß" in 45 Exemplaren herausgibt – ein augenzwinkernder Verweis auf die 1899 gegründete Zeitschrift „Die Fackel", die von Karl Kraus monoman und konzessionslos geführt wurde, in über 500 Nummern ohne fremde Artikel auskam und gegen die konventionellen Lügen der Gesellschaft zu Felde zog –, soll in seinem Blatt einen Artikel veröffentlichen, den Bärlach vorformuliert hat. Darin werden Emmenbergers Untaten im Krieg angeprangert und seine gegenwärtige Rolle angedeutet; vor allem aber soll Fortschig behaupten, Beweise für seine Informationen in Händen zu haben. Um nicht zum Opfer dieser gezielten Indiskretionen zu werden, beschwört Bärlach Fortschig, sofort nach der Veröffentlichung die Schweiz zu verlassen und nach Paris zu reisen. Die Kosten für den dortigen Aufenthalt übernimmt er selbst.

Der armselige Schriftsteller Fortschig

Am Abend des 31. 12. lässt sich Bärlach schließlich von Dr. Hungertobel in die Klinik Sonnenstein fahren. Auf dem Weg dorthin erlebt Bärlach in der Stadt Zürich die Vorbereitungen für die Silvesterfeiern: er begegnet einem Gewirr von Menschen, sich stauenden Autos, Lichterkaskaden. „Lauernd" und „fasziniert" betrachtet er aus dem Wageninneren dieses Gewühl: ein Außenstehender an der Grenze zum Tod, der durch dieses Treiben beunruhigt wird, die Stadt hasst, aber „bei dieser geheimnisvollen Fahrt nach einem ungewissen und drohenden Ziel" (S. 61) auch den Wunsch ahnen lässt, dazuzugehören.

II. Teil Der Weg in die Klinik

Er ist nahe daran aufzugeben, denn die Krankheit macht sich deutlich bemerkbar; zum ersten Mal wird er in diesem Trubel gewahr, dass sein Versuch, sich gegen den Tod aufzulehnen, vergeblich ist. Bärlach spürt die Resignation und ist bereit, sich diesem Gefühl zu

Bärlachs Angst

überlassen: „Die Kälte des Weltalls, diese nur von ferne erahnte, große, steinige Kälte senkte sich auf ihn; die flüchtige Spur eine Sekunde lang, eine Ewigkeit lang" (S. 62). Aus dieser Stimmung wird er durch „die Ruhe des Arztes" herausgerissen; vor der Klinik angekommen, hat Bärlach sich wieder im Griff: „der Alte ließ sich treiben, hell, aufmerksam, unerschütterlich" (S. 63).

Der Zwerg

Hungertobel lässt Bärlach allein im Wagen sitzen, um ihn anzumelden. Die Wartezeit macht den Kommissär erneut nervös, irritiert wird er vor allem, als am Eingang der Klinik für Augenblicke ein verwachsener kleiner Mensch erscheint: „Es war ein zusammengeschrumpftes, uraltes Gesicht von einer bestialischen Häßlichkeit, mit tiefen Rissen und Falten, entwürdigt von der Natur selbst, das den Alten mit großen, dunklen Augen anglotzte" (S. 64). Hungertobel verabschiedet sich von ihm und lässt Bärlach in der Obhut von vier Krankenschwestern zurück, die ihn zu einer ersten Untersuchung durch Emmenberger bringen. Der Kommissär wird auf einem Krankenwagen „ausgestreckt und hilflos" in die „sanft(e) und doch grausam(e)" Welt des Spitals geschoben (S. 65 f.). Um sein Inkognito zu wahren, fragt der Kommissär eine der Schwestern auf Hochdeutsch, ob es im Klinikbereich einen Zwerg gebe, was sie lachend verneint. Ihre Antwort lässt sie als Bernerin erkennen, was Bärlach zur Ansicht verleitet, sie „bearbeiten" zu können.

Doktor Fritz Emmenberger erwartet ihn gemeinsam mit seiner Assistentin, Frau Dr. Marlok, einer „vornehm(en) und zurückhaltend(en)" Frau, wie Bärlach „auf den ersten Blick" erkennt (S. 67). Um zu testen, ob Emmenberger identisch mit dem Berliner Arzt Dr. Nehle ist, lässt Bärlach einige Dialektbrocken fallen, auf die der Klinikchef in Berner Mundart antwortet, ein deutlicher Hinweis darauf, dass sein Verdacht berechtigt war. Der Kommissär geht ihn daher

Ein erstes Verhör

direkt an; sein „Verhör" beginnt ungeschützt, fast tollkühn. Er wird zu seinem Frontalangriff auch dadurch motiviert, dass Emmenberger eine Zigarette anzündet und das Licht herunterdreht, Anzeichen, wie Bärlach glaubt, für die beginnende Nervosität des Arztes. Nur wenig verklausuliert, legt er seine Absichten offen: „Sie spüren Krankheiten auf und ich Kriegsverbrecher" (S. 68) und deutet damit an, warum er sich in die Klinik einweisen ließ: „Es gibt nichts Schlimmeres, als sich von einem Verbrecher oder auch von einer Krankheit eine Vorstellung zu machen, bevor man den Verdächtigen in seiner Umgebung studiert und seine Gewohnheiten untersucht hat" (S. 69).

Bärlach versucht, den Arzt zu provozieren; er macht auch deutlich, warum er so unprofessionell vorgeht: seine Krankheit lässt ihm wenig Chancen für ein differenzierteres, überlegt-langsames Ermitteln; er muss zu Holzhammermethoden greifen, um den Gegner in die Ecke zu treiben: „Unsere Methoden sind die gleichen. Ich kann nur noch mit der Furcht gegen den vorgehen, den ich suche" (S. 71).

Wie hybrid seine Vorstellung ist, Emmenberger mit Taschenspielertricks zu einem Eingeständnis seiner Schuld treiben zu können,
bemerkt er erst, als Frau Dr. Marlok ihm zwei Tabletten reicht. Ihm
wird damit deutlich, wie sehr er sich den Ärzten überantwortet hat.
Die Berner Schwester Kläri erscheint ihm nun als „gemütlicher Henker" (S. 72). Bärlach hat seinem Körper mit dem „Verhör" Emmen-
bergers offensichtlich zu viel zugemutet; am Ende des Kapitels wird   *Bärlach bricht*
er von einem Schüttelfrost gepackt.   *zusammen*

Gegen halb elf Uhr nachts erwacht er in einem technisch-kalten
Raum, noch immer auf dem Rollwagen liegend. Vor dem Fenster
hängt ein Vorhang, der „mit seltsamen Pflanzen und Tieren bestickt"
ist; die Zimmerdecke besteht aus einem einzigen Spiegel, in dem sich
der Kranke als abgemagertes Skelett betrachten muss. Die linke Glaswand zeigt nackte Gestalten, tanzende Männer und Frauen; auf der
rechten Seite hängt Rembrandts Bild „Anatomie", über der Tür ein
schwarzes Holzkreuz – ein seltsames Konglomerat an Gegenständen,
das doch insgesamt darauf ausgerichtet scheint, den Patienten zu ver-
wirren und in seiner Gebrechlichkeit zu verhöhnen. Noch immer ist
Bärlach jedoch der Ansicht, er sei Emmenberger überlegen und könne
den weiteren Gang des Geschehens bestimmen. Schwester Kläri, die
er zu sich beordert, macht ihn mit ihrer biederen Freundlichkeit auf
die realen Verhältnisse aufmerksam: er ist in eine tödliche Falle gegangen, denn er liegt in einem Sterbezimmer, das noch nie jemand lebend   *Das Sterbezimmer*
verlassen habe. Zum Trost überreicht sie ihm ein selbstverfasstes
Traktat mit dem Titel: „Kläri Glauber: Der Tod, das Ziel und der
Zweck unseres Lebenswandels. Ein praktischer Leitfaden" (S. 76).

Bärlach wird von Panik ergriffen; er wartet vergeblich auf das Neu-   *Panik*
jahrsgeläut der Züricher Kirchen. Sein Gefühl verstärkt sich, völlig
isoliert und dem Klinikbetrieb ausgeliefert zu sein. In dreifacher Wie-
derholung werden seine Gedanken artikuliert: „Die Welt ist tot"
(S. 77). Er erfährt eine Vorahnung seines Todes als ein Versinken „in
irgendein uferloses Meer, in irgendeine Finsternis" (ebd.).

In der Morgendämmerung wacht er auf und bemerkt, dass das Fen-   *Dr. Marlok, eine*
ster zu seinem Zimmer vergittert ist. Frau Dr. Marloks Stimme   *Morphinistin*
schreckt ihn auf. Sie lässt jetzt jede Zurückhaltung gegenüber dem
Kommissär fallen: die schöne, „so vornehm(e) und so zurückhal-
tend(e)" Dame (S. 67) erweist sich als Morphinistin, die ohne das
Rauschgift das Gesicht eines „alte(n) Weib(es) (…) mit welken, ver-
schwommenen Zügen" trägt (S. 78). Unbekümmert von seiner
Gegenwart setzt sie sich eine Spritze in den Oberschenkel. Bärlach hat
keine Überlebenschance, seit er enttarnt ist: die Berner Zeitung „Der
Bund" informiert in einem Bildbericht auf der Titelseite über seine
Pensionierung. Auch wenn seine Camouflage nur oberflächlich war,
reagiert Bärlach doch entsetzt, als er erkennen muss, dass seine Identität aufgeflogen ist:

Bärlach als Opfer
einer Insulinkur

Die Ausgabe ist vom 5. Januar; erst dadurch bemerkt der Kommissär, wie übel ihm mitgespielt worden ist. Emmenberger hat ihn einer Insulinkur unterzogen, einer bewussten Unterzuckerung, die lebensgefährlich ist. Bärlachs „kaltblütiger" Versuch, die Ärztin auf seine Seite zu ziehen, scheitert. Den Vorwurf, Emmenberger habe ohne Narkose operiert und seinen Doppelgänger ermordet, kontert sie kühl und scheinbar gleichgültig: „Er hat noch viel mehr gemacht, unser Doktor" (S. 80). Sie bestätigt damit endgültig seinen Verdacht, ohne ihn aber gegen Emmenberger zu unterstützen. Ihre Biographie, die sie Bärlach gegenüber offen legt, lässt ihr Verhalten verständlich erscheinen. Weil sie Kommunistin war, wurde sie als „Häftling 4466 im Vernichtungslager Stutthof bei Danzig" gefoltert (S. 81); dass sie überlebte, verdankt sie der Tatsache, dass sie Emmenbergers Geliebte wurde und noch immer ist.

Dr. Marloks
Geschichte

Das folgende Gespräch mit Bärlach – im Grunde ein einziger Monolog – lässt spüren, dass ihre scheinbare Gleichgültigkeit nur Fassade ist, hinter der sich ein resignatives Eingeständnis, mit allen Visionen und Ideologien gescheitert zu sein, verbirgt. Als Idealistin trat sie in die Kommunistische Partei Deutschlands ein, verließ 1933 Deutschland, um in die Sowjetunion zu fliehen und wurde dort in diverse Lager gesteckt, immer noch in der naiven Überzeugung, damit Teil eines historischen Plans zu sein. Der Hitler-Stalin-Pakt 1940 führte dazu, dass sie von russischen Soldaten der SS übergeben wurde und nach Stutthof kam. Erst hier brach ihr Idealismus zusammen, und sie wehrt sich seitdem gegen jeden humanen Gedanken: „Es ist Unsinn, sich zu wehren und sich für eine bessere Welt einzusetzen" (S. 83). Auf ihre Mithilfe kann Bärlach also nicht zählen; er sitzt gefangen in einem „Fuchsbau", den er, todkrank, nicht mehr aus eigener Kraft verlassen wird.

Unveränderte
Situation
Emmenbergers

Für Emmenberger hat sich nichts geändert: war das Konzentrationslager Stutthof die Hölle für die gepeinigten Gefangenen, „so ist dieses Spital hier, mitten im braven Zürich, die Hölle der Reichen" (ebd.). Noch immer operiert der Arzt ohne Narkose, noch immer kommen die Patienten freiwillig zu ihm, da sie in ihn ihre letzte Hoffnung setzen, dem Tod zu entgehen. Dr. Marlok entwirft in einem dramatischen Schlussmonolog ein erschreckendes Bild vom Zustand der Welt – „Die Welt ist faul, Kommissär, sie verwest wie eine schlecht gelagerte Frucht" (S. 88) –, was Bärlach kaum ertragen kann. Er bittet sie, das Zimmer zu verlassen, worauf sie ihn auf „den Höllenfürsten selbst, Emmenberger" verweist, mit dem sich Bärlach erst noch auseinander zu setzen habe (S. 89).

Auch ein erneuter Versuch, Schwester Kläri Glauber zu „bearbeiten", scheitert an ihrer bodenlos-dummen Gläubigkeit. Sie meint, den Chefarzt durch ihr Traktat bekehrt zu haben und verweist den Kommissär mit fröhlichem Stolz auf ihren Erfolg. „Vorher tötete er aus Haß, nun aus Liebe" (S. 90).

Auch Bärlachs fadenscheinige Intrige mit Hilfe Fortschigs ist ein kompletter Misserfolg. Der Kommissär muss sich – das entnimmt er dem „Bernischen Bundesblatt", das ihm Frau Dr. Marlok aufs Bett geworfen hat – zudem eine Mitschuld an Fortschigs Tod geben. Der Dichter hat zwar das Pamphlet gegen Emmenberger veröffentlicht, aber – vorhersehbar – Zürich nicht verlassen, um nach Paris zu reisen, sondern er hat Bärlachs Geld in Alkohol umgesetzt. Bei einem Abschiedsfest wurde er von Emmenbergers Zwerg ermordet, eine Neuauflage der Poeschen Kriminalgeschichte „Der Doppelmord in der Rue Morgue". Der Nachruf auf Fortschig ist gespickt mit Polemik. Ihm werden zwar „schöne Talente" zugeschrieben, die er aber ohne Respekt vor „allgemein bekannte(n) und geschätzte(n) Persönlichkeiten" zum Verfassen von „Asphaltliteratur" missbraucht habe (S. 95), ein erneuter Verweis auf die Standardvorwürfe, die auch gegen Karl Kraus gerichtet wurden.

Fortschigs Tod

Die letzte Begegnung zwischen Bärlach und Emmenberger ist wie der Showdown klassischer Western angelegt. Die beiden Kontrahenten treffen zur alles entscheidenden Aussprache zusammen, von der Umwelt völlig isoliert, äußerlich gefasst, aber sicher, dass nur einer von beiden die Kampfstätte lebend verlassen wird. Als auffälligstes Requisit hängt eine große Uhr im Raum, „eine grünliche, runde Scheibe mit Zeigern, die sich verschoben" (S. 114) – zwar spielt das Ende nicht um 12 Uhr mittags, die Operation ist vielmehr auf 7 Uhr morgens terminiert, aber die traumatisierende Erfahrung eines langsamen Fortschreitens auf das Ende hin ist identisch.

Der Showdown

Auch Emmenberger hat keine Skrupel, Bärlach gegenüber die Wahrheit einzugestehen. Er hat Fortschig durch seinen Zwerg – auch er ein Überbleibsel des Konzentrationslagers Stutthof, das von ihm in der Nachkriegszeit als „nützliches Werkzeug" funktionalisiert wurde (S. 105) – ermorden lassen, wie er auch Dr. Nehle zwang, „eine Blausäurekapsel einzunehmen" (S. 103) und plant nun, Dr. Hungertobel umzubringen. Wie alle anderen Patienten soll auch Bärlach ohne Narkose operiert und getötet werden. Die zynische Offenheit des Arztes liegt in dem Wissen über die Ohnmacht seines Patienten begründet: „Entweder wird einer verlieren oder beide. Sie haben Ihr Spiel schon verloren, nun bin ich neugierig, ob ich das meine auch verlieren muß" (S. 101). Bärlach gesteht sich seine Niederlage unumwunden ein – „Er begriff nun, daß es keine Rettung mehr für ihn gab" (S. 106); aber auch Emmenberger beurteilt seine eigenen Chancen skeptisch. Er erkennt, dass man ihm auf der Spur ist und Bärlach wohl nicht der einzige Detektiv sein kann, der Indizien sammelt und kombiniert.

Emmenberger als Zyniker

Emmenberger ist ein Spieler, dem nichts „heilig ist als die Materie" (S. 109). So sieht er auch sich selbst als Teil dieser Materie, der vom Zufall regiert wird, ein Materialist wie Gastmann: „das Böse und das

und als Spieler

Gute fällt einem wie bei einer Lotterie als Zufallslos in den Schoß; aus Zufall wird man recht und aus Zufall schlecht" (S. 107). Er stellt sich außerhalb jeder Humanität und sieht als wahrer Nachfolger des Marquis de Sade seine Freiheit im Leid anderer verwirklicht.

Von Bärlach verlangt er ein eigenes Glaubensbekenntnis – sei es ein christliches oder ein humanitäres –, das sich in der Intensität mit dem seinen messen könne. Als Preis dafür setzt er das Leben des Kommissärs aus, was gleichbedeutend mit dem eigenen Untergang wäre.

Sein Angebot

Ob er nur blufft oder tatsächlich ehrlich spielt, lässt sich nicht entscheiden; Bärlach geht auf sein Angebot nicht ein, sondern bleibt stumm. Damit lässt Dürrenmatt auch offen, ob er dem Verbrecher überhaupt ein Kredo entgegenzusetzen hätte.

Die letzten Stunden vor der Operation vergehen peinigend langsam. Bärlach fällt aus dem Bett, kriecht zur Türe, um sich – vergeblich – durch Kratzen bemerkbar zu machen und bricht vor dem Operationstisch zusammen. „Ergeben und demütig" sitzt er auf dem Boden und zählt die letzten Minuten, auf die Tür zum Operationsraum starrend, „die sich ihm darbot als eine schwarze Höhle, als ein geöffneter Rachen, in dessen Mitte er schemenhaft und undeutlich eine riesige, dunkle Gestalt ahnte" (S. 115). Aber statt Emmenberger steht der Jude

Gulliver als Retter

Gulliver vor ihm, ein Kinderlied auf den Lippen. Er hebt Bärlach hoch, trägt ihn ins Bett und erzählt, indem er Kartoffelschnaps reicht, die fehlenden Zusammenhänge: er hat den Erklärungen des Kommissärs misstraut und ihn seit seinem Gespräch in Salem nicht mehr aus den Augen gelassen.

Gemeinsam mit Hungertobel ist er zur Klinik Sonnenstein gefahren, hat dabei den Mordanschlag Emmenbergers durchkreuzt, den Zwerg als seinen ehemaligen Schützling aus dem KZ Stutthof wiedergefunden und unter seinen Schutz genommen. Emmenberger hat er gezwungen, eine Blausäurekapsel zu schlucken, dem alttestamentarischen Gesetz „Auge um Auge, Zahn um Zahn" folgend. Wie bei Dr. Nehle wird man auch bei ihm Selbstmord vermuten. Damit ist der Mörder bestraft, die Probleme aber bleiben ungelöst. Bärlachs Ziel, an einem schlagenden Beispiel Gerechtigkeit in einer ungleichen Gesellschaft zu verwirklichen, ist gescheitert. Gulliver rät zu einer fatalistischen Haltung: „Lassen wir die Welt Emmenberger begraben und lassen wir den Zeitungen die ehrenden Nekrologe, mit denen sie dieses Toten gedenken werden. Die Nazis haben Stutthof gewollt, die Millionäre diesen Spittel, andere werden anderes wollen. Wir können als einzelne die Welt nicht retten" (S. 119). Der Roman schließt so ambivalent: ein Fehlschlag für die idealistische Zielsetzung Bärlachs und eine friedvolle Perspektive für das letzte Jahr des Kommissärs, das er zusammen mit seinem Freund Dr. Hungertobel in Bern verbringen wird.

2. Zur Bauform des Romans

Die Gesamthandlung des Textes zerfällt in zwei etwa gleichlange Teile, die ihrerseits durch drei ausführliche Gespräche Bärlachs mit Gulliver, Frau Dr. Marlok und Dr. Emmenberger strukturiert sind.

Der erste Teil der Handlung beginnt mit dem Krankenhausaufenthalt Bärlachs und seinem Verdacht gegen Emmenberger. Er enthält dann die Erhärtung dieses Verdachts und endet mit dem Entschluss Bärlachs, sich in die Klinik Sonnenstein zu begeben, um den Arzt zu entlarven. In sieben kurzen Kapiteln mit Stakkatoüberschriften („Der Verdacht", „Das Alibi", „Die Entlassung" …) zeigt der Autor, wie Kommissär Bärlach vom Krankenbett aus allein mit seinen intellektuellen Fähigkeiten aus den einzelnen Puzzleteilen ein stimmiges Gesamtbild entwirft.

Teil I

Die Exposition (Kapitel 1) lässt erste Verdachtsmomente gegen den Chef der Zürcher Luxusklinik aufkommen und stellt den Bezug zwischen der Welt des Faschismus und der Schweizer Nachkriegszeit her. Der Versuch Hungertobels, den Verdacht Bärlachs als ungerechtfertigt erscheinen zu lassen (Kapitel 2), führt zum gegenläufigen Ergebnis: Bärlach wird gerade durch diese Informationen in seinem Verdacht bestätigt.

Die Exposition (Kap. 1–3)

Kapitel 3 durchbricht den Ermittlungsvorgang zunächst durch die Mitteilung, Bärlach werde in wenigen Tagen pensioniert und sei damit auch von allen Nachforschungen suspendiert. Dieser lässt sich dadurch jedoch nicht beirren und bringt seinen Vorgesetzten dazu, ihm weitere Informationen für seinen „Spleen" (S. 17) zu besorgen.

Intensiviert wird der Informationsfluss durch eine Rückblende Hungertobels (Kapitel 4): alptraumhafte Erfahrungen mit dem Studienkollegen lassen dessen sadistische Lust erkennen.

Rückblende (Kap. 4)

Das ausführliche fünfte Kapitel führt in einer zweiten Rückblende das Wirken des SS-Arztes im KZ Stutthof vor Augen. Detailliert berichtet der Jude Gulliver von den professionellen Foltermethoden, auch er geht aber davon aus, dass der Arzt sich nach 1945 das Leben genommen habe. Bärlach lässt ihn trotz der offensichtlichen Vertrautheit über seinen Verdacht im unklaren. Der Bericht Gullivers über seine Qualen im Konzentrationslager gibt weitere Einzelheiten über die Brutalität des Arztes preis. Das Kapitel stellt in erster Linie aber die Figur des Juden als „Richter aus eigenen Gesetzen" in den Vordergrund (S. 32). Hier wird deutlich, dass sich die Doppelfunktion Bärlachs im vorhergehenden Roman auf zwei Personen verteilt: den analysierenden Detektiv in der Person Bärlachs und den richtenden Vollstrecker in der Person Gullivers.

Gespräch (Kap. 5)

Kapitel sechs schließt das Beweisverfahren mit einer methodisch konzentrierten Deduktion ab. Vorsichtig nur den Charakter der „Wahrscheinlichkeit" seiner Hypothese betonend (S. 50), will Bärlach den

Abschluss der Ermittlungen (Kap. 6)

endgültigen Beweis erst durch die Konfrontation mit Emmenberger führen.

Übergang (Kap. 7)

Als Übergang zum zweiten Teil der Handlung ist das siebte Kapitel konzipiert. Bärlach baut eine etwas mühsam gestrickte Intrige gegen den Chef der Klinik Sonnenstein auf. Auch hier finden sich retardierende Elemente, wenn er etwa Position gegen die Selbstüberschätzung und Jämmerlichkeit des Schriftstellers Fortschig bezieht.

Teil II

Gegenüber den streng durchgeführten gedanklichen Konstruktionen des ersten Romanteils zeigt die zweite Hälfte des „Verdachts" eine wesentlich losere Konstruktion, die mit Elementen des Schauerromans durchsetzt ist. Das kriminologische Vorgehen Bärlachs erscheint gegenüber seinem kühl arbeitenden Verstand im ersten Teil dilettantisch, gerechtfertigt nur durch die Krankheit und das baldige Ende seiner Polizeikarriere: er gibt alle Trümpfe aus der Hand, indem er sich als Patient in die Klinik Sonnenstein einliefern lässt. Aus eigener Kraft hat er dem sadistischen Arzt nichts entgegenzusetzen. Daher sind diese Kapitel auch äußerst handlungsarm und mit breiten rhetorischen Phasen durchsetzt.

Exposition (Kap. 1–2)

Deutlich wird das bereits in den ersten beiden Kapiteln, in denen die Annäherung Bärlachs an die Klinik geschildert wird. Eine Stimmung aus Resignation und Todesangst, in der die Welt als pures Chaos erscheint, lässt die Außenseiterposition Bärlachs deutlich werden. Sie verstärkt sich angesichts des Klinikbetriebs; die Irritation wird durch den Anblick einer zwergenhaften Figur noch intensiviert.

Konfrontation (Kap. 3)

Kapitel 3 enthält eine erste Konfrontation zwischen den Antagonisten, in der sich beide zunächst abtasten, bis Bärlach zu einem direkten Angriff gegen Emmenberger ausholt. Er geht aber ins Leere, weil Bärlach als vorgeblicher Patient Blaise Kramer der Medikation des Arztes ausgeliefert ist. Das vierte Kapitel betont noch die Ausweglosigkeit, als Bärlach sich in einem Sterbezimmer wiederfindet, das noch niemand lebend verlassen hat.

Gespräch 2 (Kap. 5–6)

Es bereitet damit den ersten Höhepunkt des zweiten Teils, das Gespräch mit Frau Dr. Marlok, vor (Kapitel 5–6). Ihrer pessimistischen Position steht Bärlachs Aufforderung, sich einzumischen, diametral gegenüber. Die breite Rhetorik in diesen Passagen entfernt sich weit vom Genre des Kriminalromans, sie entspricht eher dem Pathos der Bühne.

Vergebliche Befreiungsversuche (Kap. 7–9) Gespräch 3 (Kap. 10)

Alle Versuche Bärlachs, sich selbst aus seiner Lage zu befreien, scheitern (Kapitel 7–9): die Schwester leidet an religiösem Wahn, ein Arbeiter der Klinik ist taubstumm, der Schriftsteller Fortschig ermordet. In dieser ausweglosen Lage findet das dritte Gespräch, die Auseinandersetzung Bärlachs mit Emmenberger, statt (Kapitel 10). Das Gespräch erinnert an die Wette des ersten Romans: werden im „Richter und sein Henker" die Gegenpositionen allerdings scharf gegeneinander gestellt und als Vorbedingung der Gegenwartshandlung in die Vorgeschichte verlegt, formuliert hier nur Emmenberger seine skrupellos materialistische Position, während Bärlach stumm bleibt. Auch hier aber erscheint der Verbrecher weitaus mächtiger als der Rechtsschützer und wagt als Vabanquespieler, alles auf eine Karte zu setzen.

Das Schlusskapitel demontiert zunächst vollends den Kommissär, der „ergeben und demütig" am Boden liegend auf seinen Tod wartet (S. 115), um völlig unerwartet von seinem Freund gerettet zu werden. Gulliver skizziert kurz die Zusammenhänge: er hat in Emmenbergers Zwerg den ehemaligen Mithäftling aus dem KZ wieder entdeckt, Hungertobel das Leben gerettet und Emmenberger gezwungen, Gift zu nehmen. Damit ist die Kriminalgeschichte abgeschlossen – wenn auch ein schaler Geschmack zurück bleibt, weil die Kriterien des Genres äußerst nachlässig eingelöst wurden. Das Ende ist aber nur die Konsequenz der kritischen Auseinandersetzung Dürrenmatts mit der klassischen Detektivgeschichte. Die Zeiten, in denen ein heroischer Einzelkämpfer Gerechtigkeit wiederherzustellen vermochte, sind endgültig vorbei: „Man kann heute nicht mehr das Böse allein bekämpfen..." (S. 116).

Rettung durch Gulliver (Kap. 11)

3. Zur Thematik des Romans

Stärker noch als in seinem ersten Kriminalroman akzentuiert Dürrenmatt im „Verdacht" den gesellschaftspolitischen Hintergrund der Handlung: sie ist nicht nur in die aktuellen Schweizer Verhältnisse eingebettet, sondern greift darüber hinaus das Thema der Kriegsverbrechen – der menschenverachtenden Medizin – auf. Am Beispiel des Arztes Dr. Emmenberger stellt der Autor die Frage, ob die neutrale Schweiz unter anderen Umständen auch so anständig geblieben wäre, wie sie sich selbst einschätzt, und er kritisiert die Situation im eigenen Land, die es zulässt, dass Kriegsverbrecher ungestört und mit offensichtlichem finanziellem Erfolg arbeiten können.

Gesellschaftskritik

Als Kriminalroman sei „Der Verdacht", so behauptet selbst eine Dürrenmatt-Apologetin wie Elisabeth Brock-Sulzer, auf der ganzen Linie gescheitert: „Der ‚Verdacht' ist ein eilig hingeschriebenes und deshalb weniger scharf von der Selbstkontrolle gezähmtes Werk als andere Dürrenmatts." Er sei „zu schematisch" geschrieben, „ungeduldig und durch die Ungeduld manche Gelegenheit verscherzend", dafür lasse er aber die Neigung zum „Pathos" und die „Nähe zum Theater" erkennen. (Elisabeth Brock-Sulzer: Dürrenmatt, Zürich 1960, S. 99 u. 102)

Der Antityp eines Kriminalromans

Tatsächlich treten im „Verdacht" die standardisierten Merkmale des Genres zurück, an deren Stelle ausführliche Monologe, Stilmittel des Theaters also, gesetzt sind. Actionhaltige Szenen fehlen bei diesem Roman fast völlig, im Gegenteil: seine zentrale Gestalt ist fast aktionsunfähig. Bärlach ist in beiden Teilen des Textes auf sein Krankenbett fixiert; in der Klinik Sonnenstein wird er zudem durch die Insulinkur Emmenbergers sechs Tage lang im Koma gehalten. Seine Möglichkeiten, aktiv zu reagieren, sind auf erbärmlich animalische Verhaltensweisen reduziert: er kriecht auf dem Boden, kratzt an der Tür, alles ohne jede Wirkung. Angst kann er damit seinem Gegenspieler nicht einjagen; auch seine verbalen Attacken laufen ins Leere; sie klingen eher nach verzweifeltem Maulheldentum als einer realistischen Einschätzung eigener Möglichkeiten.

Bärlachs Intellekt

Was dem Kommissär nach der Magenoperation noch bleibt, ist die poesche „ratiocination", die Ermittlung von Fakten aufgrund überlegener intellektueller Fähigkeiten: mit Hilfe seines Scharfsinns ist Bärlach im ersten Teil des Romans auch in der Lage, alles Denkunmögliche auszuschließen und so die einzig richtige Lösung zu finden. Die erfolgreiche Beweisführung lässt Bärlach aufleben; unterstützt durch den Genuss von Gullivers Wodka gewinnt er eine überraschende Aktivität.

und körperliche Gebrechlichkeit

Sein Entschluss, Emmenbergers Klinik aufzusuchen, ist Folge dieses Vitalitätsschubs, zugleich aber auch Beweis seiner Selbstüberschätzung. Er verliert durch die Pensionierung Legitimation und Unterstützung durch den Polizeiapparat – daher auch der Antrieb, noch im alten Jahr in die Klinik zu gehen. Seine geistige Überlegenheit führt zwar zur Enttarnung Emmenbergers, in der geplanten Bestrafung des Mörders scheitert er aber kläglich, so dass er am Schluss durch seinen Retter wie ein krankes Kind ins Bett getragen werden muss. Als „tough private eye" des amerikanischen Thrillers, der sein eigenes Leben aufs Spiel setzt, um einen Verbrecher zu fassen, ist er eine Fehlbesetzung. Bärlach wird völlig demontiert: blind läuft er in die Falle seines Gegenspielers und kann sich aus eigener Kraft nicht mehr retten. Dazu bedarf er eines unvermutet eintretenden Beschützers, dem es dann tatsächlich gelingt, den Fall zum Abschluss zu bringen, bevor er sich wieder in mythische Fernen begibt.

Der erste Teil des Romans lebt von Bärlachs Fähigkeit, das Rätsel um die Identität des KZ-Arztes zu lösen. Nach und nach konstruiert er, den zögerlichen Angaben Dr. Hungertobels und den Informationen seines Chefs folgend, „aus etwas Mathematik (...) und aus sehr viel Phantasie" (S. 42) den Fall Emmenberger. Im zweiten Teil des „Verdachts" entsteht Spannung, nachdem die Rätselkomponente abgelöst wird durch die Atmosphäre der Todesangst. Dürrenmatt fügt zudem ausführliche Monologe ein, in denen die Bedingungen des Verbrechens moralisch und ideologisch erörtert werden.

An diesem Punkt setzt die Kritik von Interpreten wie Brock-Sulzer ein, die von einem Kriminalroman offensichtlich eine dichtere, spannungsgeladenere Konstruktion erwarten und daher Dürrenmatts Variante wenig abgewinnen können. Ihre Ablehnung verliert jedoch an Überzeugungskraft, wenn man den Text als innovativen Versuch wertet, Gesellschaftskritik in ein populäres Genre einzubinden und damit Tendenzen vorwegzunehmen, wie sie – wenn auch eleganter und stringenter – seit den sechziger und siebziger Jahren von Autoren wie Sjöwall/Wahlöö in Schweden, Jan Willem van de Wetering in Holland u. a. formuliert werden. *Vorläufer der gesellschafts-kritischen Kriminalromane*

Drei ausführliche Gespräche mit schmaler Beteiligung des Kommissärs strukturieren das Geschehen: ein erstes mit Gulliver im Spital Salem, dann im zweiten Teil die Selbstdarstellungen von Frau Dr. Marlok und von Dr. Emmenberger. Alle drei Figuren vertreten unterschiedliche moral-philosophische Ansichten. Sie sind das Ergebnis ihrer jeweiligen Beschädigung durch die nationalsozialistische Folter, aber auch ihrer Einbindung in Traditionen oder Ideologien wie ihrer individuellen psychischen Ausprägungen. *Drei Gespräche*

Gulliver verkörpert ein traditionelles Judentum, das sich streng nach dem mosaischen Gesetz ausrichtet – „gerecht nach dem Gesetze Mosis, gerecht nach meinem Gotte" (S. 119). Nachdem er den Holocaust zufällig überlebt hat, sieht er es als seine Aufgabe an, gegen nationalsozialistische Mörder vorzugehen. Den – bereits kurz nach dem Ende des Zweiten Weltkriegs – populären Wunsch, die vergangenen Jahre zu vergessen oder doch die Verbrechen der Nationalsozialisten im Zeichen des Kalten Krieges gegen die stalinistischen Morde zu verrechnen, akzeptiert er nicht, im Gegenteil: Gulliver beharrt auf der Einmaligkeit des Mordes an der jüdischen Bevölkerung. *Gullivers traditionelles Judentum*

Er verknüpft den Antisemitismus des Nationalsozialismus auch mit seiner Quelle, dem christlichen Antijudaismus: die Vorstellung nämlich, dass die Juden Schuld am Tod von Jesus Christus seien und sich damit selbst verflucht hätten („Sein Blut komme über uns und unsere Kinder", Matthäus 27,25). Diese besonders im Johannesevangelium ausgeprägte Ansicht führte bereits während des 11. und 12. Jahrhunderts zu den ersten Pogromen gegen jüdische Siedlungen. Mit bis dahin unbekannter Wucht und Grausamkeit zogen fanatisierte Massen in der Zeit der Kreuzzüge gegen die „Ungläubigen" im eigenen Land. Religiöser Fanatismus ging Hand in Hand mit ökonomischen Vorurteilen und sozialer Unterdrückung. Judenverfolgungen, die christliche Vorurteile als Ausgangspunkt hatten, hielten sich auch weit über das Mittelalter mit seinen Ritualmord-, Brunnenvergiftungs- und Hostienschändungsvorwürfen hinaus bis ins 19. Jahrhundert. Die Tradition dieser religiös bedingten Vorwürfe war so lebendig, dass noch das nationalsozialistische Hetzblatt „Der Stürmer" im Jahr 1939 eine antisemitische Kampagne unter dem *Christlicher Antijudaismus*

Stichwort „Ritualmord. Das größte Geheimnis des Weltjudentums"
einleiten konnte.

Gulliver nimmt diese Vorwürfe ernst, wenn er Bärlach anspricht:
„Christ, Christ, vernimm, was ein Jude dir erzählt, dessen Volk euren
Heiland gekreuzigt hat und der nun mit seinem Volk von den Christen ans Kreuz geschlagen wurde" (S. 34). Bewusst zitiert er Aussagen
des Neuen Testaments – etwa den ersten Korintherbrief 13,13:
„Glaube, Hoffnung, Liebe, diese drei, wie es so schön im Korinther
dreizehn heißt" (S. 36) – und konfrontiert sie mit der Realität der Konzentrationslager. Sarkastisch lässt er damit anklingen, dass der christliche Antijudaismus eine wichtige Rolle gespielt hat, um die antise-
mitischen Vorurteile des 19. Jahrhunderts zu popularisieren und den
Holocaust vorzubereiten.

Damit wird die Verantwortung für die Shoah über den eigentlichen
Täterkreis ausgeweitet. Wenn man den modernen Antisemitismus als
eine Konsequenz der säkularisierten christlichen Religionen versteht
– so Julius Schoeps, Leiter des Moses-Mendelssohn-Instituts zum
jüdisch-deutschen Verhältnis, in einem Interview mit dem Schwäbi-
schen Tagblatt vom 11. 2. 1995 –, müssen die Gemeindemitglieder der
christlichen Kirchen, die den Antisemitismus getragen oder sich
zumindest nicht deutlich davon distanziert haben, ihren Teil der Mit-
verantwortung übernehmen. Dürrenmatts Gestaltung lässt so auch

Dürrenmatts Kri-
tik an der Kirche

eine kirchenkritische Haltung erkennen: die katholische Kirche hat
lange Zeit gebraucht, um sich zu ihrem Versagen zu bekennen; erst
in einer Erklärung der Deutschen Bischofskonferenz zum 50. Jahres-
tag der Befreiung des Konzentrationslagers Auschwitz nimmt sie dezi-
diert Stellung. Die Vereinigte Evangelisch-Lutherische Kirche hat
1983 – immerhin dreißig Jahre nach Dürrenmatts Roman – in einer
Erklärung zum „Verhältnis von Christen und Juden" die Verantwortung des christlichen Antijudaismus für den Antisemitismus und
Holocaust anerkannt.

Auch die Bevölkerung der Schweiz wird damit aus ihrer bequemen
Rolle eines neutralen Beobachters der Shoah herausgenommen. Gulliver weigert sich konsequent, „einen Unterschied zwischen den Völ-
kern zu machen und von guten und schlechten Nationen zu sprechen"

und an Schweizer
Selbstgerechtigkeit

(S. 34). Dürrenmatt kritisiert in diesem Roman die prekäre Haltung
der Schweiz, aller Verwicklung in die nationalsozialistische Politik zum
Trotz sich immer wieder selbst von Schuld freizusprechen. So auch,
wenn Bärlach, Gullivers Gedanken aufgreifend, Emmenberger darauf hinweist, dass auch ein Schweizer in der Lage sei, derartige Verbrechen zu begehen: „Was in Deutschland geschah, geschieht in
jedem Land, wenn gewisse Bedingungen eintreten. Diese Bedingungen mögen verschieden sein. Kein Mensch, kein Volk ist eine Ausnahme" (S. 69). Er erkennt einen Unterschied lediglich zwischen „den
Versuchten und den Verschonten" (S. 70). Die offizielle Schweiz weist

solche Gedanken noch lange weit von sich. Im April 1995 nimmt mit dem Schweizer Außenminister Flavio Cotti erstmals ein Regierungsmitglied vorsichtig zur Rolle seines Landes Stellung: „Wir können und dürfen nicht leugnen, daß auch die Schweiz da und dort in die große Schuld der unsäglichen Barbarei jener Jahre verstrickt war" (Südwest-Presse, 5. 4. 1995).

Gulliver argumentiert als „Richter aus eigenen Gesetzen (…), der nach eigener Willkür richtete, freisprach und verdammte, unabhängig von den Zivilgesetzbüchern und dem Strafvollzug der glorreichen Vaterländer dieser Erde" (S. 32). Sein Gesetz ist das Faustrecht, wonach Gewalt mit Gewalt vergolten wird. Er stellt sich damit außerhalb des normativen Rechts und vertritt eine Position, wie sie der Kommissär im ersten Roman eingenommen hat. Auch Bärlach löste seinen Kriminalfall als Richter von eigenen Gnaden, jenseits der offiziellen juristischen Mittel.

Alttestamentarisches Faustrecht

Dass gerade Gulliver den Fall Emmenberger erfolgreich abschließt, entspringt daher einer inneren Logik beider Texte. Dürrenmatt steht seiner zentralen Figur zunehmend skeptisch gegenüber. Der Detektiv ist zwar rational in der Lage, die Welt des Verbrechens zu rekonstruieren, den Verbrecher zu identifizieren und in seine Sphäre einzudringen. Dann aber ist er dieser Welt ohnmächtig ausgeliefert. Er kann weder Emmenberger zur Strecke bringen, noch seine Pläne durchkreuzen. Musste Bärlach im ersten Roman die Gerechtigkeit missbrauchen, um seinen Kontrahenten zu vernichten, so kann er jetzt nicht einmal sein eigenes Leben schützen.

Die Rolle des Detektivs wird destruiert

Daher tritt an seine Stelle eine mythisierte Figur: als Deus-ex-machina bestraft Gulliver den Bösen und rettet den Guten. Zu Recht verwirft er Bärlachs naiv-idealistisches Vorgehen und bezeichnet den auf logisches Kombinieren und Einzelgängertum ausgerichteten Detektiv als anachronistische Gestalt: „Man kann heute nicht mehr das Böse allein bekämpfen, wie die Ritter einst allein gegen irgendeinen Drachen ins Feld zogen. Die Zeiten sind vorüber, wo es genügt, etwas scharfsinnig zu sein, um die Verbrecher, mit denen wir es heute zu tun haben, zu stellen. Du Narr von einem Detektiv; die Zeit selbst hat dich ad absurdum geführt!" (S. 116). Dürrenmatt führt damit das Geschehen auf ein leicht durchschaubares märchenhaftes Ende zu. So gesehen endet dieser Kriminalroman als Parodie des klassischen Genres.

Als Opfer und Täter zugleich tritt Frau Dr. Marlok im Roman auf. Sie wurde Opfer der Machtpolitik zweier Systeme, die auf diametral entgegengesetzten Ideologien beruhten: der marxistisch-leninistischen Doktrin der Sowjetunion wie der nationalsozialistischen des Dritten Reichs. Der ersten war sie idealistisch gefolgt, in der Überzeugung, dass man „unsere Erde lieben müsse und daß es unsere Pflicht sei, dieser Menschheit im Namen der Vernunft zu helfen, aus der Armut und aus der Ausbeutung herauszukommen" (S. 81). Ihr

Dr. Marlok: Opfer von Ideologie

Engagement wurde erbarmungslos vergolten, aber noch in der Erniedrigung russischer Gefangenenlager hatte sie einen Sinn „im großen Plan der Geschichte" gesehen (S. 82). Erst der Hitler-Stalin-Pakt von 1940 trieb sie in die Resignation.

und der Folter

Die zweite Doktrin war in ihrer bedingungslosen Unterwerfung von Menschen der ersten noch überlegen. Die Foltermethoden des Hitlerfaschismus waren darauf ausgerichtet, ihren Opfern jeden eigenen Willen zu nehmen und sie auf die pure Körperlichkeit zu reduzieren. Das physische Überleben wurde damit zum einzigen Maßstab ihres Verhaltens; alle anderen Werte verloren an Bedeutung. Der jüdische Philosoph Jean Améry hat eigene Erfahrungen mit der Folter der Konzentrationslager gemacht und ihre Spätfolgen in einer Weise beschrieben, die der fiktiven Gestaltung Dürrenmatts sehr nahe kommen:

> „Der Gefolterte hört nicht wieder auf, sich zu wundern, daß alles, was man je nach Neigung seine Seele oder seinen Geist oder sein Bewußtsein oder seine Identität nennen mag, zunichte wird, wenn es in den Schultergelenken kracht und splittert. (...) Wer der Folter erlag, kann nicht mehr heimisch werden in der Welt. Die Schmach der Vernichtung läßt sich nicht austilgen. Das zum Teil schon mit dem ersten Schlag, in vollem Umfang aber schließlich in der Tortur eingestürzte Weltvertrauen wird nicht wieder hergestellt." (Jean Améry: Jenseits von Schuld und Sühne. Bewältigungsversuche eines Überwältigten, München 1966, S. 70)

Bindung des Opfers an den Täter

Die Ärztin verdankt ihre Rettung der Bindung an ihren Peiniger. Auch nach 1945 folgt sie ihm noch, weil er die Autorität verkörpert, die nach dem Zusammenbruch des Nationalsozialismus als einzige für sie Bestand hat: die pure, ideologieunabhängige Macht. Bärlach gegenüber formuliert sie ihr Glaubensbekenntnis: „Das Gesetz ist nicht das Gesetz, sondern die Macht" (S. 84). In ihrem Pessimismus gibt es keine Werte mehr, „das Gute und das Böse sind zu sehr ineinander verschlungen in der gottverlassenen Hochzeitsnacht zwischen Himmel und Hölle" (S. 88). Emmenberger, der seine Allmachtphantasien weiterhin straffrei wie in der nationalsozialistischen Diktatur auslebt, erscheint ihr als „Höllenfürst" (S. 89), faszinierend und Angst einflößend zugleich. Eigene Entscheidungen wurden ihr blutig ausgetrieben, so dass sie sich nun fatalistisch an seiner Überlegenheit orientiert, ohne sich ihm aber in irgendeiner Weise verbunden zu fühlen: „Mir sind die Menschen gleichgültig, auch Emmenberger, der doch mein Geliebter ist" (S. 83).

Angst als Folge der Folter

Ihre tiefsitzende Angst wird durch das Rauschgift, das „mir am Tag den Mut zum Hohn und in der Nacht meine Träume verleiht", nur überdeckt (S. 88). Das zeigt sich deutlich, wenn man ihren Redeschwall berücksichtigt. Die ausführliche Selbstdarstellung gleicht einer Beichte – mit dem unterschwelligen Wunsch nach einer Gene-

ralabsolution –, selbst wenn sie mit Floskeln wie dem häufig wieder-
kehrenden „C'est ça" explizit das Gegenteil behauptet. Auch diese
Angst gehört, wie Jean Améry betont, zu den Spätfolgen der Folter:
„Der gemartert wurde, ist waffenlos der Angst ausgeliefert. *Sie* ist es,
die fürderhin über ihm das Szepter schwingt" (Jean Améry, ebd.,
S. 70).

Der verbrecherische Arzt lässt sich auf einen rhetorischen Zweikampf   *Dr. Emmenberger:*
mit Bärlach ein. Er glaubt, sich das leisten zu können, denn er sieht   *die Hybris des*
sich auf dem Gipfel der Macht. Er habe, behauptet er dem Kommis-   *Täters*
sär gegenüber, „einen Punkt erreicht, von dem aus ich mit mir wie
mit einer fremden Person umzugehen vermag (. . .): sich diesen *Punkt
des Archimedes* zu erobern, ist das Höchste, was der Mensch erringen
kann, ist sein einziger Sinn im Unsinn dieser Welt" (S. 112). Er handelt mit brutaler Rücksichtslosigkeit; ein intelligenter Psychopath, der
die Menschen als Objekte behandelt, die er seinen Interessen gemäß
manipuliert.

Emmenberger gehört zu einem Typus, der – wie der Schriftsteller im
ersten Roman Dürrenmatts andeutet – Böses als „Ausdruck einer   *Sadismus als*
Philosophie oder eines Triebes" tut („Der Richter und sein Henker",   *Lebensphilosophie*
S. 83). Der Arzt begeht seine Verbrechen nicht, um etwas zu erreichen
oder zu besitzen, sondern um sich selbst seine Freiheit zu beweisen.
Im Gegensatz zu Gastmann, der in der Einschätzung des Schriftstel-
lers „das Gute ebenso aus einer Laune, aus einem Einfall tut wie das
Schlechte" („Der Richter und sein Henker", S. 82), ist Emmenberger
kein „Nihilist". Er wehrt sich selbst massiv gegen diese Zuschreibung:
„Alles, was man unternimmt, die Taten und Untaten, geschieht auf
gut Glück hin, das Böse und das Gute fällt einem wie in einer Lotte-
rie als Zufallslos in den Schoß: aus Zufall wird man recht und aus
Zufall schlecht. Aber mit dem großen Wort Nihilist ist man gleich zur
Hand" (S. 107). Wie Gastmann sieht auch er das Dasein als zufalls-
bestimmt; im Gegensatz zu diesem aber erkennt Emmenberger im
Zufall auch sein Risiko: „Ein indizienloses Verbrechen ist in dieser
Welt des Zufalls unmöglich" (S. 102).

Sein Credo besteht aus einem kruden Materialismus, der ihm erlaubt,
sich selbst zu verwirklichen, seine persönliche Freiheit zu etablieren.
Er definiert diese Freiheit als den „Mut zum Verbrechen" (S. 110). Auf
dem Gipfelpunkt angekommen sieht er sich, wenn er Menschen fol-
tert: seine Position als Herr über Schmerzen und Tod verschafft ihm
das Gefühl, für Augenblicke die Materie zu beherrschen. Um seinen
exzessiven Überwältigungsrausch zu legitimieren, errichtet er ein
ideologisches Überbaukonstrukt.

Wie ein professioneller „Schachspieler" in einem perfekten Show-   *Die Konfronta-*
kampf (S. 101) versucht er seinem Kontrahenten dieses Konzept über-   *tion mit Bärlach*
zustülpen. Emmenberger führt seine Auseinandersetzung aus überle-
gener Position. Er setzt die Konditionen fest, „müde", „durchschaut",

„hilflos" liegt Bärlach auf seinem Schragen und kann ihm nur sein Schweigen entgegenstellen (S. 106). Der Arzt will ihm ein eigenes Glaubensbekenntnis entlocken und ist bereit, gereizt durch Bärlachs Verweigerungshaltung, einen immer höheren Preis dafür auszusetzen: letztlich verspricht er allein für die Erklärung „Ich glaube an die Gerechtigkeit und an die Menschheit, der diese Gerechtigkeit dienen soll" (S. 111), Bärlach freizulassen, damit auch das Leben Hungertobels zu retten und sich selbst „zu vernichten" (S. 112). Er schätzt den Kommissär als einen Christen oder zumindest einen Humanisten ein, dessen Glaubensintensität er aber eher für lau hält – ihm dies vor Augen zu führen und damit die eigene Haltung aufzuwerten, ist Hintergrund seines eigentümlichen Angebots. Bärlach lässt sich auf diese Kontroverse jedoch nicht ein; ohne selbst Position zu beziehen, kommentiert er lediglich den Redeschwall Emmenbergers.

Bärlachs Schweigen: kontroverse Deutungen

Offen bleibt in dieser Situation, wie ernst das Angebot des Arztes gemeint ist, aus welchen Motiven Bärlach sich Emmenbergers Ansinnen entzieht. Die Interpretationen der Szene sind vielfältig. Sie reichen von der Annahme, Bärlach habe der menschenverachtenden Philosophie Emmenbergers schlicht nichts entgegenzusetzen:

> „er hat keinen Glauben; es bleibt ihm ehrlicherweise nur das Schweigen". (Armin Arnold: Friedrich Dürrenmatt, Berlin 1969, S. 55)

bis zur These:

> „er findet einen Nihilisten. Ihm kann er nur schweigend begegnen. Hier spricht kein Gewissen mehr, das selbst verbrecherische Gedanken überwinden kann, hier bleibt nur noch eine schreckliche Folgerung: „Man muß diesen Menschen vernichten!" (Heinrich Bodensieck: Dürrenmatts Detektivgeschichten: Ihr literarischer Wert und die Möglichkeiten ihrer Behandlung im Deutschunterricht, in: Pädagogische Provinz 17/1963, S. 390)

Nimmt man die Spielsituation ernst, die Dürrenmatt mit dem Begriff der „Schachspieler" inszeniert, wird Bärlachs Verhalten als einzig denkbare Variante deutlich, sich dem Übergriff Emmenbergers zu entziehen. Seine Position lässt keine andere Strategie offen: lässt er sich auf das Spiel seines Kontrahenten ein, befindet er sich in einer Verteidigungshaltung, die seine weiteren Züge dominiert. Das Schweigen ist die einzige Alternative, um aus einer anfänglichen Verliererposition zumindest ein Remis zu erreichen.

Dabei ist irrelevant, ob der Arzt tatsächlich seinen ausgesetzten Preis einzulösen bereit ist. Emmenberger bemerkt, dass sein Gegenspieler ihm entgleitet. Seine Stimme klingt zunächst „elegant und spielerisch", später „klar und hell" (S. 106), er wartet „gespannt und gierig" auf eine Antwort (S. 111) und schreit Bärlach an, als keine erfolgt. Wenn er schließlich das Sterbezimmer verlässt, wirkt sein Abgang so, als habe er seine Niederlage erkannt: „Es war, als ob ihn ein Ekel schüttelte, als er sich müde und gleichgültig vom Kranken abwandte" (S. 113).

Dürrenmatt erfasst in dieser Figur präzise die Philosophie eines ganzen Systems, das auf der Folter aufbaut. Jean Améry, der in seinem Essay der Analyse des Marquis de Sade durch Georges Bataille folgt, nimmt die Position der Peiniger ins Visier, die in einem mörderischen „Exzess der ungehemmten Selbstexpansion" lustvoll die eigene Macht in der Folterung und Tötung anderer Menschen erfahren: *Jean Amérys Analyse des Sadisten*

> „Eine Welt, in der Marter, Zerstörung und Tod triumphieren, kann nicht bestehen, das ist offenbar. Aber es schert sich der Sadist nicht um den Fortbestand der Welt. Im Gegenteil: Er will diese Welt aufheben, und er will in der Negation des Mitmenschen, der für ihn in einem ganz bestimmten Sinne ‚die Hölle' ist, seine eigene totale Souveränität wirklich machen. (...) Der Schmerzens- und Todesschrei des anderen ist in seine Hand gegeben, er ist Herr über Fleisch und Geist, Leben und Tod. Solcherart wird denn die Folter zur totalen Umstülpung der Sozialwelt: in dieser können wir nur leben, wenn wir auch dem Mitmenschen das Leben gewähren, die Ausdehnungslust unseres Ichs zügeln, sein Leiden lindern. In der Welt der Tortur aber besteht der Mensch nur dadurch, daß er den anderen zuschanden macht. Ein schwacher Druck mit der werkzeugbewehrten Hand reicht aus, den anderen samt seinem Kopf, in dem vielleicht Kant und Hegel und alle neun Symphonien und die Welt als Wille und Vorstellung aufbewahrt sind, zum schrill quäkenden Schlachtferkel zu machen." (Jean Améry, a. a. O., S. 62 f.)

Dürrenmatt dürfte eine ganz konkrete Person der Zeitgeschichte als Vorbild für seinen Arzt Dr. Emmenberger gehabt haben. Er greift vermutlich auf Eugen Kogons Buch „Der SS-Staat" zurück, das erstmals 1948 erschien. In dieser bis heute zuverlässigen Darstellung geht der Autor umfassend auch auf die Verbrechen der SS-Ärzte im KZ Buchenwald ein. Für sie war das Lager ein „Experimentierfeld", in dem sie „Vivisektionen an kranken – oder auch an gesunden – Häftlingen" betrieben. Als schlimmsten Vertreter dieser Ärzte nennt Kogon den Arzt Dr. Eisele: *Ein historisches Vorbild: Dr. Eisele*

> „Seine Taten von 1940 bis 1943 übertrafen wohl jede andere von SS-Ärzten begangene Gemeinheit. Auch er nahm zu seiner persönlichen ‚fachlichen' Weiterbildung Vivisektionen an Menschen vor, worauf er die Opfer ermordete, und holte sie sich wahllos von der Lagerstraße weg, führte sie in die Ambulanz, um ihnen Apomorphinspritzen zu geben und sich an den Wirkungen zu ergötzen. Ohne jede Notwendigkeit nahm er Operationen und Gliedamputierungen vor. Narkose des Opfers kam dabei nicht in Frage."

Auch das Schicksal Gullivers scheint Dürrenmatt dieser Quelle entnommen zu haben. Kogon fährt fort:

> „Einer der ganz wenigen überlebenden Zeugen, der selbst Versuchs-
> kaninchen *Eiseles* war, ist der holländische Jude Max *Nebig*, an dem
> *Eisele* eine Magenresektion durchführte (die *Nebig* dann als einzigen
> von einem später zu schildernden Todestransport nach Mauthausen
> gerettet hat)." (Eugen Kogon: Der SS-Staat. Das System der deutschen
> Konzentrationslager, München 1974, S. 146)

Eine Nachkriegs-
karriere

Zur neuen gutbürgerlichen Existenz Emmenbergers nach dem Krieg
in der Schweiz passt auch das weitere Schicksal dieses Arztes: Dr.
Eisele arbeitete nach 1945 für die Ägypter – als Arzt und Agent (so
Reina Giefer/Thomas Giefer: Die Rattenlinie. Fluchtwege der Nazis.
Eine Dokumentation, 3. Aufl., Weinheim 1995, S. 165). Ihm ging es
damit wie den meisten der Ärzte, Juristen, Psychiater..., die im Dritten Reich verantwortlich für den hunderttausendfachen Mord an
„lebensunwertem Leben", den millionenfachen Mord an Juden,
Roma, Sinti und politischen Gefangenen waren. Sie wurden rehabili-
tiert; „sie machten wieder Karriere, lebten gesellschaftlich anerkannt,
wohldotiert, gut versorgt" (Ernst Klee: Was sie taten – Was sie wurden. Ärzte, Juristen und andere Beteiligte am Kranken- oder Judenmord, Frankfurt/M. 1986, S. 14). Diese zweite Karriere war nicht auf
die Bundesrepublik beschränkt; weltweit fanden nationalsozialistische Täter Helfer oder Bewunderer, die ihnen mit großen finanziellen Mitteln zu einer neuen Existenz verhalfen.

Dürrenmatts Standpunkt ist eindeutig, die Verurteilung der Verbrechen gegen die Menschlichkeit im Dritten Reich unmissverständlich.
Dabei bleibt er aber nicht stehen, denn der Fall Emmenberger wird
gerade dadurch zum Skandal, dass der Arzt nach 1945 seine Verbrechen in der Schweiz als arrivierter Chefarzt mit erstklassigem Renommee weiterbetreibt. Von „ehrenden Nekrologen" der bürgerlichen
Presse spricht daher auch Gulliver im Schlussdialog des Romans
(S. 119). Emmenberger hat sich lediglich auf eine neue Gruppe von
Patienten verlegt, schwerreiche Menschen, die, wie seine Assistentin
berichtet, in ihm „einen neuen Gott" gefunden zu haben glauben:
„Freiwillig unterziehen sich die Kranken den Torturen, begeistert über
diesen Arzt, um nur noch einige Tage, einige Minuten länger zu leben
(wie sie hoffen), um sich nicht von dem zu trennen, was sie mehr als
Himmel und Hölle lieben, mehr als die Seligkeit und die Verdamm-
nis: von der Macht und von der Erde, die ihnen diese Macht verlieh"
(S. 87).

Psychiatriekritik

Dürrenmatts Kritik an einer menschenverachtenden Medizin reicht
in die Sphäre der Psychiatrie, wenn er ein besonderes Verfahren
skizziert, das Emmenberger an Bärlach vollzieht: Sechs Tage verbringt
der Kommissär hilflos im Koma; sein Aufschrei: „Was haben Sie mit

mir gemacht?" wird von Frau Dr. Marlok kühl mit einem Fachbegriff aus der Therapie schizophrener Symptomatik gekontert: „Der Chef hat eine Insulinkur mit Ihnen gemacht. Seine Spezialität" (S. 79 f.). *Insulinkuren* Hinter diesem Verfahren verbirgt sich eine Behandlungsform, die in ihrer ausgesuchten Grausamkeit durchaus mit der Elektroschocktherapie vergleichbar ist. Es handelt sich um eine bewusst herbeigeführte Unterzuckerung des Patienten, die in ein „hypo-glykämisches Koma" führen soll. Als zeitliches Limit für eine Verabreichung derartiger „Kuren" wird in neueren Lehrbüchern eine Phase von 20 bis 30 Minuten empfohlen; „die früher geübte längere Anwendung ist wegen dann vermehrt zu erwartender Komplikationen aufgegeben worden". Gefährdungen können v. a. im Übergangsstadium zwischen Koma und Wachzustand auftreten; sie reichen von „Schweissausbrüche(n), Blutdruckerniedrigung (...), Aggressivität, Verkennung der Situation, Störung des Zeiterlebens, paranoide(n) Symptomen" bis zum „Versagen der zentralen Regulationen" – einem Herz-Kreislauf-Kollaps. Die Schulpsychiatrie lehnt daher diese Therapieform aufgrund der massiven Risiken für die Patienten und den hohen Aufwand für die behandelnden Ärzte heute weitgehend ab; allenfalls „die desolaten Fälle, die vorher allen anderen Behandlungen getrotzt haben, (würden) dieser unterzogen werden." (Alle Zitate aus: Schulte/Tölle: Psychiatrie, 3. neubearb. u. erw. Aufl., Berlin, Heidelberg, New York 1975, S. 347–349). Insulinkuren werden nur noch in einigen wenigen, eher obskuren Therapiestätten verabreicht, um Schizophrenien zu behandeln; Anfang der fünfziger Jahre gehörten sie dagegen zu den grausam-brutalen, aber durchaus akzeptierten Therapieformen.

Dass der medizinische Terrorismus den Fall einer Diktatur überlebt, *Eine Form von* ist nicht nur eine Erfahrung, die Dürrenmatt nach dem Untergang *medizinischem* des Dritten Reichs thematisiert. Aktuell lässt sich dieser Vorgang in *Terrorismus* Russland zeigen. Hier folgt der Umgang mit drogenabhängigen Jugendlichen offensichtlich unverändert dem Stalinschen Duktus der UdSSR: hier wird auch nach wie vor mit Insulinschocks gearbeitet. Am 30. 6. 1995 schreibt DIE ZEIT über restriktive Maßnahmen und rigide Strafverfolgung in der russischen Drogenpolitik: „Der Entzugsklinik folgten das Gefängnis (...) und fünf Jahre sibirisches Speziallager, „in dem ein Mord pro Woche die Regel war". Hier wurden die Drogenhäftlinge zu medizinischen Versuchen missbraucht. Ostrowskij wurde experimentell mit Insulinschocks behandelt, er erkrankte an Pankreatitis und hing bei Suizidversuchen zwischen Leben und Tod." (Ruth Wyneken-Galibin: „Und gut, daß wir sterben...", in: Die Zeit, 30. 6. 1995, S. 62)

Nur scheinbar nimmt Dürrenmatt seine massive Kritik an einer *Die gesellschaft-* Gesellschaft, die ein derartiges ärztliches Verhalten nicht nur akzep *liche Position des* tiert, sondern sogar bewundert, zurück, wenn er den sozialkritischen *Schriftstellers* Schriftsteller Fortschig als lächerliche Figur vorstellt. Fortschig steht in einem bitteren Verhältnis zu seiner Umwelt; er klagt über die schweizerische Mentalität und Kulturfeindlichkeit. Bärlach beschreibt ihn als einen „Don Quijote" im „Kampf gegen die Dummheit und den Egoismus der Menschen" (S. 56). Der Schriftsteller selbst beklagt sein „unendliche(s) Pech, in der Schweiz leben zu müssen und, was noch zehnmal schlimmer ist, *von* der Schweiz leben zu müssen" (S. 53). Die Nähe der Schweizer Verhältnisse zur Diktatur des Dritten Reichs deutet auch Fortschig an, wenn er an ein berüchtigtes Goebbels-Zitat anknüpft: „Man will das Leben genießen, aber keinen Tausendstel von diesem Genuß abgeben, kein Weggli und kein Räppli, und wie man einmal in einem tausendjährigen Reich den Revolver entsicherte, sobald man das Wort Kultur hörte, so sichert man hierzulande das Portemonnaie" (S. 54).

Probleme der Kunst würden aus einem finanziellen und geschäftlichen Blickwinkel heraus bewertet; dem Materialismus der Schweizer gilt daher auch die Hauptkritik des Schriftstellers.

Selbstironie
Dürrenmatts

Dürrenmatt ironisiert jedoch die Position Fortschigs, wenn er den Anlass seiner Verbitterung beschreibt: Verkehrsprobleme, Kulturtratsch, Lokal- und Bundespolitik werden in einem Topf zusammengerührt. Bärlach hat daher leichtes Spiel, in schulmeisterlicher Manier dieses Potpourri an Kritik zu tadeln. Streng, „wie ein Moses oder Jesaias mit dem Volk Israel" (S. 56), nimmt er sich den Schriftsteller zur Brust und ermahnt ihn zu einer patriotischeren Haltung: „Daß in diesem Land vieles (...) nicht in Ordnung ist, davon kann ich Ihnen doch auch ein Lied singen (...); aber deswegen gleich alles ins Feuer werfen, als wohne man in Sodom und Gomorrha, ist ganz verkehrt und auch nicht recht manierlich (...) Vaterlandsliebe ist immer noch eine gute Liebe, nur muß sie streng und kritisch sein, sonst wird sie eine Affenliebe" (S. 55). Selten haben Dürrenmatts Figuren sich zu einer so eindeutig staatsbejahenden Stellungnahme hinreißen lassen. Dass Bärlach sich überhaupt Zeit für diese Auseinandersetzung mit Fortschig nimmt – obwohl er ja eigentlich einen ganz anderen Zweck mit ihm verfolgt –, macht deutlich, wie wichtig dem Autor dieses Thema erscheint.

Die politische
Aufgabe des
Schriftstellers

Bei allem Patriotismus dürfe aber nichts unter den Teppich gekehrt werden, im Gegenteil: wie „Herkules den Stall des Augias ausmistete" (ebd.), solle der Autor sich auf seine eigentliche Rolle besinnen und wesentliche Missstände seines Gemeinwesens aufgreifen: „Das ist nun einmal unsere Aufgabe, daß wir die Unmenschlichkeit in jeder Form und unter allen Umständen bekämpfen" (S. 54 f.). Dürrenmatt lässt damit eine Gefahr der engagierten Literatur erkennen, die er als politisch bewusster Dichter besonders deutlich sieht: sich derart in Alltagsprobleme zu verrennen, dass der Blick für prinzipielle Probleme, für die es sich lohnt, auf die Barrikaden zu steigen, verloren geht.

Bleibt das Votum des Autors für eine Literatur, die zu den aktuellen Auseinandersetzungen in der Gesellschaft Stellung bezieht, eindeutig, so legt das Ende des Romans einen wesentlich ambivalenteren Schluss nahe. Dürrenmatt lässt seinen Kommissär scheitern, denn sein Kampf *Bärlach scheitert* für Gerechtigkeit, der wenigstens an einem herausragenden Fall mit der Verlogenheit eines Systems bricht, das Objektivität vorspiegelt, aber Klassenjustiz betreibt, misslingt vollkommen. Ihm bleibt versagt, Emmenberger in aller Öffentlichkeit zu entlarven. Gulliver rettet zwar sein Leben, verhöhnt aber seine Intention als anachronistische Überheblichkeit – „Du Narr von einem Detektiv; die Zeit selbst hat dich ad absurdum geführt!" (S. 116) – und legt, alttestamentarisch, die Suche nach Gerechtigkeit „in Gottes Hand" (S. 119).

Sein Glaubensbekenntnis am Ende einer langen Irrfahrt durch die Folterhöllen ganz Europas ist der pure Quietismus, der vorbildliches Handeln im Verborgenen und ausschließlich für den Einzelfall vorsieht. Gulliver sieht sich aufgehoben im Wissen, dass er im Auftrag Gottes handelt. Daher wird gesellschaftliches Engagement für ihn *Die politischen* unerheblich, mehr noch: er lehnt jedes Handeln für eine Gemein- *Verhältnisse* schaft von Menschen ab: „So sollen wir die Welt nicht zu retten *werden nicht* suchen, sondern zu bestehen, das einzige wahrhafte Abenteuer, das *angetastet* uns in dieser späten Zeit noch bleibt" (S. 120). Seine private Hinrichtung des Mörders Emmenberger bleibt damit folgenlos für die Schweizer Gesellschaft, an ihr lässt sich kein Exempel statuieren, wie Bärlach dies beabsichtigt hatte.

Exemplarisches Handeln eines Einzelnen, um das Ideal gesellschaftlicher Gerechtigkeit und wahrhafter Freiheit blitzlichtartig aufleuchten zu lassen, wird so als absurde Naivität abgewertet. Die Argumentation, die Gulliver hier vertritt, erscheint einigermaßen abenteuerlich: offen bleibt, wann die „späten Zeiten" eingetreten sind, in denen man lediglich „bestehen" könne; offen auch, ob es in früherer Zeit eine andere Form des Handelns gegeben haben müsste und wodurch der Wandel der Zeiten eingetreten ist. Auch sein Anspruch wirkt überhöht, „die Welt zu retten" wäre tatsächlich ein Ausdruck von Hybris – Bärlach hat sich dazu aber nie geäußert, sein abenteuerliches Vorgehen verfolgte eine wesentlich präzisere Zielsetzung. Nicht zuletzt ist es das messianische Selbstbewusstsein, das dieser *Gullivers* mythischen Figur ihre Größe, in ihrem autoritativen Machtanspruch *messianischer* aber auch ihre Fragwürdigkeit verleiht. *Anspruch*

Bärlach jedenfalls gibt seine eigenen Vorstellungen auf, um das letzte Jahr seines Lebens in Ruhe zu genießen. Gulliver hat ihn überzeugt, dass das gesellschaftliche „Böse allein (zu) bekämpfen wie die Ritter einst gegen irgendeinen Drachen ins Feld zogen" (S. 116) nicht mehr als eine abgestandene Idee sei. Der Einzelkämpfer hat abgewirtschaf- *Das Ende des* tet; dies ist das Resumee des Romans. Hat Gastmann Bärlach im *Einzelkämpfers* „Richter und sein Henker" anachronistisches Verhalten vorgeworfen, um diesem letztlich doch zu unterliegen, konfrontiert ihn Gulliver jetzt mit denselben Worten und behält Recht damit. Die chronologische Entwicklung der Kriminalromane geht immer weiter fort von jeder Art der Heldenverehrung; der dritte Text bildet darin den logischen Abschluss. 1962 heißt es dann in Punkt 18 der „21 Punkte zu den Physikern": „Jeder Versuch eines Einzelnen, für sich zu lösen, was alle angeht, muß scheitern" (Friedrich Dürrenmatt, a. a. O., S. 194). Der Romanschluss beabsichtigt daher, die Grenzen des Genres auszutesten und da zu sprengen, wo Dürrenmatt das für nötig erachtet.

4. Personenkonstellation

Figuren aus
„Der Richter und
sein Henker"

„Der Verdacht" ist eine offensichtliche Fortsetzung des ersten Kriminalromans, dessen Hauptfigur und einige weitere Rollen, ohne eingeführt zu werden, erneut auftreten. Ihre Charakterisierung ändert sich nicht grundsätzlich, sie erhalten allenfalls mehr Bedeutung für das Geschehen in diesem Roman – wie Dr. Hungertobel – oder werden stärker in den Hintergrund geschoben wie Dr. Lucius Lutz. Auch die neuen Rollen sind zum großen Teil Varianten des bereits bekannten Personals, sei es Dr. Emmenberger als Spielvariante des nihilistischen, eloquenten Großverbrechers oder der derangierte Schriftsteller Fortschig als Sprachrohr des Autors.

Wilder und ausgefallener sind die grotesken Charaktere gestaltet. Im „Richter und sein Henker" lassen vor allem die sintflutartigen Regenfälle der Beerdigung und die Perspektive einer perplexen Trauergemeinde Gastmanns Leibwächter als brutal-dämonische Gestalten erscheinen. Der Jude Gulliver und sein Schützling, der Zwerg, sind hier als ahistorische, den Dimensionen des Alltäglichen entrückte Wesen konzipiert.

Gänzlich neu sind dagegen die Frauenrollen des Romans; hier hat Dürrenmatt offenkundig ein Defizit seines ersten Textes ausgeglichen und mit zwei Figuren, Kläri Glauber als Karikatur einer bigotten Emmentalerin und Frau Dr. Marlok als desillusionierter Morphinistin, ein Gegenbild zu den dominierenden männlichen Rollen geschaffen.

4.1 Hans Bärlach, Kommissär

Eine randstän-
dige Existenz

Kommissär Bärlach ist sich in seiner Außenseiterrolle treu geblieben; allenfalls ist seine Position noch randständiger geworden, als sie es im ersten Roman bereits war. Auch nach seiner erfolgreichen Magenkrebsoperation ist er dem Tod nur um eine geringe Zeitspanne entronnen. Er weiß über seine Situation genau Bescheid, worauf das erste Kapitel bereits in aller Klarheit verweist: „Noch ein Jahr?" fragt der Kommissär seinen Freund und Arzt (S. 6). Die Ungeduld seines Vorgehens und das allen kriminaltechnischen Regeln widersprechende Hauruckverfahren in der Klinik Sonnenstein werden aus dieser Grenzsituation zwischen Leben und Tod verständlich. Auch seine berufliche Situation verschärft sich: wenige Tage, nachdem er seinen Verdacht gegen den Chefarzt der Klinik gefasst hat, wird er in den Ruhestand verabschiedet und verliert damit jegliche Legitimation für sein Vorgehen; auch damit wird seine Eile motiviert.

Radikalisiert haben sich auch seine Ansichten über die Gesellschaft der Schweiz (und der Türkei), die sich seiner bedient hat, um Recht und Ordnung aufrechtzuerhalten. Bärlachs Bilanz fällt skeptisch und ernüchternd aus: er sei „ja überhaupt nicht patriotisch" (S. 40) und im Grunde froh über seine Pensionierung, denn „die bürgerliche Weltordnung (sei) auch nicht mehr das Wahre" (S. 16). Zwei Tendenzen laufen seiner Meinung nach zusammen, um ein chaotisches Rechtssystem zu produzieren. Zum einen die soziale Ungerechtigkeit – „Man lasse die großen Schurken laufen und stecke die kleinen ein" –, zum anderen eine allgemeine Gedanken- und Verantwortungslosigkeit: „Die Welt sei aus Nachlässigkeit schlecht und daran, aus Nachlässigkeit zum Teufel zu gehen" (ebd.).

*Bärlachs Bilanz:
ernüchternd*

Dürrenmatt lässt seine Hauptfigur allerdings nicht in dieser gutkonservativen Nörgelei verharren. Bärlach lebt vielmehr auf, als er sich in einen konkreten Verdacht verhakt und damit noch einmal als störrischer Einzelgänger gegen alle anderen den Kampf gegen das Böse aufnehmen kann. Er ist trotz aller ostentativen Erleichterung gekränkt über seine Pensionierung und will sich selbst noch einmal beweisen: „Die haben mich entlassen. Den Fall Emmenberger erledige ich selbst" (S. 60). Daher weiht er, obwohl er von der Gefährlichkeit seines Vorgehens weiß, niemanden in seine Pläne ein, weder seine Freunde Dr. Hungertobel oder Gulliver, noch seinen Vorgesetzten Dr. Lutz. Sein Verhalten ist tapfer und wirkt zugleich kindisch, ein trotzig-unbedachtes Zuschlagen, das der Brutalität seines Gegenspielers in keiner Weise angemessen ist.

*Der störrische
Einzelgänger*

Dennoch erwacht sein Lebensmut; er verliert den Eindruck, alt und todkrank zu sein. Wie im ersten Roman greift Dürrenmatt nun auch wieder zu Tiermetaphern, um ihn zu beschreiben: Bärlach bezeichnet sich als „eine alte Katze", die „das Mausen nicht lassen" könne (S. 17). Seiner Umwelt erscheint er als „fürchterliche(r) Alter (...), einer Riesenspinne vergleichbar, unbeirrbar einen Schluss an den anderen fügend" (S. 51). Er will seine Chance wahrnehmen, einen Ehrenmann als Kriegsverbrecher in der Schweiz zu stellen. Auch wenn er sich damit offensichtlich sinnlos in Gefahr begibt, beharrt er darauf: „Die Gerechtigkeit hat immer einen Sinn" (S. 50).

*und Gerechtig-
keitssucher*

Sein Mut verlässt ihn jedoch bereits bei seiner Fahrt nach Zürich, die Krankheit macht sich mit einem Gefühl großer Müdigkeit bemerkbar. Kurzfristig überwindet er seine resignativen Gedanken, von denen er aber wieder eingeholt wird, als er sich mit der Klinik Sonnenstein konfrontiert sieht. Sie wird zur „Wirklichkeit", mit der er sich auseinander setzen muss (S. 63), ohne dass nach der Abfahrt Hungertobels Kontakt mit der Außenwelt möglich wird. Er ist in seinem Kampf mit Emmenberger völlig auf sich selbst angewiesen; weder die behäbig-bigotte Emmentalerin Kläri Glauber, noch die Ärztin Dr. Marlok sind bereit, ihm in seiner ausweglosen Situation beizustehen. Der Arbeiter, der die Bilder im Sterbezimmer austauscht, erscheint als letzte Hoffnung Bärlachs, aber er kann ihm nicht helfen, er ist taubstumm.

Der Detektiv in der Falle

Viel zu spät bemerkt der Kommissär, dass er in einer Falle sitzt. Wie zum Trotz lässt er Rembrandts Bild „Die Anatomie des Dr. Tulp" gegen Albrecht Dürers Stich „Ritter, Tod und Teufel" austauschen. Dieses Motiv erinnert an die Rolle des Don Quijote, der, so Bärlach, „stolz (ist) auf seine armselige Rüstung" (S. 55 f.) und „gegen Ungeheuer an Brutalität und Verschlagenheit" ankämpft. So erscheint auch sein eigenes Vorgehen in der Klinik Emmenbergers als das eines „Ritters" zwischen „Tod und Teufel": eines Einzelgängers, der nicht mehr in die Zeit passt und einen aussichtslosen Kampf gegen das Böse führt. Der in zahllosen Kriminalromanen gefeierte, begabte, furchtlose und scharfsinnige Detektiv wird damit demontiert. Bärlach stellt Recht und Ordnung nicht wieder her, ist dem Bösen der modernen Welt nicht mehr gewachsen. Er wartet vielmehr am Ende „ergeben und demütig" auf den Tod (S. 115), allenfalls hofft er, „dass ein Zufall ihn retten konnte" (S. 114). Diese Rettung erfolgt jedoch nicht zufällig, sondern Bärlach verdankt sie dem Kalkül des Juden Gulliver, der durch das Verhalten des Kommissärs Verdacht geschöpft hat und ihm seither gefolgt ist. Als Garant für Recht und Ordnung ist Bärlach damit gescheitert – so wie er das in seiner skeptischen Weltsicht bereits angedeutet hatte.

4.2 Der Jude Gulliver

Die Legende vom „ewigen Juden" gehört seit dem Mittelalter zu den populären, in der christlichen Welt ganz Europas weit verbreiteten Texten. Dürrenmatt stößt damit auf ein ganzes Bündel von Assoziationen, aus dem er eine bewusste Auswahl trifft, wenn er dieses Motiv für seinen Kriminalroman aufgreift. Der Jude soll, einem deutschen

Ahasvergestalt

Volksbuch aus dem Jahr 1602 zufolge, als Schuhmacher Ahasverus Jesus Christus auf dem Kreuzweg beleidigt, einer anderen Überlieferung nach sogar geschlagen haben. Seitdem müsse er zur Strafe bis

Foto: AKG/Erich Lessing, Berlin

Rembrandt: Anatomische Vorlesung des Dr. Nicolaes Tulp, 1632

Foto: AKG Berlin

Albrecht Dürer: Ritter, Tod und Teufel, 1513.

Überlieferte
Charakteristika

zum Jüngsten Gericht ein rastloses, asketisches Leben führen und erzähle den Menschen von den Leiden und der Allmacht Christi. Volkstümliche Überlieferungen beschreiben ihn als

> „eine lange unheimliche Gestalt mit langem eisgrauem Barte und Haar und eingewickelt in einen graubraunen zerrissenen Mantel, von dem auch das ganze unheimlich zerfetzte Gesicht bedeckt" ist. (Avram A. Baleanu: Ahasverus, der ewige Jude, in: Julius Schoeps: Neues Lexikon des Judentums, München 1992, S. 20)

ein Bild, das Dürrenmatt für seine Gestalt des Juden Gulliver übernimmt und noch verschärft: ihm haftet etwas Erschreckendes an, denn die Folter der Nationalsozialisten hat seinem Äußeren fürchterlich zugesetzt, ohne doch „die Majestät (...) dieses Menschen zu zerstören": er ist riesenhaft groß, sein Kopf mächtig und kahl. Die Augen sind wimpernlos und von unerschütterlicher Klarheit, der Mund zerschlagen, fast lippenlos, die Hände fürchterlich vernarbt, die linke ist verkrüppelt. Gekleidet ist er in einen alten, tausendfach zerfetzten Kaftan (s. S. 25–29).

Eine mythische
Gestalt

Zahlreiche Bearbeitungen dieses Motivs finden sich in der Literatur seit dem 18. Jahrhundert; vor allem in der Zeit der Romantik entstehen die unterschiedlichsten Erscheinungsbilder von Ahasverus: er gilt als

> „ruheloser Wanderer oder gläubiger Mahner, Zeitkritiker oder an Weltschmerz Leidender, Wohltäter und Retter oder Geist des Bösen; Künder des Weltuntergangs oder Revolutionär von der Art eines Prometheus; Exponent der ‚Kollektivsünde‘ des jüdischen Volkes, das zu ewiger Zerstreuung und heimatlosem Herumirren in der Welt verurteilt ist. Oder, genau umgekehrt: Symbolfigur der ungerechten Verfolgung dieses Volkes und Ausdruck seines Wunsches, wieder eine Heimat zu bekommen; Gegenpol der Gottheit oder Verkörperung der Idee der Liebe und des Verständnisses unter den Menschen." (Avram A. Baleanu, a. a. O., S. 21 f.)

In Dürrenmatts Version gerät Gulliver zur „Symbolgestalt der ungerechten Verfolgung", der sich für die Rettung von Juden wie Christen einsetzt, darüber hinaus zur Inkarnation der alttestamentarischen rächenden Gerechtigkeit. Er ist ein gläubiger Jude, der an der rücksichtslosen Brutalität der Menschen zu verzweifeln droht und sich mit Unmengen an Alkohol über das Entsetzen hinweghilft. Seine Stimme klingt „gedämpft"; sie verrät, „daß alles, auch das Wilde und Höhnische, nur ein Ausdruck einer unermeßlichen Trauer war über den unbegreiflichen Sündenfall einer einst schönen, von Gott erschaffenen Welt" (S. 32).

Seine Aufgabe als „furchterregende(r) Todesengel" (S. 33) ist auch nach dem Untergang des Dritten Reichs nicht beendet, denn er fürchtet, die Todeslager der Nationalsozialisten könnten „wie ein Aussatz

© Jüdisches Museum der Stadt Wien, Sammlung Schaff

mit anderen Peinigern und anderen politischen Systemen aufs neue aus den Tiefen des menschlichen Instinkts hervorbrechen" (S. 38). Daher wird „der ewige Jude" in Dürrenmatts Roman zum ruhelosen Rächer und Retter zugleich. Er ist der wirkliche Detektiv, denn er entdeckt Bärlachs Vorhaben, klärt den Tathergang um den Mord an Fortschig, rettet Hungertobel und Bärlach vor dem sicheren Tod, bringt Emmenberger um und klärt am Ende Bärlach – und den Leser – über alle Vorgänge auf.

Der „ewige Jude"

Wenn Gulliver im Schlussbild des Romans den Zwerg, seinen missgestalteten Freund aus dem Lager Stutthof, auf den Schultern trägt und „in die große russische Ebene (geht), einen neuen düsteren Abstieg in die Katakomben dieser Welt zu wagen" (S. 120), verschmilzt der Mythos des „ewigen Juden" mit dem einer Sagengestalt aus dem Prager Ghetto, dem Golem des Wunderrabbi Löw. Sein künstlich geschaffenes, riesenhaftes Wesen wird, zum Leben erweckt, in einer Atmosphäre von Angst und Unsicherheit zum Retter des jüdischen Volkes.

Der Golem

4.3 Dr. Emmenberger, Chefarzt

Das Böse schlechthin

Als Leiter der Klinik Sonnenstein ist Emmenberger das Konstrukt des Bösen schlechthin, „eine geometrische Figur" als Spiegelbild des Großverbrechers Gastmann („Der Richter und sein Henker", S. 82). Sein Vorleben wird nach und nach entschlüsselt. Man erfährt zunächst von Hungertobel, er sei 1932 nach Deutschland, dann nach Chile ausgewandert, praktiziere aber seit 1945 wieder in der Schweiz. Sein Ruf ist ambivalent; bei seinen wohlhabenden Patienten gilt er als „ein neuer Gott" (S. 87), bei den Kollegen als Modearzt, der mit umstrittenen Hormonkuren arbeitet und sich offensichtlich am Vermögen der Patienten bereichert (s. S. 10).

Die Vorgeschichte

Bärlachs Verdacht, er könne mit dem KZ-Arzt Nehle identisch sein, bestätigt sich mit den zunehmenden Informationen, so mit dem Bericht Hungertobels über eine Exkursion in die Alpen, in deren Verlauf er mit sadistischer Freude eine Kehlkopfoperation ausführt. Als Student habe er wild und viel durcheinanderstudiert – auf das faustische Motiv des Wissenssuchers wird hier angespielt: schließlich sei Emmenberger „auch in philosophischen und theologischen Vorlesungen (…) gesehen" worden (S. 23).

Genaueres über seine Zeit im Dritten Reich erfährt der Leser durch Gullivers Bericht aus dem KZ Stutthof. Er charakterisiert Nehle als legendenhafte, illegale Gestalt, deren Name weder in SS-Listen noch in offiziellen Berichte je aufgetaucht sei, „so als ob sich auch die Nazis ihrer geschämt hätten" (S. 30). Für die Häftlinge war er „eine(r) der bösesten und unbarmherzigsten Engel in diesem Paradies der Richter und Henker" (S. 31). Nur Gullivers Foto ist es zu verdanken, dass es nach dem Krieg überhaupt ein Beweismittel gegen ihn gibt.

Steckbrief

Der Steckbrief der Polizeiakten gibt eine erste genauere Personenbeschreibung, die auf Emmenberger wie auf Nehle zutrifft: „Große, hagere Gestalt, die Haare grau, früher braunrot, die Augen grünlichgrau, Ohren abstehend, das Gesicht schmal und bleich, mit Säcken unter den Augen, die Zähne gesund. Besonderes Kennzeichen: Narbe an der rechten Augenbraue" (S. 42). Durch einen Unfall bei einem chemischen Versuch kommt als weiteres Merkmal eine handbreite

Die 1. Konfrontation

Brandnarbe am linken Unterarm dazu (s. S. 46). Die erste Begegnung Bärlachs mit Emmenberger bestätigt die Angaben der Polizeiakten: dem Kommissär begegnen „zwei Gestalten: leicht gebückt, hager die eine, (…) mit dicker Hornbrille, die jedoch die Narbe an der rechten Braue nicht zu verdecken vermochte" (S. 66 f.).

Versuche Bärlachs wie des Arztes, sich gegenseitig aus der Fassung zu bringen, haben zunächst wenig Erfolg. Zwar zündet sich Emmenberger – nur äußerlich gelassen – drei Zigaretten im Untersuchungszimmer an, hinter seiner dicken Brille erscheint jedoch sein Gesicht „maskenhaft", die Augen „übergroß und spöttisch" (S. 69). Der Alte reagiert misstrauisch auf die Worte des Arztes, erst am Schluss der Untersuchung, bereits unter dem Einfluss einer Spritze, wird er „von einem Fieberfrost geschüttelt" (S. 73). Emmenberger verschiebt die geplante Operation auf die Zeit nach Neujahr, offensichtlich, um sich zunächst über Bärlach und seine möglichen Informanten zu erkundigen.

Erst nachdem er ihn einer „Insulinkur" unterzogen und im Sterbezimmer untergebracht hat, setzt Emmenberger sich erneut mit Bärlach auseinander. Von Dr. Marlok, seiner Geliebten, erfährt der Kommissär, dass der Verdacht gegen den Arzt in allen Punkten gerechtfertigt war, er tatsächlich in der Schweiz wie im Dritten Reich Patienten ohne Narkose operiert, sie damit völlig sinnlos quält und am Ende um ihr Vermögen bringt.

Bärlach ist dem Massenmörder völlig schutzlos preisgegeben, was die Haltung des Arztes erleichtert, der sich auf seine Weise als „Schachspieler" mit diesem lästigen Zeugen auseinandersetzen will. Emmenberger ist sich seiner Position derart sicher, dass er auch den Mord an Fortschig zugibt, den er als Mitwisser ebenso töten ließ, wie er vorhat, Hungertobel und Bärlach zu ermorden. Diese einseitige Rollenverteilung macht es schwer, nicht an ein falsches Spiel zu glauben, wenn er Bärlach die Freiheit anbietet, sofern der ihm nur einen ähnlich intensiven Glauben vorweist wie die materialistische Philosophie, auf die er schwört. Er legt es auf ein philosophisches Streitgespräch an, in dem er sich als Übermenschen im Sinne Nietzsches präsentiert, der Gott leugnet und die Materie vergöttert:

Der nietzscheanische Übermensch

> „Nichts ist heilig als die Materie (...) Ich wagte es, ich selbst zu sein und nichts außerdem, ich gab mich dem hin, was mich frei machte, dem Mord und der Folter (...) wenn ich mich außerhalb jeder Menschenordnung stelle, die unsere Schwäche errichtete, werde ich frei, werde ich nichts als ein Augenblick, aber was für ein Augenblick!" (S. 109 f.)

Emmenbergers Philosophie zu interpretieren als

> „geboren aus einem *Leiden* am Unsinn der Welt und an der Schwäche und der Schlechtigkeit der Menschen",

als

> das Produkt eines verzweifelten Trotzes",

als

> „Hunger nach einem anderen Glauben als dem seinen, nämlich nach dem christlichen oder wenigstens einem humanistischen",

heimgesucht

> „von der Kierkegaardschen ‚Krankheit zum Tode'"

– kurz als faustisches Streben nach Erkenntnis und Vervollkomm-
nung –, wie es die Sekundärliteratur (hier: Peter Spycher, a. a. O.,
S. 192) weitgehend vornimmt, legt m. E. seinen philosophischen
Exkursen zu viel an existentialistischer Bedeutung bei, auch wenn
Emmenberger sich an seinen Worten selbst zu berauschen scheint.

und Schwadro-
neur

Bärlachs Haltung, ihn als begnadeten Schwadroneur – „Ich hatte
keine Ahnung, daß ein Henker zu einem so großen Wortschwall fähig
ist" (S. 108) – zu bezeichnen, der sich auf einem Höhepunkt seiner
Macht glaubt, weil er auch die letzten Zeugen seiner Verbrechen beseitigen zu können meint, wirkt demgegenüber wesentlich prosaischer,
aber nachvollziehbarer.

Emmenberger stirbt den selben Tod, den er seinem Doppelgänger
Nehle zugedacht hatte. Gulliver berichtet, dass er ihn gezwungen
habe, eine Blausäurekapsel einzunehmen.

4.4 Edith Marlok, Assistenzärztin

Die 34-jährige Ärztin ist die Geliebte Emmenbergers seit ihrer Inhaf-
tierung im KZ Stutthof. War er zunächst für sie nur ein Mittel, das
Lager zu überleben, bleibt sie auch nach dem Dritten Reich an seiner
Seite und arbeitet in der Klinik Sonnenstein. Sie begründet dies mit
dem Morphium, das sie von ihm bekomme. Als alleinige Begründung
wirkt dies jedoch wenig überzeugend, da ihr als Ärztin auch andere

Fasziniert von
Emmenbergers
Macht

Wege offen stehen würden, um an das Rauschgift heran zu kommen.
Emmenbergers Machtrausch scheint sie dagegen in gleicher Weise zu
fesseln wie abzustoßen.

Ihr eigenes Schicksal hat sie in eine ungeheure Trostlosigkeit getrieben. Sie musste erkennen, dass mit Menschen alles machbar ist, was
ein sadistischer Machthaber sich an ausgeklügelten Grausamkeiten

Verlust an
Selbstachtung

einfallen lassen kann. Jedes Gefühl der Achtung vor sich selbst oder
der Mitmenschlichkeit wurde ihr brutal ausgetrieben. Als Fazit bleibt
für sie nur bitterer Fatalismus bestehen: „Es ist Unsinn, sich zu wehren und sich für eine bessere Welt einzusetzen" (S. 83). Emmenbergers Fortführung seiner verbrecherischen Praxis in der Schweiz der
Nachkriegsjahre verschärft diese Sicht noch. Sie erkennt als alleinige
Triebkraft menschlicher Existenz die animalische Gier zu leben.
Unabhängig von Ort, Zeit oder gesellschaftlichem System, schließt
sie, ist es der Mensch selbst, der „seine Hölle herbei(wünscht), sie in
Gedanken vor(bereitet) und sie mit seinen Taten einleitet. Überall dasselbe, in Stutthof und hier im Sonnenstein, dieselbe schaurige Melo-
die, die aus dem Abgrund der menschlichen Seele in düsteren Akkor-

Ein fatalistisches
Weltbild

den aufsteigt" (ebd.).

Bärlach reagiert fasziniert und erschreckt zugleich, wird ihm doch
durch die Ärztin ein Weltbild vorgehalten, das dem eigenen diame-

tral entgegengesetzt ist. Sein Prinzip, „das Unrecht (...) dort aufzusuchen, wo es zu finden ist", schiebt sie kühl beiseite. Der Kommissär hat ihr wenig mehr entgegenzusetzen als Allgemeinplätze. Seinen
vagen Grundsatz „Das Gesetz ist das Gesetz" (S. 84) korrigiert sie mit
den Worten: „Das Gesetz ist nicht das Gesetz, sondern die Macht"
(ebd.). Ihre Beweisführung ist wesentlich ausführlicher und klingt
überzeugender, denn sie blättert ein ganzes Ideenbündel auf, das
sozialdarwinistische Ideen des ausgehenden 19. Jahrhunderts vom
Kampf ums Überleben – die ihrerseits den nationalsozialistischen Ras-
senwahn vorbereitet haben – ebenso integriert wie Schopenhauers
Vorstellungen eines unbewussten Willens zum Dasein ohne Ziel und
ohne Sinn oder marxistische Gedanken von einem immerwährenden
Klassenkampf, der selbst im Tod noch fortexistiert. Dr. Marloks
Absage an Ideologien jeder Provenienz erscheint aufgrund ihrer Enttäuschung über die Machtpolitik Stalins nur allzu verständlich. Die
Ideologiefeindlichkeit, die Dürrenmatt in ihrem Monolog zum Ausdruck bringt, entspricht aber auch einem allgemeinen Gefühl der Zeit:
nie wieder auf politische Ideale zu bauen, nachdem der Zweite Weltkrieg sie nachdrücklich denunziert hat. Bärlach allerdings lässt diesen
Wertenihilismus nicht gelten. Er hält dagegen, auch wenn er seine
Position nicht in Worte fassen kann.

Bärlach weiß sich schließlich nicht anders zu helfen, als sie aus seinem Zimmer zu verweisen, argumentativ ist er ihrer Verbitterung
nicht gewachsen. Sie geht, nicht ohne ihn noch einmal auf seine
Schwäche zu verweisen und zynisch die wohlmeinenden Absichten
des Kommissärs mit seinem „Erfolg" zu konfrontieren, Fortschigs
Ermordung, die direkt durch das naive Vorgehen Bärlachs verschuldet worden ist.

Die Ärztin zieht sich zurück, um mit Hilfe des Rauschgifts ihr eigenes *Drogenabhängig-*
Leben ertragen zu können und sich in eine Scheinwelt zu flüchten, die *keit als Endpunkt*
den paradiesischen Urzustand wiederherstellt: „So tue ich denn, Edith
Marlok, ein vierunddreißigjähriges Weib, für die farblose Flüssigkeit,
die ich mir unter die Haut spritze, die mir am Tag den Mut zum Hohn
und in der Nacht meine Träume verleiht, die Verbrechen, die man
von mir verlangt, damit ich in einem flüchtigen Wahn besitze, was
nicht mehr da ist: diese Welt, wie ein Gott sie erschaffen hat" (S. 88).

4.5 Ulrich Friedrich Fortschig, Schriftsteller und Journalist

Autobiographische Motive lässt Dürrenmatt anklingen, wenn er im *Autobiographi-*
ersten Kriminalroman die Rolle des Schriftstellers in Schernelz gestal- *sche Motive*
tet. Diesmal ist es der Berner Autor und Journalist Fortschig, in dessen Haut der Autor schlüpft: ein erfolgloser Dichter, Herausgeber des
chronisch unrentablen Ein-Mann-Blättchens „Der Apfelschuss", das

in 45 Exemplaren erscheint und nur 15 feste Abonnenten hat, angewiesen auf Mäzene aus Industriekreisen, die ihn zum Essen einladen
und dafür seine literarischen Ansichten zu dominieren suchen – eine
Der Autor als tragikomische Existenz, die in der Persiflage des unzeitgemäßen Rit-
Don Quijote ters Don Quijote ihr passendes Ebenbild findet.

Wesentlich deutlicher als im „Richter und sein Henker" lässt die
Gestalt Fortschigs den ironischen Unterton Dürrenmatts spüren. Die
scharfe Kritik an einer materialistisch ausgerichteten, bewusst oder
unbewusst verlogenen Gesellschaft mischt sich mit Vorbehalten
gegenüber dem Autor. Auch mit ihm kann Dürrenmatt kein größeres
Mitleid empfinden; er macht sowohl die Gesellschaft, als auch ihr
Opfer, den Schriftsteller, lächerlich. So wirkt der Schmerz des gescheiterten Dichters Fortschig dick aufgetragen: er klagt über die akultu-
relle Haltung der Schweizer und ist doch vor allem besorgt darüber,
wie Bärlach ihm zurecht vorhält, dass sie ihm nicht genügend Respekt
und finanzielle Unterstützung entgegenbringen: „Fortschig, Fortschig,
Sie durchsetzen Ihren Kampf mit kleinlichen Motiven. Es muß einer
vom Verdacht frei sein, es gehe ihm nur um den Brotkorb, wenn er
von der Gerechtigkeit reden will" (S. 56).

Ein Selbstporträt In seiner sehr persönlichen und bitteren Klage klingt die Haltung Dürrenmatts an, der in den fünfziger Jahren dem armen, verachteten und
abhängigen Schriftsteller gleicht, den er als Figur gestaltet. So bezeichnet er die eigene Tätigkeit in einem Vortrag 1953 mit einem Vokabu-
lar, das dem Fortschigs nahekommt und Cervantes' Figur des „Ritters von der traurigen Gestalt" aufgreift:

> „Wenn man schon in einem so kleinen Lande wie dem unsrigen die
> Donquijoterie begeht, ein Schriftsteller deutscher Sprache zu sein (...)
> so muß man sich doch vielleicht langsam fragen, ob denn ein solches
> Unternehmen, das sich seiner Natur gemäß immer um den Bankrott
> dreht, ungefähr so, wie die Erde um die Sonne, absolut und unter al-
> len Umständen notwendig sei." (Fingerübungen zur Gegenwart, in:
> Friedrich Dürrenmatt, Gesammelte Werke, Bd. 7, Zürich 1991, S. 407)

In späteren Werken begegnet man dagegen dem erfolgreichen, anerkannten und wohlhabenden Dichter, auch das eine Parallele zur Karriere Dürrenmatts nach den Theatererfolgen mit dem „Besuch der
alten Dame" und den „Physiker(n)".

Die Nähe Dürrenmatts zu seiner Romanfigur wird in der Erstfassung,
die als Fortsetzungsroman in der Zeitschrift „Der Beobachter"
erscheint, noch verstärkt. Dort heißt es: „... und als ich in höchster
Not einen Kriminalroman schrieb, war auch dies ein Reinfall, weil
mein Held die ganze Zeit über im Bett krank darniederlag" (zitiert
bei: Peter Spycher, a. a. O., S. 395). Ist diese Passage in der Buchfassung gestrichen, so erinnert doch der herablassende Nachruf des „Bernischen Bundesblatts" an das Renommee, das Dürrenmatt zu Beginn

der fünfziger Jahre in der Schweiz genießt: „Er begann (...) mit expres-
sionistischen Dramen, die bei Asphaltliteraten Aufsehen erregten,
doch vermochte er die dichterischen Kräfte immer weniger zu formen" (S. 95).

5. Sprache und Stil

„Der Verdacht" bezieht stärker noch als „Der Richter und sein Henker" Elemente aus Dürrenmatts Lebensraum in das Geschehen ein.
Dabei geht es um Handlungsorte: das Spital Salem etwa kannte der
Autor, weil sein Vater dort seit 1935 Geistlicher war. Die Klinik Sonnenstein ist wohl identisch mit dem Sanatorium des Züricher Natur-
heilarztes Bircher-Benner; der Ausflug vom Kiental in das Blümlis-
alpmassiv gehört zu den Touren, die Dürrenmatt selbst in seiner Stu-
dienzeit unternommen hat. Das Thema einer Insulinbehandlung
dürfte dem Autor, der sich im Sommer 1949 wegen seiner Zucker-
krankheit stationär behandeln lassen musste, selbst nahe gegangen
sein.

Eigene Erfahrungen Dürrenmatts

Auch Personen sind in einer Weise charakterisiert, die Dürrenmatt
genau kennt – am besten nachweisbar in der beißend selbstironischen
Darstellung des Journalisten Fortschig, dessen Vornamen sowohl auf
Dürrenmatts Großvater – Ulrich – wie auf den des Autors – Friedrich
– verweisen. Über die autobiographischen Assoziationen hinaus gibt
es offenkundig andere Modelle, wie Elisabeth Brock-Sulzer andeutet:
„Auch einzelne Personen des Werks würde der genaue Kenner von
Dürrenmatts Leben wohl unschwer mit einem bürgerlich beglaubig-
ten Namen versehen können" (Elisabeth Brock-Sulzer, Dürrenmatt,
a. a. O., S. 97). Mit Hohn und Spott überzieht Dürrenmatt die Bewohner des Emmentals, dem Dürrenmatt durch seinen Geburtsort Konol-
fingen selbst angehörte. Zur Karikatur gerät die Emmentalerin Kläri
Glauber, über deren Sturheit Bärlach in Verzweiflung gerät: „Die
Emmentaler sind immer die verfluchtesten Sektierer gewesen" (S. 90).
Ihr Name ist deutlich auf den Schweizer Kriminalschriftsteller Friedrich Glauser zugeschnitten, der für Dürrenmatt zum Ärgernis wurde,
weil er sich mit ihm stets vergleichen (und meist auch abwerten) lassen musste. Auch der Name des verbrecherischen Arztes Emmenberger spielt auf das Emmental an (vgl. dazu: Peter Spycher, a. a. O.,
S. 170).

Verspottung des Emmentals

Die realistische Atmosphäre seines Romans wird durch die Sprache
noch unterstützt. Anders als im ersten Kriminalroman ist die Handlung durch zahlreiche Wörter und Begriffe im schweizerischen Milieu
situiert. Bernisch spricht zum Beispiel der Schriftsteller Fortschig, der

Dialektanklänge

von „vaterländischem Märit", der „Existenz von Schlufis", von
„Weggli" und „Räppli" redet (S. 54). Das Kennwort der Berner,
„Miuchmäuchterli", wird verwendet, wenn es darum geht, die Her-
kunft Emmenbergers eindeutig festzulegen (S. 67). Selbst der inter-
nationale Jude Gulliver verwendet schweizerdeutsche Brocken wie
„Kännel" (S. 27), „Krachen" (S. 116) oder „Spittel" (S. 119).

Eine groteske
Gegenwelt

Die realistische Welt prallt mit einer gespenstischen Gegenwirklich-
keit zusammen, wenn monströs unwirkliche Figuren in den Alltag einbrechen. Diese Charaktere erscheinen göttlich oder satanisch, dämo-
nisch oder grotesk, und sie zeichnen sich dadurch aus, dass sie unge-
mein redegewandt sind, gierig darauf, ihre Lebenserfahrungen und
Weltanschauungen dem Kommissär mitzuteilen. Bärlach selbst
nimmt überdimensionale Ausmaße an, wenn er als „der fürchterliche
Alte" erscheint, „einer Riesenspinne vergleichbar", die in unerschütterlicher Ruhe ihre Fäden spinnt (S. 51), oder – wie im ersten Roman
– sich selbst als „eine alte Katze" bezeichnet, die „das Mausen nicht
lassen" könne (S. 17). Ihm tritt mit Gulliver ein riesenhafter Jude hel-
fend zur Seite, „ein furchterregender Todesengel" (S. 33), dessen Aussehen an „eine riesige Fledermaus" erinnert (S. 32). Er nimmt einen
Zwerg, die Verkörperung des in Stutthof entwürdigten und von
Emmenberger missbrauchten Menschen, in Schutz. Die groteske Verzerrung der natürlichen Proportionen lässt plastisch eine absurde, aus
der Fassung geratene Welt erkennen, wie sie in den Monologen von
Emmenberger und seiner Assistentin Marlok abstrakt artikuliert
wird.

grauenhaft

Der Massenmörder Emmenberger mit seiner Stimme „wie aus Erz,
wie Posaunenstöße, die ein unendliches, graues Himmelsgewölbe
durchbrechen" (S. 113) und seine Assistentin Dr. Marlok, die auf den
ersten Blick wie eine Statue wirkt, die man „direkt auf einen Sockel
stellen" könnte (S. 67), bilden die Gegenposition. Der verbrecherische
Arzt und die gefolterte, rauschgiftsüchtige Assistenzärztin stammen in
ihrer Monströsität aus durchaus realen Verhältnissen: sie hat das
Dritte Reich mit der Möglichkeit zum absoluten Gewaltmissbrauch
als Muster zur Verfügung gestellt.

und banal

Das Grausige mischt sich mit Lächerlich-Banalem und zeigt damit
Dürrenmatts ganz besondere Form des Humors, wenn ein „Ungeheuer an Biederkeit" (S. 90), Schwester Kläri Glauber, in Bärlachs
Sterbezimmer tritt. Sie strahlt eine abgründig religiöse Dummheit aus,
die darin gipfelt, dass sie die Verbrechen ihres Chefs rechtfertigt, weil
er ja ihr Traktat gelesen habe: „Vorher tötete er aus Haß, nun aus
Liebe (...) Er tötet als Arzt, weil der Mensch im geheimen nach seinem Tod verlangt" (S. 90).

Eine ungeheuerliche Atmosphäre stellt sich auch im Sterbezimmer der
Klinik Sonnenstein ein, dessen Ausstattung „scheinbar sinnlos und
doch berechnet" (S. 75) den Patienten verwirrt und verhöhnt: nackte

Gestalten, tanzende Männer und Frauen in einer Glaswand, Rembrandts Anatomie als Raumteiler, ein schwarzes Holzkreuz, ein Vorhang mit seltsamen Pflanzen und Tieren und ein einziger Spiegel an der Decke, der den Gesundheitszustand enthüllt – Leben, Lust, Krankheit, Tod, Heidentum und Christentum – die Zusammenstellung bildet ein paradoxes Konglomerat.

Die groteske Überzeichnung der Dürrenmattschen Welt ist keine Spielerei, im Gegenteil: eine zerfallende Welt spiegelt sich in allen Ungereimtheiten, der Vermischung von Monströsem und Banalem, von Totem und Lebendigem: „Bärlach begriff, daß alles, auch das Wilde und Höhnische, nur ein Ausdruck einer unermeßlichen Trauer war über den unbegreiflichen Sündenfall, einer einst schönen, von Gott erschaffenen Welt" (S. 32).

Der Eindruck einer zerbrechenden Welt

Zwei literarische Grundmuster Dürrenmatts treten in diesem Roman deutlich in Erscheinung: die Figur des Don Quijote aus dem Roman von Cervantes und das Zwerg-und-Riesen-Muster aus der politischen Satire von Jonathan Swift. Beide Autoren stehen für Dürrenmatt in der Tradition der grotesken Verfremdung, wie sie Aristophanes für das Drama modellhaft vorgeführt habe. Ihnen gemeinsam sei – wie er in den „Anmerkungen zur Komödie" 1952 betont – dass in ihren Werken „die Wirklichkeit verändert, ins Groteske gehoben" – werde. Damit entstehen aktuelle, politische Zeitstücke, deren Welt grotesk verfremdet ist, um Aufmerksamkeit zu erregen. Den Autoren gehe es um „Gleichnisse der menschlichen Situation": der Stoff wird beliebig umformbar, und es entstehen Geschichten, die zu Ende gedacht werden müssen, sollen sie dem Leser eine geschärfte Optik auf den Zustand der Welt ermöglichen.

Literarische Vorbilder: Cervantes und Swift

> „Es ist nicht zufällig, daß Aristophanes, Rabelais und Swift kraft des Grotesken ihre Handlungen *in* ihrer Zeit abspielen ließen, Zeitstücke schrieben, *ihre* Zeit meinten. (...) Darum denn Don Quijote und Sancho Pansa, aber auch die *Vögel* des Aristophanes (...) So sind die grotesken Reisen des Gulliver gleich einer Retorte, in der durch vier verschiedene Experimente die Schwächen und Grenzen des Menschen aufgezeigt werden. Das Groteske ist eine der großen Möglichkeiten, genau zu sein." (Friedrich Dürrenmatt, Anmerkungen zur Komödie, in: ders.: Gesammelte Werke, Bd. 7, a. a. O., S. 25–27)

Bärlachs Freund und Retter Gulliver erhält seinen Namen, weil er immerfort „zu den Riesen und zu den Zwergen, in andere Länder, in andere Welten" zieht (S. 120). Er besitzt tatsächlich die Fähigkeit zur Distanz, denn er steht außerhalb der Welt, für die er offiziell nicht mehr existiert. Gerade dadurch aber vermag er wirkungsvoll einzugreifen und dem verbrecherischen Vorgehen Emmenbergers die einzig angemessene Waffe entgegenzustellen. Gullivers Verhalten ist die Alternative zur Verzweiflung, sie zeigt eine Möglichkeit, in dieser Welt

Gullivers Verhalten als Alternative zur Resignation

zu bestehen. Dürrenmatt kommt 1954 in seinem Aufsatz „Theaterprobleme" noch einmal auf diese Rolle zurück:

> „Gewiß, wer das Sinnlose, das Hoffnungslose dieser Welt sieht, kann
> verzweifeln, doch ist diese Verzweiflung nicht eine Folge dieser Welt,
> sondern eine Antwort, die man auf diese Welt gibt, und eine andere
> Antwort wäre das Nichtverzweifeln, der Entschluß etwa, die Welt zu
> bestehen, in der wir oft leben wie Gulliver unter den Riesen. Auch der
> nimmt Distanz, und der tritt einen Schritt zurück, der seinen Gegner
> einschätzen will, der sich bereit macht, mit ihm zu kämpfen oder ihm
> zu entgehen. Es ist immer noch möglich, den mutigen Menschen zu
> zeigen". (Friedrich Dürrenmatt: Theaterprobleme, in: ebd., S. 60)

E. A. Poe

Elemente aus zwei Texten Edgar Allan Poes sind in diesen Kriminalroman Dürrenmatts integriert: zunächst übernimmt er typische
Motive aus der „Urform" aller Detektivgeschichten, Poes „Doppelmord in der Rue Morgue". Das zentrale Thema dieser Erzählung,
ein Mord, der in einem verschlossenen Raum begangen worden
ist, erscheint hier im Nachruf auf Fortschig, der betrunken in einer abgeschlossenen Toilette zu Tode kommt. In beiden Fällen ist
der Mord bis in die Details unwahrscheinlich konstruiert: war es bei
Poe ein Orang-Utan, der als Täter entlarvt wird, ist es bei Dürrenmatt der Zwerg, der, von Emmenberger als Mörder missbraucht, den
Mord ausführt. In gleicher Weise wie Poes Detektiv Dupin ist auch
Kommissär Bärlach durch seine überragenden intellektuellen Fähigkeiten gekennzeichnet. Allein durch ihre Kunst der deduktiven
gedanklichen Konstruktion vermögen beide, Verbrechen zu klären,
die von der Polizei nicht gelöst, in Dürrenmatts Fall nicht einmal
geahnt werden.

Ein zweites Motiv liefert Poes Erzählung „The Pit and the Pendulum"
(„Die Grube und das Pendel"; 1843): als Symbol für die zerrinnende
Zeit und die sich steigernde Panik vor der drohenden Operation Bärlachs steht eine Uhr, eine „grünliche runde Scheibe mit Zeigern, die
sich verschoben, (...) eine verbrannte Sonne in einem bläulichen ver-
wesenden Weltgebäude, ein tickender Götze, ein tackendes Antlitz
ohne Mund, ohne Augen, ohne Nase" (S. 114). In diesem Gegenstand
werden die Einzelgeschehnisse und -beobachtungen der Nacht zusammengefasst, um eine intensive Gesamtwirkung zu erzielen (vgl. dazu:
Volker Schüler: Dürrenmatt. Der Verdacht. Der Besuch der alten
Dame, 2. Aufl., Hollfeld 1977, S. 63).

Auktoriale
Perspektive

Von der Perspektive und der Sprache her stellt Dürrenmatt keine
großen Ansprüche an seine Leser. Der Handlungsablauf wird
durchgängig aus auktorialer Sicht geschildert; die zunehmende
Spannung wie die Dialoge sind in knappen Sätzen gehalten. Davon
unterscheiden sich jedoch die ausführlichen Monologe. Vor allem der
ungleiche Zweikampf zwischen Emmenberger und Bärlach wird

durch ausführliche Darstellungen in der Argumentation des Arztes –
hier dominieren breitangelegte hypotaktische Satzstrukturen – und
knappe, teilweise unvollständige Repliken Bärlachs wiedergegeben.
Der Rückzug des Kommissärs auf immer weniger Worte steigert
sich bis zu den ritualisierten Wendungen „Bärlach schwieg", „Bärlach
antwortete nichts", „der Alte schwieg", „keine Antwort" (S. 106–113).
Sich dem Dialog durch Schweigen zu entziehen, so wird hier deutlich,
ist die letzte Chance, die Bärlach bleibt, um eine eigene Position zu
wahren.

Lyrische Elemente treten in den Monologen Gullivers oder Dr. Marloks in den Vordergrund. Sie entfernen sich auch am weitesten von
dem Sprachgebrauch, den das Genre des Kriminalromans erwarten
lässt. Die Begründung der fatalistischen Haltung der Ärztin bzw. der
Position eines „mutigen Menschen" geschieht in einer Weltsicht, die
ein ganzes Metaphernbündel einsetzt, um sich plastisch auszudrücken. So erklärt zum Beispiel Edith Marlok: „Die Welt ist faul,
Kommissär, sie verwest wie eine schlecht gelagerte Frucht. (...) Die
Erde ist nicht mehr als Paradies herstellbar, der infernalische Lava-
strom, den wir in den lästerlichen Tagen unserer Siege, unseres
Ruhms und unseres Reichtums heraufbeschworen haben und der nun
unsere Nacht erhellt, läßt sich nicht mehr in die Schächte bannen,
denen er entstiegen ist" (S. 88).

Mit dem alten Kinderlied „Hänschen klein" auf den Lippen tritt Gulliver am Ende „höhnisch und heiser" dem perplexen Kommissär –
und dem ebenso verblüfften Leser – gegenüber, wobei der Text der
Situation völlig adäquat erscheint (S. 115). Hans Bärlach ist tatsächlich auf die Stufe eines Kleinkindes regrediert, und er hat versucht,
als Einzelkämpfer gegen einen intellektuellen Massenmörder in dessen Klinik am Waldrand von Zürich anzutreten. Gulliver, so zeigt
sich, setzt seine Worte sehr präzise und effektvoll ein.

Insgesamt ist die Sprache Dürrenmatts in diesem Roman trotz des
Zeitdrucks, unter dem er den Text produzierte, nuanciert gestaltet. Sie
charakterisiert die Personen detailliert und lässt vor allem deutlich
werden, dass die Differenz zwischen einer beschädigten Welt, die einer
Reparatur bedarf, und der Erkenntnis, die auf eine „gerechte Lösung"
hinarbeitet, nicht mehr aufgelöst werden kann.

Lyrische Elemente
in den Monologen

6. „Der Verdacht" als Kriminalroman/ Zusammenfassung

Logische Deduktion als Methode im I. Teil

Der zweiteilige Romanaufbau trennt deutlich voneinander abweichende Vorgehensweisen: der erste Teil erzählt die Detektion im Stile Edgar Allan Poes. Nach der Methode logischer Deduktion wird die Identifizierung des Massenmörders anhand unscheinbarer Indizien – und gegen den eigentlichen Wunsch des Freundes und Informanten Hungertobel – nach und nach vollzogen. Wie Bärlach aus den Aussagen der unterschiedlichen Beteiligten, die alle nur beschränktes Wissen über das Leben von Dr. Nehle bzw. Dr. Emmenberger haben, sein Bild zusammensetzt, entspricht dem klassischen Genre und ist spannend erzählt.

„ratiocination" als Vorbild

Bärlachs Verfahren, das sich nach eigener Beschreibung „aus etwas Mathematik (…) und aus sehr viel Phantasie" zusammensetzt (S. 42), erscheint nahezu wörtlich dem einleitenden Essay zum „Doppelmord in der Rue Morgue" entnommen. Edgar Allan Poe schildert hier die Methode Dupins, zu der neben der Fähigkeit zu Beobachtung und Schlussfolgerung auch das gehört, was er als „wahrhafte Imagination" beschreibt, die für einen Außenstehenden „durchaus den Hauch von Intuition an sich" haben kann (Edgar Allan Poe: „Der Doppelmord in der Rue Morgue", in: ders.: „Verbrechergeschichten", Frankfurt/M. 1984, S. 11).

II. Teil: Die Vorgeschichte des Verbrechens

Der zweite Teil, der an die Detektion anschließt, geht auf die Vorgeschichte des Verbrechens aus der Sicht der Täter wie der Opfer ein. Auch hier greift Dürrenmatt auf bekannte Vorbilder zurück: Arthur Conan Doyles Roman „A Study in Scarlet" aus dem Jahr 1887, mit dem die Figur des Privatdetektivs Sherlock Holmes in die Literatur eingeführt wird, ist nach einem ähnlichen Schema aufgebaut. Im „Verdacht" geht es jedoch weniger darum, den Verbrecher zur Strecke zu bringen – auch das gehört zum Genre und wird daher als eher lästige Notwendigkeit en passant im Schlusskapitel mitgeteilt –, als die Philosophie eines Massenmörders zu verstehen bzw. zu zeigen, wie eng Täter und Opfer durch die Methode der Folter miteinander verkoppelt sind. Eine historisch-religiöse Dimension erhält der Roman zusätzlich durch die Figur Gullivers, der bereits im ersten Teil den christlichen Antisemitismus als Ursache der Judenvernichtung beschreibt.

Anklänge an den Schauerroman

Neu ist, dass im „Verdacht" einige Versatzstücke aus der Gattung des Schauerromans eingeführt werden – was allerdings mit der Einzigartigkeit des Holocaust zu tun hat, dessen Brutalität an einem Modellfall vorgestellt wird. Entsetzlich erscheint daran vor allem, dass Unmenschlichkeit, Mord aus sadistischer Lust und zum Zweck der Bereicherung mit dem Ende des Dritten Reichs nicht abgeschlossen sind, sondern in gleicher Weise auch in der scheinbaren Idylle des Zürichbergs stattfinden.

Dürrenmatt hat in diesem zweiten Teil weitere Anleihen bei den klassischen Vorbildern, insbesondere bei E. A. Poe aufgenommen – so das Motiv des „Locked Room Mystery" in der Beschreibung des Mordes am Journalisten Fortschig oder das der Panik Bärlachs angesichts eines langsam sich verkürzenden Überlebenszeitraums.

Am deutlichsten entfernt sich Dürrenmatt aber von der Schablone, indem er seine Zentralfigur demontiert: sie ist von Anfang an immobil, ans Krankenbett gebunden. Jede äußere Handlung findet daher ohne den Kommissär statt; Bärlach ist auf die Hilfe seiner Freunde und Mitarbeiter angewiesen. Die Handlung findet daher ausschließlich in Innenräumen statt: weder Bern noch Zürich werden in das Geschehen einbezogen, lediglich beim Wechsel von einer Klinik in die andere verlässt Bärlach das Kranken- bzw. Sterbezimmer, auch hier erscheint die Stadt lediglich als chaotische Vision.

Demontage der Detektivgestalt:

Der Kommissär scheitert aber nicht nur aufgrund seiner Krankheit, sondern vor allem, weil er sich in seinem Bemühen, einen Täter zur Strecke zu bringen, maßlos überschätzt. Er geht in seinem Kampf gegen das Böse ungestüm, naiv und ohne jede Rücksicht auf kriminalistische Klugheit vor. Zurecht muss er sich daher von Gulliver vorhalten lassen, er sei nichts anderes als ein „trauriger Ritter ohne Furcht und Tadel, (…) ausgezogen (…), mit dem Geist, das Böse zu bekämpfen" (S. 115). Trotz aller Anleihen bei den berühmten Vorbildern: die Zeit der heroischen Detektive ist endgültig abgelaufen.

ein „trauriger Ritter ohne Furcht und Tadel"

7. Bearbeitungen

Bis zum heutigen Zeitpunkt – Oktober 1996 – ist „Der Verdacht" noch nicht verfilmt oder anderweitig bearbeitet worden. Es ist damit der einzige der frühen Kriminaltexte Dürrenmatts, der nicht adaptiert wurde, und das, obwohl er mit seinen Spannungs- und Schauerromanelementen zu einer Verfilmung geradezu einlädt. Möglicherweise ließen sich die breiten diskursiven Passagen nur schwer in Filmaktionen umsetzen, oder es lag am Thema der Bewältigung faschistischer Vergangenheit, das für die Filmproduzenten in den Zeiten des Kalten Kriegs dem Publikum nur schwer zu vermitteln war.

Keine Romanbearbeitung nachweisbar

Zumindest das Drehbuch zu einer amerikanischen Verfilmung scheint zu existieren: Den Informationen des Schweizerischen Literaturarchivs zufolge – die hier aber auch nur lückenhaft sind – hat Dürrenmatt an Vorarbeiten zu einer Produktion unter dem Titel: Der Ver-

dacht: a Screen Treatment by FD and Ted Danielewski (1959/60?),
Stratton Productions, N. Y. 36, mitgewirkt. Ob dieses Drehbuch je verfilmt worden ist, lässt sich jedoch nicht nachweisen (Briefliche Mitteilung des Schweizerischen Literaturarchivs vom 19. 4. 1995).

„Der Stoff dieses Stückes lag zuerst als Hörspiel, dann als Novelle vor. Darüber befragt, antwortete F. D. unwillig, wie die Novelle das Hörspiel weiterführe, denke die Komödie die Novelle weiter. Denken in Stoffen und Denken am Stoff sei für ihn das Gleiche: die Vertiefung eines Denkmodells; ob ich es denn endlich kapiert habe. Ich hatte, denn auch hier läßt sich der Ariadnefaden zurückverfolgen, der durch F. D.s Komödienlabyrinth führt. Am Anfang steht Kleists „ZERBROCHENER KRUG". (Friedrich Dürrenmatt über F. D., in: Text + Kritik, H. 50/51, München 1980 (zweite revidierte und erweiterte Auflage, S. 29)

III. Die Panne

Auch die Entstehung dieses Textes geht auf die Geldnot Dürrenmatts in den fünfziger Jahren zurück. Hörspielaufträge des deutschen Rundfunks sind für ihn zu dieser Zeit eine „Rettung in der Not", denn sie bringen für die Arbeit von zwei Monaten etwa 5000 Franken (Hans Bänziger: Frisch und Dürrenmatt, Bern/München 1960, S. 123 f.). Dürrenmatt betont diesen Zusammenhang noch, wenn er die Auftragsarbeiten als Basis seines professionellen Überlebens bezeichnet:

Das Hörspiel als finanzieller Rettungsanker

> „Da muß ich dem deutschen Rundfunk sehr dankbar sein, denn der wurde so etwas wie mein Mäzen. Ich habe im ganzen zehn Rundfunkstücke geschrieben, Hörspiele – zum Beispiel entstand ,Die Panne' erst als Hörspiel und nachher als Novelle – und damit konnte ich mir mein Leben finanzieren." (Schriftsteller im Gespräch mit Heinz Ludwig Arnold, Zürich 1990, Bd. I, S. 313)

Das Thema dieser Geschichte steht in engem Zusammenhang mit den Kriminalromanen, insbesondere mit Dürrenmatts zweitem Text „Der Verdacht". Bärlachs Räsonnieren über die Kriminalität in einer bürgerlichen Welt deutet den Sachverhalt bereits an, der als zentrales Moment in seinem späteren Werk weitergeführt wird:

Thematischer Rückgriff auf „Der Verdacht"

> „Überhaupt gebe es einen ganzen Haufen Verbrechen, die man nicht beachte, nur weil sie etwas ästhetischer seien als so ein ins Auge springender Mord, der überdies noch in die Zeitung komme, die aber beide aufs gleiche hinausliefen, wenn man's genau nehme und die Phantasie habe. Die Phantasie, das sei es eben, die Phantasie! Aus lauter Phantasiemangel begehe ein braver Geschäftsmann zwischen dem Aperitif und dem Mittagessen oft mit irgendeinem gerissenen Geschäft ein Verbrechen, das kein Mensch ahne und der Geschäftsmann am wenigsten, weil niemand die Phantasie besitze, es zu sehen." (Friedrich Dürrenmatt, Der Verdacht, a. a. O., S. 16)

Alfredo Traps ist ein solch nüchterner Geschäftsmann, dessen beruf-
liches wie privates Verhalten in den Bereich der Kriminalität hinein-
reicht, ohne dass ihm das selbst bewusst wäre. Als erfolgreicher Generalvertreter ist er daran gewöhnt, seinen Geschäftspartnern „das Messer an die Kehle zu setzen und zuzustoßen" (Friedrich Dürrenmatt:
Der Hund/Der Tunnel/Die Panne. Erzählungen, Werkausgabe in
dreißig Bänden, Bd. 20, Zürich 1985, S. 56 [Diogenes detebe 20850]).

Der einleitende
Essay

Bevor er diesen Fall jedoch aufgreift, setzt Dürrenmatt dem Novel-
lentext eine Einleitung als „Erste(n) Teil" voraus, in dem die allgemeinen weltanschaulichen und ästhetischen Probleme debattiert werden, die er als Motiv in seinem Kriminalroman nur kurz skizziert
hatte. Er definiert nun, was „Eine noch mögliche Geschichte" vermag
und stellt in dieser knappen, dreiseitigen Einleitung dem Einzelfall ein
theoretisches Postulat voran. Der Prozess gegen Alfredo Traps dient
damit als Demonstrationsobjekt für die Thesen des ersten Teils. Diesen theoretischen Exkurs schreibt Dürrenmatt jedoch erst für die Pro-
safassung des Stoffes, so dass die Handlung weniger reißbrettartig
gestaltet ist als zu befürchten wäre.

1. Der inhaltliche Aufbau

Traps,
der arrivierte
Geschäftsmann

Alfredo Traps, Geschäftsreisender in der Textilbranche, fünfundvier-
zig Jahre alt, verheiratet und Vater von vier Kindern, ist beruflich wie
gesellschaftlich arriviert: er hat sich vom Hausierer der Nachkriegszeit zum Generalvertreter des „Hephaiston"-Kunststoffs heraufgear-
beitet, ist Mitglied der liberalen Partei, gehört zur Honoratioren-Ver-
einigung Schlaraffia und besitzt als äußeres Zeichen seines Erfolgs
einen rotlackierten Studebaker-Sportwagen.

Die Panne

Auf dem Rückweg von einer seiner Geschäftstouren streikt der
Wagen, und Traps ist genötigt, in einem idyllischen Schweizer Dorf
– „freundlich, verzettelt gegen bewaldete Hügel hin, mit einem kleinen Bühl samt Kirche, Pfarrhaus und einer uralten, mit mächtigen
Eisenringen und Stützen versehenen Eiche, alles solide, proper, sogar
die Misthaufen vor den Bauernhäusern sorgfältig geschichtet und her-
ausgeputzt" (S. 41) – einen Zwischenaufenthalt zu machen, denn die
Reparatur kann erst am nächsten Tag erfolgen. Alle Zimmer im Ort
sind belegt, da ein Kleintierzüchterverein zur gleichen Zeit tagt.
Er hat Glück, denn er wird an eine Villa verwiesen, in der schon häu-
figer durchreisende Gäste beherbergt wurden; der Besitzer, ein älterer Herr, ist bereit, ihn aufzunehmen und sogar kostenlos übernachten zu lassen. Traps ist diese Unterbrechung willkommen, denn
obwohl der Weg in seine Heimatstadt nicht mehr weit und bequem

mit der Eisenbahn zu erreichen wäre, erhofft er sich davon ein außer- *Aussicht auf ein*
eheliches Abenteuer: „gab es doch manchmal in den Dörfern *Abenteuer*
Mädchen wie in Großbiestringen neulich, die Textilreisende zu schät-
zen wußten" (ebd.).

Der Besitzer der Villa durchkreuzt jedoch seine Pläne, indem er ihn
zu einem Herrenabend einlädt, was Traps aus Höflichkeit nicht ableh- *Der Herrenabend*
nen zu können glaubt. Lustlos bereitet er sich auf das Ereignis vor;
seine Abneigung gegenüber Intellektuellen steigt noch, als er die Titel
der Bücher in seinem Zimmer sieht: es ist juristische Fachliteratur –
„Hotzendorff, Das Verbrechen des Mordes und die Todesstrafe;
Savigny, System des heutigen römischen Rechts; Ernst David Hölle,
Die Praxis des Verhörs" (S. 43). In der Enttäuschung über den ver-
korksten Abend wird er bestärkt, als er den drei älteren Herren
gegenübertritt, die ihm sein Gastgeber vorstellt: alle „uralt, verschmiert und verwahrlost" (S. 44), der übergewichtige zweiundacht-
zigjährige Advokat Kummer, der ehemalige Staatsanwalt Zorn und
ein siebenundsiebzigjähriger Herr Pilet, der seine offensichtliche pro-
letarische Herkunft durch überkorrekte Kleidung zu verdecken sucht.
Sie alle wirken wie Relikte aus früherer Zeit, die sich vergeblich an
die gesellschaftlichen Bedingungen der Gegenwart anzupassen versuchen. Alle waren in ihren früheren Berufen Juristen, der Gastgeber
Richter, und selbst Pilet stammt aus dem juristischen Umfeld: bis zur
Abschaffung der Todesstrafe, so stellt sich am späteren Abend heraus
(S. 62), übte er sein Amt als Henker aus.

Die tägliche Abendunterhaltung dieser vier Greise besteht darin, noch
einmal ihrer früheren Tätigkeit nachzugehen, indem sie Gericht spielen, berühmte historische Prozesse noch einmal aufrollen oder, lieber
noch, „am lebenden Material" (S. 46) eine Gerichtsverhandlung
durchexerzieren. Das ist auch der Grund für die kostenlose Einladung
durchreisender Gäste, denen jeweils die Rolle des Angeklagten zufällt.
Die Teilnahme ist freiwillig, doch Traps ist gerne bereit, in dieses Spiel
einzusteigen, verspricht er sich davon doch einen unterhaltsamen
Herrenabend, den er in ähnlicher Weise von den Veranstaltungen der
Schlaraffia kennt. Auch dort übernehmen die Mitglieder Rollen – *„Schlaraffia"*
Traps etwa trägt den Namen des „Marquis de Casanova" (S. 52) –
und befinden sich in einem stetigen Wettstreit um möglichst kurz-
weilige Abendunterhaltung, zu der jeder Schlaraffe verpflichtet ist. So
heißt es in Paragraph 1 des „Schlaraffenspiegels":

> „Schlaraffia ist die innige Gemeinschaft, die in gleichgesinntem Stre-
> ben die Pflege der Kunst und des Humors unter gewissenhafter
> Beobachtung eines gebotenen Ceremonials bezweckt und deren
> Hauptgrundsatz die Hochhaltung der Freundschaft ist." (Wolf J.
> Bütow: In guter Gesellschaft. Clubleben in Deutschland, Düsseldorf
> und Wien 1981, S. 157)

Traps verspricht sich daher nicht nur ein gepflegtes Rollenspiel im Stil seiner „Sippung", sondern auch die Chance, seinen eigenen Ruhm dort zu mehren und etwa „das Abenteuer bald in der Schlaraffia zum besten geben zu können, wohin man den Henker sicher auch einmal kommen lassen würde gegen ein kleines Honorar und Spesen" (S. 63). Seine Frage, welchen Verbrechens er denn angeklagt werde, beantwortet der Staatsanwalt mit dem sybillinischen Satz, „ein Verbrechen lasse sich immer finden" (S. 47). Der Abend beginnt mit einem Fest-

Das Symposion beginnt

essen, das sich immer mehr zu einem regelrechten Gelage, einem Symposion im ursprünglichen Sinne, entwickelt. Zunächst aber zieht der Verteidiger Traps in ein Gespräch unter vier Augen und bittet ihn, ihm „sein Verbrechen gleich an(zu)vertrau(en)" (S. 48), dieses sei notwendig, wie er betont, um den Angeklagten herauspauken zu können. Traps ist die Nähe seines Gesprächspartners zwar körperlich unangenehm – seine Säufernase, der Riesenbauch, „eine unangenehme, weiche Masse" (ebd.) –, aber er argumentiert aus seiner überlegen-unschuldigen Haltung heraus. Leicht amüsiert wehrt er die Überredungsversuche des Verteidigers ab, der ihm vorschlägt, sein Verbrechen zu bekennen, denn „der Weg von der Schuld zur Unschuld ist zwar schwierig, doch nicht unmöglich, dagegen ist es geradezu hoffnungslos, seine Unschuld bewahren zu wollen, und das Resultat verheerend" (S. 49). Traps freut sich auf dieses Spiel und ist aus Fairnessgründen nicht bereit, die Aufgabe des Staatsanwalts zu leicht werden zu lassen.

Der 1. Gang: Vorermittlungen

Das Festessen beginnt mit verschiedenen Vorspeisen, die ebenso exquisit wie schwer zu verdauen sind: „Aufschnitt, russische Eier, Schnecken, Schildkrötensuppe" (S. 50). Die Unschuldsbehauptung von Traps stößt auf ungläubiges Staunen, lediglich die Haushälterin Simone „kicherte leise" (ebd.). Beim Fisch werden en passant vom Staatsanwalt die persönlichen Verhältnisse des Angeklagten erhoben; das Beefsteak Tartar leitet zur Mitgliedschaft Traps in der Schlaraffia über; sein „Sippungsname" lässt erotische Abenteuer vermuten, die Traps selbstbewusst und, wie seine eigentlichen Pläne für den Abend zeigen, nicht ganz der Wahrheit entsprechend zugesteht: „Wenn mir mit Weibern etwas Außereheliches passiert, so nur zufälligerweise und ohne Ambition" (S. 52).

Weibergeschichten

Voyeuristisch reagieren die vier älteren Herren, offen gestehend, dass ihnen nichts mehr Vergnügen bereitet, als „Weibergeschichten, wenn möglich gesalzen und gepfeffert" (ebd.) zu hören – der Johannistrieb macht ihnen offensichtlich zu schaffen. Der Herrenabend scheint sein Thema gefunden zu haben; Traps fühlt sich überlegen und ist, wie sein Stammtisch-Trinkspruch „Pupille" zeigt, bereit, auf den Ton einzugehen.

Traps' Karriere

Vor dem Hintergrund einer freundlich-idyllischen Abendstimmung berichtet er über seinen Werdegang, eine typische Karriere in den Zeiten der „Hochkonjunktur" (S. 73): er stammt aus kargen Verhältnissen, die nur den Besuch einer Hauptschule zuließen, bevor er sich als Hausierer durchs Leben schlug. Mittlerweile ist er selbständig und wohlhabend – ein typischer Geschäftsmann, der im täglichen Konkurrenzkampf den Gesetzen des Wirtschaftslebens folgt und seinen Vorteil aggressiv sucht. Ein „Durchschnittsleben" (S. 87) wird aus seinen Worten erkennbar, ein „Kleinbürgerleben" (S. 93), das Traps selbstbewusst, ohne moralische Skrupel und ohne geistige Ansprüche führt, wie sein Verteidiger betont (S. 86 ff.).

Er hat die europäische Alleinvertretung für den Kunststoff „Hephaiston" übernommen, der, vielfältig verwendbar, geradezu idealtypisch die Schweizer Wirtschaft repräsentiert: „unzerreißbar, undurchsichtig, doch dabei gerade für Rheumatiker eine Wohltat, ebenso verwendbar in der Industrie wie in der Mode, für den Krieg wie für den Frieden. Der vollendete Stoff für Fallschirme und zugleich die pikanteste Materie für Nachthemden schönster Damen, wie ich aus eigener Forschung weiß." (S. 55) *„Hephaiston"*

Was er aufgrund seiner mangelhaften Bildung nicht wissen kann, ist der mythologische Hintergrund der Produktbezeichnung, die Verbindung mit dem griechischen Gott Hephaistos, auf den ihn erst der Richter aufmerksam macht: er sei „ein gar großer Kunstschmied, der die Liebesgöttin und ihren Galan, den Kriegsgott Ares, in einem so feingeschmiedeten und unsichtbaren Netz gefangen habe, daß sich die übrigen Götter nicht genug über diesen Fang hätten freuen können" (S. 54). Der Name wirkt adäquat, bezieht er sich doch auf die Qualität wie die unterschiedlichen Verwendungsmöglichkeiten des Produkts und lässt sich zudem auf das kunstvolle Indiziennetz des Staatsanwaltes übertragen, in dem sich Traps wider Willen verfangen wird. *Der mythologische Hintergrund*

Beim Kalbsnierenbraten wird das Gespräch auf die Beziehung zu Herrn Gygax gelenkt, den früheren Chef von Traps. In seinem eigentümlich floskelhaften Geschäftsjargon wird neben Wendungen wie „ich verdiene Geld wie Heu", „schufte auch wie zehn Elefanten", „spule (...) meine sechshundert Kilometer mit meinem Studebaker herunter" (S. 56) auch die Brutalität, das mörderische Gesetz des marktwirtschaftlichen Systems, deutlich. Der Staatsanwalt hebt erstaunt diese Phrasen hervor, die Traps eher beiläufig in seiner Selbstdarstellung verwendet: „Auf die Seite schaffen, das Messer an die Kehle setzen, zustoßen" (ebd.). *Mörderischer Kapitalismus*

Das Schicksal von Gygax passt zu dieser Sprache: er stirbt, zweiundfünfzigjährig, an einem Herzinfarkt, der typischen Managerkrankheit. Traps ist dabei involviert, wie der Staatsanwalt zu Recht vermutet. Zunächst wird jedoch die Tatsache allein, dass ein Toter in Traps Vergangenheit aufgestöbert wurde, Grund dafür, einen schweren, alten Bordeaux zu entkorken. Die Stimmung in der zunehmenden Abenddämmerung wird „traulich, gemütlich, Sympathie allerseits, Lockerung der Umgangsformen, der Sitten." (S. 57) *Der Tod von Gygax*

Es kommt zu einer zweiten Unterbrechung der Verhandlung, als die Dämmerung zunimmt und mit allen Leuchtern die Räume erhellt werden. Arglos und naiv hat Traps bislang, wie ihm sein Verteidiger vorhält, Rede und Antwort gestanden, ohne dabei überhaupt zu bemerken, dass er bereits einem regelrechten Verhör unterzogen wurde. Der vermeintliche Smalltalk erweist sich als integraler Bestandteil des Prozessgeschehens. Seine Fehldeutung macht Traps unsicher, er fühlt sich hintergangen, denn er hatte ein regelkonformes Procedere erwartet, wie er dies von offiziellen Prozessen (und von den Abenden in der Schlaraffia) gewöhnt ist. Die Konventionen gelten hier jedoch nicht mehr. Die pensionierten Juristen haben sich, offensichtlich frustriert durch die bürokratischen Grenzen ihres Berufsalltags, von Regularien befreit und betreiben ihr Spiel jenseits aller Rechtsnormen. Diese Form des Prozessspiels hat sich als „Gesundbrunnen" für die Beteiligten ausgewirkt (S. 61), die nach ihrer Pensionierung einsam und „ohne geistige Beschäftigung" hinsiechten (S. 60). Seinen Höhepunkt findet das selbstkonzipierte Rechtssystem, wenn es auf die Todesstrafe zurückgreift und Pilet in seine ehemalige Funktion wieder einsetzt. Traps reagiert darauf zunächst verschreckt – „Kalter Schweiß lag auf seiner Stirne" (S. 62) –, aber die Aussicht, ein derart eigenwilliges Spiel in der Schlaraffia wiederholen zu können, lässt ihn seine Rolle wieder akzeptieren.

Das Prozessspiel funktioniert nach eigenen Regeln

Der Verteidiger hat Traps erneut beiseite genommen. Auf der Abendterrasse genießen beide die frische Luft, Zigaretten und die Möglichkeit, den Alkohol durch Sauerstoff zu kompensieren. Noch einmal warnt Herr Kummer den Angeklagten, er sei zu vertrauensvoll mit dem Staatsanwalt umgegangen, habe bereits so viel enthüllt, dass der Prozess kaum noch zu gewinnen sei. Ihm aber solle Traps den Mord gestehen, um eine möglichst effektive Verteidigungsstrategie entwickeln zu können. Der weigert sich noch immer, hält an seiner Unschuld fest, obwohl er langsam unsicher wird. Er sieht deutlich die weitere Entwicklung des Abends voraus: „Das Spiel droht in die Wirklichkeit umzukippen. Man fragt sich auf einmal, ob man nun eigentlich ein Verbrecher sei oder nicht, ob man den alten Gygax umgebracht hat oder nicht" (S. 64).

Zwischenspiel auf der Terrasse

Beim Hähnchen, dem nächsten Gang des Menues, wird Traps zur Todesart seines Vorgesetzten vernommen. Freimütig gibt er zu, ein Verhältnis mit der Frau seines Chefs gehabt zu haben, was den alten Herren bereits als „Geständnis" gilt (S. 66). Es entwickelt sich ein juristisches Streitgespräch zwischen Verteidiger und Staatsanwalt darüber, ob der Angeklagte arglistig oder ohne Täuschungsabsicht den Tod von Gygax herbeigeführt habe; von all dem versteht Traps nichts. Er ist froh, als die Käseplatte gereicht wird. Unvermutet fragt ihn der Staatsanwalt, ob er noch immer mit der Frau seines Chefs befreundet sei. Traps reagiert einigermaßen verblüfft auf das Verhalten der alten

Herren, die seine Antwort, er habe das Verhältnis längst beendet mit einem übermütigen „Dolo malo, dolo malo" aufnehmen (S. 67). Als Nichtjuristen bleibt ihm verborgen, dass seine Äußerung als Eingeständnis gewertet wird, „heimtückisch" das Verhältnis inszeniert zu haben, um den herzkranken Chef ums Leben zu bringen. Die Begeisterung der alten Herren, ihr Spiel so gewendet zu haben, dass in einem alltäglichen Geschehen ein Mord aufgedeckt, die Todesstrafe ausgesprochen werden kann, sprengt alle Grenzen. In einer grotesken Szene mutieren sie zu Tiergestalten; ihre zunächst geschliffene, zitatenreiche Sprache wandelt sich zu Tierlauten. Damit ist das Verhör beendet. Der Abschluss wird mit einem edlen Wein gekrönt, einem Château Margaux, Jahrgang 1914. Mit dem Gestus des Connaisseurs dekantiert der Richter vorsichtig die Flasche; der Korken wird anschließend Traps feierlich als Erinnerung an diesen Abend überreicht.

„dolo malo"

Dann beginnt der Staatsanwalt mit seiner Beweisführung, die darauf hinausläuft, dem Angeklagten einen Mord nachzuweisen. Traps reagiert auf diese Einleitung zunächst ungehalten, beginnt dann aber „zu lachen, unmäßig" (S. 69), als er begreift, dass ihm ein Verbrechen eingeredet werden soll. Die Entdeckung eines Mordes, insbesondere eines noch unentdeckten, so führt der Staatsanwalt aus, gehöre zu den Höhepunkten des Justizspiels; adelt das außergewöhnliche Verbrechen durch die Suche nach Gerechtigkeit. Auch der Täter erscheint in einem neuen Licht, da er nun nicht mehr als Gegner, sondern als Freund in das Verfahren eintrete. Verbrechen werden in den Augen der alten Herren nicht mehr moralisch oder ethisch verurteilt, sie gelten vielmehr als „Vorbedingung" des Verfahrens und sind damit integraler Bestandteil der Gerechtigkeit; ihre technische Ausführung wird unter künstlerischen Gesichtspunkten betrachtet.

Der Staatsanwalt

Es kommt zu einer sentimentalen Verbrüderungsszene: „Sie küßten sich, herzten, streichelten sich, tranken einander zu, Ergriffenheit breitete sich aus, die Andacht einer erblühenden Freundschaft" (S. 71). Als die Mitternacht vom Kirchturm eingeläutet wird, beginnt der Staatsanwalt, in einer differenzierten und detaillierten Logik seinen Indizienbeweis zu konstruieren: es sei „ein virtuoser Mord, der ohne Blutvergießen, ohne Mittel wie Gift, Pistolen oder dergleichen durchgeführt worden ist" (S. 73). Gygax habe sich als erfolgreicher Geschäftsmann sein Herzleiden, das ihm als „persönliche(r) Prestigeverlust" (S. 84) vorgekommen sei, nicht eingestehen wollen und geheimgehalten. Seine Frau sei von ihm vernachlässigt und somit in die Arme seines Mitarbeiters Traps – „unsere(s) Casanova(s) von der Schlaraffia" (S. 75) – getrieben worden; in seiner Hybris habe er aber ein solches Verhalten seiner Gattin nie für möglich gehalten. Erst ein „Geschäftsfreund" habe ihm reinen Wein eingeschenkt, nachdem er von Traps selbst davon informiert worden sei; prompt erleidet Gygax darauf einen Herzanfall und stirbt kurze Zeit später.

und sein Plädoyer

Traps' Plan in den Augen des Staatsanwalts

Der Staatsanwalt vermutet ein abgekartetes Spiel, dem Gygax zum Opfer gefallen sei. Traps habe seinen Chef absichtlich auf diesem indirekten Weg den Ehebruch seiner Frau erfahren lassen, was der Angeklagte auch arglos bestätigt. Die Resonanz ist wieder überraschend, „Tumult, Übermut, homerisches Gelächter, ein Orkan an Jubel" (S. 76). Der Staatsanwalt sieht sich nun vollkommen bestätigt und greift, um Traps' Motivation zu ermitteln, auf die biographischen Daten des Angeklagten und seine wirtschaftliche Karriere zurück. Der individuelle Ehrgeiz in einer konjunkturellen Boomperiode habe Traps dazu veranlasst, den eigenen sozialen Aufstieg zu planen. Sein Chef sei ihm dabei im Wege gestanden und habe aus dem Weg geräumt werden müssen. Traps habe zunächst hinter dem Rücken seines Chefs Geschäftsbeziehungen eingefädelt, dann aber eine zufällige Gelegenheit genützt, um die Frau seines Chefs als „galante Mordwaffe" zu benützen (S. 84), „denn nun ging es ihm darum, seinen Chef mit allen Mitteln zu ruinieren" (S. 80). Detailliert malt der Staatsanwalt Traps' Verhalten während der abendlichen Begegnung mit Frau Gygax ebenso wie das Essen mit dem Geschäftsfreund in einem gutbürgerlichen Restaurant aus, in dessen Verlauf Traps ihn geschickt über sein Verhältnis informiert. Der Tod von Gygax ergibt sich daraus ganz folgerichtig: wenig später von seinem Geschäftspartner informiert, erleidet er einen Herzinfarkt, bricht zu Hause zusammen und stirbt. Traps reagiert äußerlich bestürzt, innerlich befreit und ist drei Monate später Besitzer eines Studebakers.

Traps fühlt sich anerkannt

Der Staatsanwalt ist mittlerweile, von der eigenen Beweisführung und den Anfeuerungsrufen des Angeklagten mitgerissen, auf den Stuhl gestiegen und unterstreicht seine Ausführungen, indem er die befleckte Serviette „wie eine Fahne" schwingt (S. 78). Auch Traps genießt es nun, zum Objekt der staatsanwaltlichen Phantasie zu werden; begeistert stimmt er seiner Beweisführung zu, „gebannt mit runden glänzenden Augen der Schilderung des Staatsanwalts zuhörend, glücklich, die Wahrheit zu erfahren, seine stolze, kühne, einsame Wahrheit" (S. 81). Er sieht sich selbst nun in einem anderen Licht, endlich in seiner eigentlichen Bedeutung erkannt. Dass er derart raffiniert einen Mord begangen haben soll und damit die Freundschaft der vier alten Herren erlangt, verwandelt sein Alltagsleben und verleiht ihm einen Anschein von Würde, „stieg doch eine Ahnung von höheren Dingen, von Gerechtigkeit, von Schuld und Sühne in ihm hoch, erfüllte ihn mit Staunen" (S. 82).

Während des Kaffees im Salon ist er daher auch gerne bereit, der Konstruktion des Staatsanwalts mit unwesentlichen Berichtigungen zuzustimmen. Er habe selbst im Ehebett von Gygax eine Ahnung davon gespürt, dass er mit seinem Treiben „recht eigentlich seinen Chef"

Plädoyer für die Todesstrafe

ermorde (S. 84). Schließlich legt der Staatsanwalt beim Kognak seinen Strafantrag vor: er beantragt konsequenterweise die Todesstrafe für diesen Mord „als Belohnung für ein Verbrechen, das Bewunderung, Staunen, Respekt verdiene und ein Anrecht darauf habe, als eines der außerordentlichsten des Jahrhunderts zu gelten" (ebd.).

Würdig wie „urweltliche Magier" (S. 85) erscheinen Traps nun die vier alten Herren, die sein Dasein derart kostbar werden lassen. Er verfällt den schmeichelhaften Konstruktionen des Staatsanwaltes und protestiert daher lauthals, als sein Verteidiger zu Simones Torte versucht, das Leben seines Mandanten in „etwas Gewöhnliches, Bürgerliches, Alltägliches zurückzuverwandeln" (S. 86). Die Beziehungen, die der Staatsanwalt hergeleitet habe, seien ex post konstruiert, Phantasmagorien, die einen zufälligen Tod als geplanten Mord nachzuweisen versuchten. *Plädoyer des Verteidigers*

Traps habe mit dem Tod seines Chefs nicht das Geringste zu tun. Zwar sei er nicht schuldlos, sondern habe als Durchschnittsmensch zahlreiche Unkorrektheiten auf seinem Konto, ebenso aber auch Alltagstugenden zu verzeichnen. Insgesamt sei er geradezu idealtypisch das Spiegelbild einer menschlichen Gemeinschaft, in der Verantwortungslosigkeit an die Stelle einer „großen, reinen, stolzen Schuld" getreten sei (S. 87). Punkt für Punkt löst der Verteidiger die Konstruktionen auf, die der Staatsanwalt als Bedingungsgeflecht zusammengefügt hatte. Traps' Verhalten folge vorbildhaft den Maximen des Geschäftslebens, Rigorosität und Rücksichtslosigkeit seien Werte der Hochkonjunktur. Als „geistige Panne" bezeichnet er den Zustand seines Klienten, der sich einbilde, den Tod von Gygax selbst verschuldet zu haben (S. 88). *Der Angeklagte lediglich Spiegel der Gesellschaft*

Dieser Bewertung widerspricht Traps heftig; er besteht auf seinem „schöne(n) Verbrechen", das sich im Plädoyer des Verteidigers in Luft aufzulösen droht (ebd.). Er fordert nunmehr seine Bestrafung, denn wie in einer christlichen Erweckungsveranstaltung fühlt er nun das Glück einer „Neugeburt", „die höheren Ideen der Gerechtigkeit, der Schuld und der Sühne" habe er erst aus den Worten des Staatsanwaltes empfangen (ebd.). *Traps fühlt sich unterschätzt*

Der mittlerweile schwer betrunkene Richter beginnt nach diesem letzten Wort des Angeklagten mit der Urteilsbegründung. Er kann weder der Ansicht des Staatsanwaltes noch der des Verteidigers völlig zustimmen. Die öffentliche Justiz sei mit einem Delikt wie diesem überfordert, das nicht arglistig begangen worden sei. Traps habe vielmehr gehandelt, wie es die Gesetze der Marktwirtschaft verlangten, er habe sich „die Gedankenlosigkeit der Welt zu eigen gemacht" (S. 90). Nur die private Gerichtsbarkeit der vier Greise sei in der Lage, diesen Mord zu sühnen. Sein Todesurteil begründet der Richter ausschließlich mit dem Geständnis des Angeklagten, der auf den Spruch mit „Dank, lieber Richter, Dank" reagiert (S. 91). Mit diesem Urteil werde Traps aus der Zufälligkeit einer durchschnittlichen Existenz herausgehoben, erlebe er die Katharsis einer menschlichen Tragödie. *Das Urteil*

Der Höhepunkt des Abends ist damit erreicht; Champagner wird aus-geschenkt und führt zu einer letzten Verbrüderungsszene, bevor der nahende Sonnenaufgang die fünf nunmehr Schwerbetrunkenen ins Bett treibt. Traps fühlt sich „glücklich, wunschlos wie noch nie in sei-nem Kleinbürgerleben" (S. 93). Der Henker Pilet begleitet ihn ins Gästezimmer, bricht aber im Rausch auf der Treppe zusammen. Die drei Alten haben währenddessen das Todesurteil auf ein Stück Perga-ment gekritzelt und wollen es Traps aufs Bett legen. Sie steigen müh-

Das Ende:
Traps vollzieht
das Urteil selbst

sam über den am Boden liegenden Pilet vorbei die Treppe hinauf und finden, als sie die Türe öffnen, Traps erhängt im Fensterrahmen. Er hat das Spiel tatsächlich in Wirklichkeit umkippen lassen und zu einem tragischen Höhepunkt geführt, der den Absichten der vier alten Herren diametral widerspricht. Daher ringt der Staatsanwalt nach Luft, wenn er „recht schmerzlich" ausruft: „Alfredo, mein guter Alfredo! Was hast du dir denn um Gotteswillen gedacht? Du verteu-felst uns ja den schönsten Herrenabend!" (S. 94)

2. Zur Bauform der Novelle

Der Aufbau der Novelle folgt weitgehend dem Gang der Hauptver-handlung vor einem Strafgericht. Markiert werden die einzelnen Pha-sen des Verfahrens durch einen jeweils neuen Gang des überborden-den Menues.

Exposition

Eine knappe Exposition leitet das Geschehen ein, indem sie die Per-son des Angeklagten, des Richters und die idyllische Schweizer Dorf-atmosphäre vorstellt (S. 40–44). In einer ersten Phase werden zum Aperitif die übrigen Beteiligten und das Prozessspiel an sich einge-führt, bevor der Verteidiger sich mit Traps zurückzieht, um über die Verteidigungsstrategie zu sprechen (S. 44–50).

Angaben zur
Person

Zur Vorspeise werden in der zweiten Phase (S. 50–55) die Angaben zur Person des Angeklagten aufgenommen – nicht vom Richter, wie in der deutschen Strafprozessordnung vorgesehen, sondern vom Staatsanwalt, der auch im weiteren Verfahren die dominierende Posi-tion einnimmt.

Vernehmung des
Angeklagten

Es folgt – zu Kalbsnierenbraten und Bordeauxwein – die Vernehmung des Angeklagten zur Sache. Unterbrochen wird diese dritte Phase durch ein „Gesundheits-Spaziergänglein" (S. 59), ein Zwischenspiel, in dem der Verteidiger Traps über den wahren Gang des Verfahrens aufklärt. Die Tatsache, dass mit Pilet ein ehemaliger Henker an der Tafel sitzt, lässt den Angeklagten zum ersten Mal panisch reagieren: „Kalter Schweiß lag auf seiner Stirne" (S. 62).

Beweisaufnahme

In der folgenden Beweisaufnahme (S. 63–68) wird Traps bei Hähnchen und Château Pavie dazu gebracht, einen Seitensprung mit der Frau seines Chefs Gygax zu gestehen, bevor die Käseplatte das Indizienverfahren abschließt.

Das Plädoyer des Staatsanwalts bildet die fünfte Phase (S. 68–84). Die Anklagerede stellt den intellektuellen Höhepunkt des Prozessspiels dar. Das lässt schon der Spitzenwein erkennen, der hier kredenzt wird: ein Château Margaux, Jahrgang 1914. Die Worte des Staatsanwalts lassen eine geordnete Kausalkette entstehen, in der die zeitlich zufällig zusammentreffenden Ereignisse zu einem in sich schlüssigen Geschehen geformt werden. Es kommt um die Mitternachtsstunde zur Mordanklage und unter dem Jubel aller Beteiligten – mit Ausnahme des Verteidigers – zum Geständnis des Angeklagten.

Plädoyer des Staatsanwalts

Erst zum Digestif, einem Kognak aus dem Jahr 1893, erhält der Verteidiger das Wort. Sein Plädoyer, den Angeklagten frei zu sprechen (S. 86–89), klingt allerdings wenig überzeugend. Er äußert sich nur in indirekter Rede und wird zudem mehrfach durch Traps unterbrochen, der um keinen Preis wieder zum unschuldigen Durchschnittsbürger herabgestuft werden will.

Plädoyer des Verteidigers

Das Urteil des Richters (S. 89–92) wird unter ausgelassen-besoffener Stimmung verkündet: er schließt sich der Menschenwürde wegen dem Antrag des Staatsanwaltes an und verurteilt Traps zum Tode. Damit ist der „Höhepunkt" des Abends erreicht (S. 92); Champagner schließt das Menue und die Verhandlung ab.

Urteil

Der Epilog ist kurz (S. 92–94): Traps begeht Selbstmord, er vollzieht das ihm zugedachte Urteil selbst – und verstößt damit gerade gegen die Konventionen des Spiels.

Vollstreckung

3. Zur Thematik der Erzählung

Welche Rolle spielen Dichter in der heutigen Zeit, welche Geschichten erscheinen „noch möglich"? Mit diesen Fragen beginnt Dürrenmatt den „Ersten Teil" seiner Erzählung. Er entfaltet in seinem theoretischen Exkurs zunächst, warum dichterisches Selbstverständnis problematisch geworden ist. In einer Zeit, die keine bedeutenden Charaktere und schicksalhaften Begegnungen mehr kennt, in der tragische Größe nicht mehr, wie Goethe in seiner Rede „Zum Schäkespears Tag" (1771) formuliert hatte, aus dem Zusammenstoß der „prätendirte(n) Freyheit unseres Wollens, mit dem nothwendigen Gang des Ganzen" (Johann Wolfgang Goethe: Werke [Hamburger Ausgabe], Bd. XII, München 1973, S. 224–226) entsteht, fehlt der Literatur ihr adäquates Thema.

Die Aufgabe des Dichters in der heutigen Zeit

Was bleibt, wenn der Dichter weder „bloße Unterhaltung" noch sen-

timentale „Moralien" zu liefern bereit ist und seine subjektiven Erfahrungen nicht nach außen tragen, sondern „das Private höflich wahren" will? (S. 37) Er erwägt seine „Abdankung", weil er objektive
Wahrheit nicht mehr beschreiben, nur subjektive Erfahrungen ver-
arbeiten kann. Gerade dies jedoch „gehe das Publikum nun wirklich
nichts an" (S. 38). Wenn tragische Größe nicht mehr existiert, bleibt
nur ein Ausweg: der Dichter müsse, so Dürrenmatts These, die Alltagswelt ins Auge fassen, eine Welt, die durch Zufälle regiert, durch
Unfälle, Krankheiten, Krisen aller Art bedroht werde. Sie erscheint
als Spielball menschlicher Fehlleistungen, „Pech" weite „sich ohne
Absicht ins Allgemeine" (S. 39).

Beschreibung von Alltagsbanalitäten

In dieser „Welt der Pannen" lassen sich „noch einige mögliche
Geschichten" finden, denn das Schicksal habe lediglich „die Bühne
verlassen, (...) um hinter den Kulissen zu lauern" (ebd.). Es gibt sie
also noch, diese Geschichten, mit denen der Autor die Welt der
modernen Konflikte einfangen kann, in denen – wie Dürrenmatt
kryptisch beschreibt – „Gericht und Gerechtigkeit sichtbar werden,
vielleicht auch Gnade, zufällig aufgefangen, widergespiegelt vom
Monokel eines Betrunkenen" (ebd.).

Das Geschehen um Alfredo Traps illustriert Dürrenmatts Axiom. So
weist der letzte Abschnitt des diskursiven Textes auf die Sport-
wagenmarke „Studebaker" in der Erzählung voraus (S. 39), deren
erste Worte die Gedanken der Einleitung weiterführen: „Unfall,
harmlos zwar, Panne auch hier" (S. 40). Es sind Alltagsbanalitäten –
eine Autopanne, die gleichzeitige Tagung des Kleintierzüchtervereins
– die den Vertreter in Kontakt mit vier Gerechtigkeit spielenden Greisen bringen. Gerade dieser triviale Zufall erweist sich jedoch als „die
schlimmst-mögliche Wendung" der Geschichte, wird Traps durch sie
doch zur Überzeugung geführt, einen Mord tatsächlich begangen zu
haben, den der Staatsanwalt aus seinen Äußerungen lediglich konstruiert. Auch an Traps ist nichts außergewöhnlich, weder sein Beruf
noch sein Selbstverständnis, das ihn ohne Skrupel in den Tag hinein
leben lässt, noch seine Handlungsweise, die sich in keiner Weise von
der anderer Geschäftsleute unterscheidet. So wird die Erzählung zum
Spiegelbild jener alltäglichen „Welt der Pannen", die in der Zeit des
Wirtschaftswunders noch künstlerisch plausibel darstellbar ist.

Der Zufall als „schlimmst-mögliche Wendung"

Zufällige Begegnungen und ein geschäftsübliches Verhalten, das zum
Motor einer aufstrebenden Vertreterkarriere gerät, werden zu Kau-
salzusammenhängen verwandelt. Traps' Beteiligung am Tod seines
Vorgesetzten kann so zum vorsätzlichen Mord umgedeutet und unter
Anklage gestellt werden. Er wird zum absurden Opfer einer grotes-
ken Gerichtsbarkeit, die Strafbares um jeden Preis ermittelt, Gerech-
tigkeit zu einem bizarren Gesellschaftsspiel pervertiert und letztlich als
Überlebensstrategie missbraucht.

Eine groteske Gerichtsbarkeit

Die stringente Logik in der Beweisführung des Staatsanwaltes lässt die „Schuld" des Angeklagten für alle Prozessbeteiligten deutlich werden, ein Verfahren, wie es in den stalinistischen Schauprozessen der fünfziger Jahren vorexerziert wurde. Insbesondere die absurden Vorwürfe gegen Rudolf Slansky, der im November 1952 in Prag vor Gericht gestellt wurde, legen die enge Beziehung zwischen der „Panne" und dem aktuellen Zeitgeschehen nahe: Slansky, Generalsekretär der tschechischen KP bis September 1952, wurde bezichtigt, zusammen mit anderen führenden Kommunisten in der ČSSR als „trotzkistisch-titoistisch-zionistische, bürgerlich-nationalistische Verräter und Feinde des tschechoslowakischen Volkes" für Jugoslawien, Israel und den Westen spioniert zu haben. Während des Prozesses überboten sich die Angeklagten mit Geständnissen, bezeichneten sich als abseitige Kriminelle. Ende November wurde das Urteil gesprochen: Tod durch Erhängen in elf, lebenslange Zuchthausstrafe in drei Fällen. Alle Angeklagten verzichteten auf ihr Recht auf Berufung. Dieser Prozess bot das Vorspiel zu der Anklage gegen die Kreml-Ärzte im Januar 1953, denen vorgeworfen wurde, sie hätten bereits 1948 führende Militärs umgebracht und Anschläge auf prominente Politiker unternommen. Lediglich Stalins Tod im März 1953 beendete dieses Verfahren und rettete den Ärzten das Leben. (Vgl. dazu: Erica Burgauer: Zwischen Erinnerung und Verdrängung – Juden in Deutschland nach 1945, Reinbek 1993, S. 173–175)

Historische Vorbilder: Die Schauprozesse der fünfziger Jahre

In einem Interview mit dem französischen Blatt Le Figaro Littéraire äußert Dürrenmatt, dass sein Text zwischen den Zeilen an „die spektakulären Prozesse mit den vorbereiteten Geständnissen" erinnere: „Ich denke auch natürlich an die in filigranen Ansätzen vorhandenen großen *Schauprozesse.*" (Friedrich Dürrenmatt oder die Suche nach dem Absurden: Ein Portrait-Interview von Jean Paul Weber, Le Figaro Littéraire, 10. 9. 1960, S. 3)

Dürrenmatts Verweis auf die politischen Verbrechen seiner Zeit macht deutlich, dass er an den Strukturen einer Gesellschaft interessiert ist, die dafür verantwortlich sind, dass „es keine Schuldigen und keine Verantwortlichen mehr" gibt (Friedrich Dürrenmatt, Anmerkungen zur Komödie, a. a. O., S. 59). Er setzt sich damit von der ethisch ausgerichteten Debatte ab, die in den Dramen des ausgehenden 19. Jahrhunderts vor allem in Skandinavien geführt wurde. Dass es Verbrechen gebe, die moralisch verwerflich seien, obwohl sie nach den Buchstaben des Gesetzes nicht bestraft werden können, gehört zu den zentralen Themen der Schauspiele Henrik Ibsens – „Die Stützen der Gesellschaft", „Gespenster", „Ein Volksfeind" oder „Die Wildente" – und erscheint ähnlich in August Strindbergs Doppeldrama „Vor höherem Recht".

Literarische Vorbilder: Ibsen, Strindberg,

Der Prozess als dramatisches Spiel erinnert an literarische Vorbilder, neben Sophokles „König Ödipus" oder Kleists „Der zerbrochene Krug" in erster Linie an Kafkas „Prozeß".

Sophokles, Kleist und Kafka

Dürrenmatts realistisch-groteske Durchführung der Verhandlung trennt ihn allerdings von der unwirklichen Welt Kafkas, wie er selbst betont: „Jedenfalls unterscheidet sich (die Panne) stark von Kafkas Prozess, in dem wir uns von Anfang an in einer mechanischen, irrealen Welt befinden." (ebd.)

Justiz wird in der „Panne" als artifizielles Vergnügen betrieben, das nicht mehr darauf ausgerichtet ist, Gerechtigkeit herbeizuführen, sondern als unterhaltsames Beiprogramm eines alle Grenzen überschreitenden Gelages dient. Dürrenmatts Gericht folgt strengen Spielregeln, die allerdings nur innerhalb dieses privaten Zirkels Geltung besitzen und damit von der Alltagswelt deutlich abgehoben sind.

„Schlaraffia"

In ähnlicher Weise – und dadurch erwärmt sich Traps spontan für diesen Prozess – konstruiert die Vereinigung der Schlaraffen eine eigene versponnene Welt, die sich auf märchenhafte Weise von der normalen Umgebung abzuheben scheint, durch ihre Zusammensetzung mit ausschließlich männlichen Honoratioren ihres jeweiligen Umfeldes aber nur die Folie abgibt, auf der die Alltagsbeziehungen ihren besonderen Charme (und ihre geschäftliche Patronage) erhalten. So dekretiert der „Schlaraffenspiegel", das Regelwerk der Schlaraffia:

> „Der Uhu ist das Symbol des höchsten Wesens. (…) Alle unter seinem Schutze stehenden Zusammenkünfte heißen Sippungen. Ihre äußere Form entspricht ritterlichem Brauche und unterliegt streng verpflichtenden Richtlinien. Die Gesamtheit dieser Richtlinien ist der Spiegel und das Ceremoniale. In ihm wird der Gegensatz zum Alltag zum Ausdruck gebracht!" (Wolf J. Bütow: In guter Gesellschaft, a. a. O., S. 157)

*Das Prozess-
spiel*

Die Greise folgen im wesentlichen den Prozeduren der offiziellen Strafprozessordnung. Sie gestalten daraus aber ein Spiel mit verschiedenen Möglichkeiten, das sich durch Finten tarnt – so wird Traps im Unklaren darüber gelassen, dass sein Verhör längst begonnen hat (S. 58) –, und schließlich Realität und künstliche Welt durcheinanderwirbelt, bis Traps unfähig ist, beides voneinander zu unterscheiden. „Das Spiel droht in Wirklichkeit abzukippen" (S. 64) äußert er, kurz bevor die Situation vollends undefinierbar wird. Am Ende ist er vollkommen davon überzeugt, „ein *wahrhaftes* Leben" in den Worten des Staatsanwaltes kennengelernt zu haben (S. 89). Die phantastische Fiktion erscheint ihm als Realität, die sein nüchternes, profitorientiertes Leben individualisiert und aus dem Rahmen des Üblichen heraus hebt, ihm die Aura des Besonderen verleiht. Neben dieser Extravaganz erscheint der Alltag durchschnittlich, „ohne Zusammenhang mit dem Weltganzen, mit dem Ablauf der Dinge und Undinge, mit dem Abspulen der Notwendigkeiten", wie Dürrenmatt im einleitenden Diskurs formuliert (S. 38 f.). Kein Wunder weigert sich Traps, den destruierenden Äußerungen seines Verteidigers zu folgen, stutzen sie ihn doch auf sein Normalmaß zurück, zerstören die Illusionen, die ihm gerade erst schmackhaft gemacht wurden. Das Gerechtigkeitsspiel entlarvt so unter der Hand eine Gesellschaft, in der die Banalitäten und Grausamkeiten eines entfremdeten Lebens uminterpretiert und kompensiert als sensationelle Außergewöhnlichkeit erscheinen. Individuelle Schuld und Schuldlosigkeit halten sich dabei die Waage. Traps' Äußerungen, sein früherer Chef Gygax habe „auf die Seite geschafft" werden müssen, es sei darum gegangen, ihm „das Messer an die Kehle zu setzen und zuzustoßen" (S. 56), bedeuten in ihrer Floskelhaftigkeit nicht, was damit an krimineller Energie im wörtlichen Sinne gemeint ist, ohne damit jedoch bedeutungslos zu sein. Vielmehr lassen sie in ihrer Doppeldeutigkeit die Zeit der Hochkonjunktur durchscheinen, in der sich ein Geschäftsmann wie Traps unbeschwert von Skrupeln bewegt.

Damit wird auch die Nähe zu Dürrenmatts Komödie „Der Besuch der alten Dame" erkennbar, die im gleichen Jahr wie „Die Panne" entstanden ist. Der Güllener Kaufmann Ill bewegt sich wie Traps vorbildhaft auf dem Boden einer Wirtschaftsordnung, die nach den Spielregeln der „Wolfsgesellschaft" funktioniert. Dürrenmatt hat sie in seinem „Monstervortrag über Gerechtigkeit und Recht" 1969 mit Anklängen an Thomas Hobbes' Beschreibung des „Leviathan" formuliert:

„Der Besuch der alten Dame"

> „Daß einer über den anderen herfällt, daß zwischen den Menschen Krieg herrscht, daß jeder versucht, sich durchzusetzen und seinen Besitz und seine Macht auf Kosten der anderen zu vermehren, nimmt der klassische Bürger als natürlich an, er ist ein Realist, Homo homini lupus. Damit jedoch die egoistischen Eigenschaften der Menschen nicht zu einem Krieg aller gegen alle führen, hat sich jeder Wolf den andern Wölfen gegenüber zu gewissen Spielregeln verpflichtet, genauer: zwischen den Wölfen wurde ein Spiel etabliert." (Friedrich Dürrenmatt: „Monstervortrag über Gerechtigkeit und Recht, nebst einem helvetischen Zwischenspiel. Eine kleine Dramaturgie der Politik, 1969", in: ders.: Gesammelte Werke, Bd. 7, a. a. O., S. 627 f.)

Die Frage nach persönlicher Schuld oder Unschuld wird damit irrelevant – Traps ist weder harmlos noch wirklich verbrecherisch: die vier alten Herren glauben nicht an Unschuld und erklären einen Menschen ohne Schuld zur Ausnahme: „Gestehen muß man, ob man will oder nicht, und zu gestehen hat man immer was, das dürfte Ihnen doch langsam dämmern!" (S. 64). Der Verteidiger erkennt dagegen, dass sich das Leben seines Mandanten aus diversen „Unkorrektheiten" zusammensetzt, die sich nicht zu einem bedeutenden Verbrechen zusammenfügen; Traps habe damit nicht mehr und nicht weniger Schuld auf sich geladen als der Durchschnitt seiner Mitmenschen, er sei „ein Opfer der Epoche, des Abendlandes, der Zivilisation" (S. 87).

Traps als Durchschnittsmensch

Schuld und Bestrafung

Ein Mord wird in den Worten des Richters schließlich zum Ergebnis der „Gedankenlosigkeit der Welt" umgedeutet (S. 90).

Wird Schuld derart zum Spielball einer possenhaften Greisenrunde, ist auch die Sühne Teil dieses Spiels. Der Ausgang der Handlung erscheint völlig willkürlich, wie die unterschiedlichen Fassungen der „Panne" zeigen: begeht Traps in der Erzählung Selbstmord, indem er sich erhängt, fährt er in der Hörspielfassung am Morgen nach dem Gelage mit seinem reparierten Studebaker davon, zeigt die Komödie den Sarg des verstorbenen Vertreters, der am Ende des Stücks diesem Sarg wieder entsteigt, womit das Spiel auf der Bühne von Neuem beginnen kann.

Alle drei Lösungen scheinen letztlich zufällig gewählt und völlig auswechselbar; der Willkür des Dichters entspricht die Zufälligkeit des Gerechtigkeitsbegriffs. Der Selbstmord des Angeklagten erwächst nicht notwendigerweise aus dem Bewusstsein einer schweren Schuld oder als konsequenter Abschluss einer in sich schlüssigen Beweisführung. Er stellt vielmehr eine letzte „geistige Panne" dar (S. 88), die Spiel und Ernst vertauscht,

> „eine grobe Vermanschung der Sphären von Kunst und Leben: genauso peinlich und geschmacklos, wie wenn ein eifersüchtiger Schauspieler als Othello auf der Bühne seine Geliebte und Schauspiel-Partnerin wirklich erwürgt, um sich darauf ,wirklich' zu erstechen, so daß echtes Blut auf dem Bühnenboden fließt. Ähnlich unkultiviert handelte der Selbstmörder Alfredo Traps. Er zerstörte den schönsten Herrenabend. Das Kunstwerk dieser Justiz wurde durch seinen Naturalismus entstellt." (Hans Mayer: Die Panne, in: Daniel Keel (Hg.): Über Friedrich Dürrenmatt, Zürich 1980, S. 262)

Tragische Größe ist nicht mehr zu finden

Tragische Größe kommt dieser Welt der Halbheiten nicht mehr zu. Daher ist Traps auch der ideale Repräsentant für diesen Allerweltsfall, „ein Dutzendgesicht" (S. 39), das Täter wie Opfer zugleich im Zeitalter der Hochkonjunktur wird, wie Dürrenmatt in den „Theaterproblemen" festhält:

> „Der heutige Staat ist jedoch überschaubar, anonym, bürokratisch geworden (...) Die echten Repräsentanten fehlen, und die tragischen Helden sind ohne Namen. Mit einem kleinen Schieber, mit einem Kanzlisten, mit einem Polizisten läßt sich die heutige Welt besser wiedergeben als mit einem Bundeskanzler. Die Kunst dringt nur noch bis zu den Opfern vor, dringt sie überhaupt zu Menschen, die Mächtigen erreicht sie nicht mehr. Kreons Sekretäre erledigen den Fall Antigone." (Friedrich Dürrenmatt: Theaterprobleme, in: ders.: Gesammelte Werke, Bd. 7, a. a. O., S. 57)

4. Personenkonstellation

Das Personenverzeichnis ist eng begrenzt: außer den vier Pensionären – von denen der Henker und Gastwirt Pilet, seiner sozialen Rolle gemäß, fast stumm bleibt – und dem Angeklagten Alfredo Traps tritt lediglich die Haushälterin Simone, „eine handfeste Person", auf (S. 44). Sie wird aber ausschließlich in dieser subalternen Funktion gezeigt; auch das ein Beleg für die untergeordnete Rolle, die Frauen in diesen frühen Texten Dürrenmatts spielen.

4.1 Alfredo Traps, Generalvertreter

Sprechende Namen auch hier: der Vorname Alfredo erinnert an Alfred Ill, Dürrenmatts Täter/Opfer aus dem „Besuch der alten Dame", der Nachname an das bernische „i öppis ine trappe" = in etwas hinein tappen oder, mit ähnlicher Bedeutung, an das englische Substantiv „trap" = die Falle, in die der Vertreter hineintappt. (Vgl. dazu: Peter Spycher: Friedrich Dürrenmatt, a. a. O., S. 235)

In beiden Varianten wird Traps gebührend gekennzeichnet als oberflächlicher, nicht allzu gebildeter „Zeitgenosse" (S. 40), der ein typisches „Kleinbürgerleben" führt (S. 93). Er ist Geschäftsmann mit aufstrebender Karriere, die er durch einige äußere Kennzeichen veranschaulicht. Wichtig ist ihm dabei in erster Linie sein Fahrzeug, ein rotlackierter Studebaker, das eindeutige Prestigesymbol seines unaufhaltsamen Aufstiegs. *Der Kleinbürger*

Der amerikanische Kraftwagenhersteller Studebaker bietet nach dem Zweiten Weltkrieg eine breite Palette von Fahrzeugtypen durchaus unterschiedlicher Qualität zu einem relativ niedrigen Preis an. 1953 werden verschiedene neue Modelle vorgestellt, darunter ein Coupé unter der Bezeichnung „Commander", das ein elegantes Styling aufweist, dessen Motorisierung jedoch – ein V 8-Motor mit 3,8 Liter Hubraum und 120 PS Leistung – relativ bescheiden ist. Der anfängliche Erfolg dieses Modells kann nicht verhindern, dass das Unternehmen Studebaker in finanzielle Schwierigkeiten gerät, 1956 an die Firma Packard verkauft wird und 1966 endgültig vom Markt verschwindet. In der Dramenversion der „Panne" wird der Studebaker Traps daher gegen die in den siebziger Jahren aktuellere Version eines „Jaguar" vertauscht. *Studebaker*

Entscheidend dafür, dass Traps gerade diesen Fahrzeugtyp wählt, ist vermutlich das Flair der US-amerikanischen Herkunft und die Rarität dieses Autos in der Schweiz. Er ist niemand, dem es auf ein unbedingt sportliches Fahren ankommt, er schätzt vielmehr den Komfort, den die europäische Industrie zu dieser Zeit nicht bieten kann; vor

Foto: Nicky Wright. © 1979 Ab Nordbok, Gothenburg, Schweden

Studebaker „Commander" Coupé von 1953

allem will er jedoch mit dem Sonderling Studebaker auf dezente Art
seine Position auf der Karriereleiter demonstrieren.

Als Prestigefaktor gilt der rote Studebaker auch zwei Jahre später in
Max Frischs Roman „Homo Faber". Hier ist es Joy, Fabers New
Yorker Geliebte, für die Modell wie Farbe des Fahrzeugs im Mittelpunkt stehen und die Beziehung selbst gefährden: „Aber daß ich
daran dachte, ihren Studebaker zu verkaufen, das fand sie unmöglich,
beziehungsweise typisch für mich, daß ich nicht eine Sekunde lang an
ihre Garderobe dächte, die mit dem Himbeer-Studebaker stand und
fiel (…)" (Max Frisch, Homo Faber, Frankfurt/M. 1957, S. 31).

Ebenso dient die Zugehörigkeit zur Schlaraffia einem doppelten Ziel: *und Schlaraffia*
sie ist Symbol seiner Honorabilität, gleichzeitig unterstützt der soziale *als Kennzeichen*
Rahmen der Zusammenkünfte die Geschäftsbeziehungen. Eine inter- *des Erfolgs*
essant-spritzige Unterhaltung hier zu bieten, erhöht den Ruf des „Ritters" unter den Schlaraffen und zahlt sich auch materiell aus.

Intellektualität ist dagegen weniger gefragt, trägt sie doch den degout *Anti-Intellektua-*
von Weltfremdheit und Unerfahrenheit in ökonomischen Dingen. So *lismus*
urteilt Traps mit klarem Blick: „Er machte sich auf umständliche Er-
örterungen gefaßt, was verstand so ein Studierter vom wirklichen
Leben, nichts, die Gesetze waren ja auch danach (…), wenn er nicht
mitten im Geschäftskampf stehen würde, wäre er auch auf dem lau-
fenden in höheren Dingen" (S. 43 f.). Sein Wissen über kulturelle
Bereiche bezieht er aus den gerafften Kurzdarstellungen der Zeitschrift „Reader's Digest" (S. 85), die seinen engen Zeitrahmen nicht
strapazieren und zumindest ein oberflächliches Mitsprechen-Können
gewährleisten.

Defizite in der Denkschärfe verhindern auch, dass Traps das Spiel *Naives*
durchschaut, in das die vier Greise ihn hineinziehen. Längere Zeit hin- *Einverständnis*
durch betrachtet er die Gerichtsverhandlung als unterhaltsamen
Bestandteil des abendlichen Festmahls. Er ist daher auch gerne bereit,
persönlichen Anteil daran zu nehmen und seine eigene Vergangenheit einzubringen. Gegen den Rat seines Verteidigers äußert er sich
offen über sein Leben. Er will auch nicht, um das Spiel in Gang zu
bringen, irgendeine weniger bedeutende Untat eingestehen, denn er
fühlt sich unschuldig und fände es daher unfair, die Aufgabe der übrigen Beteiligten durch ein vorgebliches Geständnis zu erleichtern. Als
„wunderbaren Witz" begreift er die Zumutung, „ihm ein Verbrechen
ein(zu)reden" (S. 69).

Schleichend erst setzt ein Bewusstseinswandel ein, der ihn dazu bringt, *Schleichender*
die Manipulation des Staatsanwaltes als „seine stolze, kühne, einsame *Bewusstseins-*
Wahrheit" zu empfinden (S. 81). Ein „beschränkte(r) Horizont" (S. 86) *wandel*
lässt jeden Widerstand gegen die Logik seiner Argumentation ein-
knicken, zumal Traps' Handeln in dieser Interpretation ex post – wie
Dürrenmatt in einer Anmerkung zwischen Gedankenstrichen verdeutlicht: „Er hatte den Mord geplant und ausgeführt – stellte er sich

nun vor –, um vorwärtszukommen" (S. 85) – eine wesentliche Aufwertung erfährt. Sein Allerweltsdasein erfüllt sich mit einer tieferen Bedeutung als derjenigen, die bislang den Antrieb seines Handelns geboten hat. Sein Ehrgeiz, so wird ihm am Ende des Prozesses bewusst, war nicht eigentlich „aus dem Wunsche nach einem Studebaker heraus" geleitet, der Mord geschah aus dem Bedürfnis, „ein tieferer Mensch zu werden" (ebd.).

Die „Neugeburt" So erfährt er ein Erweckungserlebnis im pietistisch-christlichen Sinne, eine „Neugeburt" (S. 89), die ihn zu einem neuen Glauben an sich selbst führt. Dieses stolze Bekenntnis zu seiner Tat leidet allerdings darunter, dass der Kleinbürger gerne zu glauben bereit ist, was nicht mehr als eine Manipulation des Staatsanwaltes darstellt; Lebenswirklichkeit wird damit gerade nicht getroffen, sondern die Illusion einer tieferen Bedeutung, die den Mythen der Regenbogenpresse entspricht. Traps begreift die Interpretation des Staatsanwaltes, die ihn individualisiert und heraus hebt, geradezu als Sinngebung für sein Leben. Damit steht er beispielhaft für den Kleinbürger, dessen Weltbild genährt wird von den Sensationen um Einzelne, die zum Lebenselixier der Illustrierten gehören, Geschichten von „Filmgrößen und Dollargesichter(n), auswechselbar, schon aus der Mode, kaum wird von ihnen gesprochen" (S. 38). Was Dürrenmatt in der Einleitung zu seiner Erzählung beschreibt, trifft auch auf Alfredo Traps zu. Mit den Analysen des Durchschnitts will er nichts zu tun haben, diese Art der Selbsterkenntnis wäre zu bitter, zu selbstzerstörerisch: „Daneben der Alltag eines jeden (…) schlechtes Wetter und Konjunktur, Sorgen und Plagen, Erschütterungen durch private Ereignisse, doch ohne Zusammenhang mit dem Weltganzen" (ebd.).

4.2 Das Gericht: Der Gastgeber, ein pensionierter Richter; Herr Zorn, ehemaliger Staatsanwalt; Herr Kummer, ehemaliger Anwalt; Herr Pilet, Gastwirt und ehemaliger Henker

Sprechende Namen Die Namen – „Zorn", „Kummer" – geben bereits zu erkennen, dass die Welt der Villa kein Abbild realer Verhältnisse darstellt, sondern typische Gestalten und Situationen entwirft. Eine unwirkliche, altertümliche Konstellation entsteht, mit der die Sonderexistenz der Bewohner und ihrer Gewohnheiten hervorgehoben wird. Die altmodische Einrichtung und die Szenen der Nationalgeschichte auf den Bildern an den Wänden offenbaren die Vorliebe des Richters für historische Ereignisse: Diese zeigt sich auch darin, dass die Greise sich vor allem auf die Aufbereitung historischer Prozesse kapriziert haben.

Eine antiquierte Welt Selbst Essen und Trinken scheinen aus vergangenen Zeiten überkommen, in der Fülle und Qualität ist es „ein Menü wie aus dem vorigen Jahrhundert, da die Menschen noch zu essen wagten" (S. 55). Mit dem fortschreitenden Mahl werden auch die Weine und der Weinbrand immer älter, hangelt sich die Runde vom „leichten spritzigen Neuchâteller" (S. 51) über den Bordeaux des Jahrgangs 1933 (S. 57) zum „Château Pavie 1921", vom „Château Margaux (...) Jahrgang 1914" (S. 68) zum „Kognak aus dem Jahre 1893, Roffignac" (S. 84).

Das Ambiente und der zunehmende Alkoholisierungsgrad lassen die Welt der Villa für Traps in einem unwirklichen Licht erscheinen. Seine Wahrnehmungsfähigkeit ist zu diesem Zeitpunkt – es ist gegen zwei Uhr morgens – bereits derart schwankend, dass er den Innenraum für real, die Außenwelt für „märchenhaft" erachtet: „Die Gesellschaft siedelte in den Salon zum schwarzen Kaffee über, torkelnd, mit stolperndem Verteidiger, in einen mit Nippsachen und Vasen überladenen Raum. Enorme Stiche an den Wänden, Stadtansichten, Historisches, Rütlischwur, Schlacht bei Laupen, Untergang der Schweizergarde, das Fähnlein der sieben Aufrechten, Gipsdecke, Stukkatur, in der Ecke ein Flügel, bequeme Sessel, niedrig, riesig, Stickereien darauf, fromme Sprüche, ... ‚Ein gutes Gewissen ist das beste Ruhekissen'. Durch die offenen Fenster sah man die Landstraße, ungewiß zwar in der Dunkelheit, mehr Ahnung, doch märchenhaft, versunken, mit schwebenden Lichtern und Scheinwerfern der Automobile" (S. 82 f.).

In diese verschollene Welt passen die Gastgeber, die selbst allesamt dem 19. Jahrhundert entstammen und mit ihrer Kleidung wie mit ihrem Auftreten Form und würdevolle Distanz dieser Zeit in die Gegenwart hinüberzuretten versuchen. Damit ist es jedoch nicht mehr weit her: die Kleidung ist ziemlich ramponiert – „verschmiert und verwahrlost" wirken die alten Herren, wenngleich ihre „Gehröcke die beste Qualität aufwiesen" (S. 44), – die Contenance liegt bereits zu Beginn des Abends im Argen und zerfällt mit dem fortschreitenden Gelage vollends. So sind die Widersprüche in Auftreten, Verhalten und avisiertem Effekt von Anfang an zu erkennen; sie lösen sich auch im Verlauf des Abends nicht auf, sondern verschärfen sich noch und tragen damit weiter zur Verwirrung des Angeklagten bei.

Auch die Rechtsprechung in diesem Prozess greift auf eine altertümliche Vollstreckungsart zurück. Die alten Herren beharren auf der Todesstrafe, da sie „unser Spiel so spannend und eigenartig" mache (S. 61). Damit wird auch die stumme Rolle Pilets verständlich: er ist im Wesentlichen mit Essen und Trinken beschäftigt, äußert sich nur in wenigen Worten verbal (die er dann meist wiederholt): „Fein" (S. 57), „Es kommt zum Todesurteil, es kommt zum Todesurteil!" (S. 68), „Jodelversuche" (S. 89) und ein letztes „will schlafen, will schlafen, bin müde, bin müde" (S. 93) sind seine einzigen sprachlichen Bekundungen. Als ehemaliger Henker des Nachbarlandes hat er im Haus des Richters lediglich ausführende Funktion und ist an der

Pilet

Urteilsfindung selbst nicht beteiligt, vermutlich resultiert daraus auch seine bemüht kompensatorische äußere Aufmachung.

Die Berufsausübung dürfte für die vier Greise allerdings nie so ausgesehen haben, wie sie sich in der Villa abspielt. Sie betonen selbst den artifiziellen Charakter ihrer „privaten Justiz" (S. 61), deren Funktion im Wesentlichen darin besteht, das eigene Leben zu verlängern. Das Prozessspiel als „Gesundbrunnen" (S. 61) hat keine Bedeutung mehr für die Wiederherstellung von Gerechtigkeit, von Sühne als übergesetzlichem Maßstab für ein begangenes Verbrechen.

Eine private Justiz

Moralische Kriterien liegen diesen Juristen völlig fern, haben sie doch den pikanten Erzählungen eines Zuhälters bereits mit voyeuristischem Eifer gelauscht und sind auch begierig darauf, Traps' erotische Abenteuer zu erfahren. Ihr unerbittliches Streben, die Schuld des Angeklagten genau zu ermitteln und zu vergelten, entspricht daher einer ästhetischen, spielerischen Logik mehr als der einer ausgleichenden Gerechtigkeit. Alfredo Traps verwandelt sich unter ihren Händen in die überdimensionierte Gestalt eines heldenhaften Mörders, eines „vom Schicksal Begünstigten und mit einem Verbrechen Begnadeten" (S. 73). Sein Verbrechen besitzt philosophischen Reiz und eine technisch-virtuose Ästhetik, das Urteil wird zur „Krönung seines Mordes" (S. 91).

Voyeuristen

Die Umwertung aller Werte macht den besonderen Charme dieses Spiels aus, sie bildet die Voraussetzung für die Gesundung der vier alten Herren. Sie berauschen sich an der Machtfülle einer Sonderjustiz, die von keiner höheren Instanz eingesetzt wurde und weder nüchtern noch ruhig abwägend urteilt. Obwohl „uralt, verschmiert und verwahrlost" (S. 44), ziehen sie die Fäden, in denen Traps sich verfängt. Vor der Wiederaufnahme ihrer Tätigkeit waren sie sterbenskrank; der Magenkrebs des Richters dürfte ein Derivat der Bärlachschen Erkrankung sein, die Diabetes des Henkers erinnert an Dürrenmatts eigenes Leiden.

Sonderjustiz

Die Ermittlungstätigkeit des Staatsanwalts konstruiert den Mordfall, indem er die von Traps freiwillig gelieferten Informationen logisch verbindet und daraus auf ein böswillig geplantes Verbrechen schließt. Die geniale Deduktion seines Vorgehens entspricht den Fähigkeiten Bärlachs, der im „Verdacht" ebenso ausschließlich von Indizien und deren logischer Verknüpfung ausgegangen war, um die Verbrechen Emmenbergers zu rekonstruieren.

Der Richter benennt in seiner uneitlen Manier die eigene brüchige Existenz und betont den künstlichen Charakter der Gerechtigkeit. Sie bestehe nur noch in der spielerischen Variante ihrer von der Außenwelt abgeschirmten Villa: es sei „eine groteske, schrullige, pensionierte Gerechtigkeit (...), aber auch als solche eben *die* Gerechtigkeit" (S. 91), die „sich im Monokel eines greisen Staatsanwaltes spiegle, im Zwicker eines dicken Verteidigers, aus dem zahnlosen Munde eines

betrunkenen, schon etwas lallenden Richters kichere und auf der
Glatze eines abgedankten Henkers rot aufleuchte" (ebd.).
In dieser absurden Welt wird die Essenz von Recht und Gerechtigkeit
in einer planvollen Ordnung durchgespielt. Traps wird am Ende zum
Spielverderber, weil er diesen Ausnahmecharakter von Gerechtigkeit
nicht mehr erkennt und, verführt dazu, die artifizielle Welt für die
wirkliche zu nehmen, sich erhängt – eine ungeheuerliche Verwechs-
lung von Kunst und Leben.

5. Sprache und Stil

Eine „Novelle" sei seine Erzählung, schreibt Dürrenmatt in dem   *Novellencharak-*
bereits zitierten Selbstinterview und nimmt damit auf den durch-   *ter in Form*
formten Charakter dieses Prosastücks Bezug. Die gesamte Handlung
organisiert sich von einem zentralen Konflikt aus und läuft auf einen
frappierenden Höhepunkt zu, eine beschränkte Zahl von Personen
wird auf engem Raum geführt, alles Unwesentliche ausgeschlossen.
Diese strenge Form der Prosadichtung bringt Theodor Storm dazu,
die Novelle als „die Schwester des Dramas" zu bezeichnen (Theodor
Storm: Sämtliche Werke, Bd. 8, Leipzig 1924, S. 122). Am Beispiel der
„Panne" zeigt sich die Nähe zum Drama auch darin, dass Dürrenmatt
von einem Hörspieltext ausgeht und in einer zweiten Bearbeitung den
Stoff in ein Lustspiel umformt.
Aber nicht nur die technische Form rechtfertigt Dürrenmatts Kennzeichnung, mehr noch ist es der Inhalt der „Panne". Den gesell-   *und Inhalt*
schaftlichen Charakter der Novelle, ihre als wahr erzählte Begebenheit hebt schon Johann Wolfgang Goethe in einer eher beiläufigen
Bemerkung hervor: „denn was ist eine Novelle anders als eine sich
ereignete unerhörte Begebenheit" (Gespräch mit Eckermann vom
29. 1. 1827). Dürrenmatt bindet das Geschehen in seinem Text eng
an die ökonomische und gesellschaftliche Entwicklung der Schweizer
Nachkriegszeit, eine Hochkonjunktur, in der ein beständiger Auf-
schwung der Wirtschaft als sicher, ein Rückschlag als undenkbar gilt.
Moralische Skrupel sind in dieser Phase nicht gefragt, sind sie doch
dem Karrierismus der Zeit nur im Wege.
Der Goetheschen Definition folgend, steht im Mittelpunkt der Novelle ein bedeutsamer Einzelfall, der eine überraschende Wendung des
Geschehens erfährt. Zufälle, ein plötzlicher Wandel oder paradoxe
Widersprüche regieren das Geschehen und heben die Undurchschau-
barkeit und Unberechenbarkeit menschlicher Erfahrung hervor –
schicksalhafte Begegnungen, die Dürrenmatt in seiner Welt nicht
mehr erkennen will und durch eine „Welt der Pannen" ersetzt (S. 39).

Das Geschehen in seiner Erzählung ist auf einen engen Raum begrenzt, er umfasst nicht mehr als die Villa und ihre direkte Umgebung. Die Außenwelt einer intakten dörflichen Idylle dringt lediglich in schemenhafter Form ein, ohne aber das Geschehen dort zu beeinflussen. Hervorgehoben noch durch das Ambiente des Kleintierzüchtertreffens – „Vom Dorfe her Handharmonikaklänge und Gesang, auch ein Alphorn war jetzt zu hören, der Kleintierzüchterverband tagte" (S. 61) – entspricht sie dem Fremdenverkehrs-Klischee von Schweizerischer Natur und Lebensart. Im Gleichklang damit steht die friedliche Abendstimmung, in der sich Traps und sein Verteidiger in den Verhandlungspausen von den Strapazen des Gelages erholen.

Natur als Kommentar des Inhalts

Die Natur begleitet das Prozessgeschehen, indem sie die Vorgänge in der Villa unterstreicht oder ironisch kommentiert. Fühlt Traps sich „wie im Märchen" (S. 57), so liegt auch eine märchenhafte Stimmung über der Landschaft: die Nacht wirkt „warm und majestätisch. Von den Fenstern des Esszimmers her lagen goldene Lichtbänder über dem Rasen, erstreckten sich bis zu den Rosenbeeten. Der Himmel voller Sterne, mondlos" (S. 59). Wie bewusst diese Landschaft arrangiert ist, wird vollends deutlich, als es zur „Krönung des Abends" kommt: „Draußen stieg als Attraktion ein später Mond auf, eine schmale Sichel, mäßiges Rauschen in den Bäumen, sonst Stille" (S. 85). Das Ende kündigt sich durch „eine steinerne Morgendämmerung" an, „die ersten Geräusche des werdenden Tages, vom fernen Bahnhöfchen her Pfeifen und andere Rangiergeräusche als vage Erinnerungen an seine verpaßte Heimreise" (S. 93). Noch das Schlussbild ist in den Rahmen der Natur eingepasst: Traps' Leiche hängt im Fensterrahmen, „eine dunkle Silhouette vor dem stumpfen Silber des Himmels, im schweren Duft der Rosen" (S. 94).

Sprache: analytische Stringenz des Staatsanwalts,

Die Sprache in dieser Novelle ist konsequent gesetzt: in direkter, spannungsgeladener Rede wird die Beweisführung des Staatsanwaltes vorgetragen, der alle Mittel der Rhetorik verwendet, um die Schuld des Angeklagten nachzuweisen. Mit einer genialen Kombinationsfähigkeit deutet er zufällige Begebenheiten in eine schlüssige Konsequenz um, wobei sich seine Beweisführung allerdings ausschließlich auf der Ebene der Fiktion bewegt, ein fast poetisches Konstrukt, wie ihm auch der Verteidiger vorhält: „unzusammenhängende Tatsachen seien zusammengeknüpft, ein logischer Plan ins Ganze geschmuggelt, Vorfälle als Ursachen von Handlungen dargestellt worden, die gut hätten anders geschehen können, Zufall hätte man in Absicht, Gedankenlosigkeit in Vorsatz verdreht" (S. 87 f.).

indirekte Rede des Verteidigers

Das Plädoyer des Verteidigers ist dagegen gänzlich in der indirekten Rede gehalten, die völlig undramatisch bemüht ist, die Schuld seines Mandanten zu relativieren und ihn auf die Ebene eines typischen Durchschnittsmenschen zu nivellieren – unterbrochen durch Zwi-

schenrufe, in denen Traps auf seinem Mord beharrt und sich gegen
die Argumentation seines Anwaltes verwehrt.

Die Urteilsbegründung des Richters ist wiederum in der direkten
Rede gehalten; sie führt die poetische Konstruktion des Staatsanwaltes zu ihrem eigentlichen Höhepunkt, dem Todesurteil. Zwar bezieht
der Richter die Argumentation des Verteidigers mit ein, indem er kon-
zediert, dass Traps durch die offizielle Justiz kaum verurteilt werden
könnte, anders sei dies allerdings auf der Ebene „eines Kunstwerks"
(S. 91): in dieser artifiziellen Welt „vollziehe sich der Ritterschlag der
Gerechtigkeit, nichts Höheres, Edleres, Größeres könne es geben, als
wenn ein Mensch zum Tode verurteilt werde" (S. 92).

Der Richter beschwört eine „groteske, schrullige, pensionierte
Gerechtigkeit" (ebd.) und beschreibt damit die Atmosphäre, die dieses Prozessspiel durchzieht. So erscheinen die Gastgeber als „kauzige"
Gestalten, die „wie ungeheure Raben" die Räume der Villa füllen,
„uralt, verschmiert und verwahrlost" (S. 44). Dürrenmatt vergleicht
das Aussehen der Greise mehrfach mit dem von Vögeln, so wenn er
„die starren vogelartigen Augen der vier Alten" (S. 53) oder den
„schnabelartigen, schmatzenden Mund" des Staatsanwalts (S. 65)
beschreibt.

Groteske
Atmosphäre

Am Beispiel der Tiermetapher wird deutlich, wie sehr Dürrenmatts
Vorliebe für die Verfremdung des Geschehens sich verschärft hat: in
den vorhergehenden Kriminalromanen nur sparsam und pointiert
eingesetzt – so wird Bärlach als „alte Katze" oder als „Riesenspinne"
charakterisiert, Gulliver als „riesige Fledermaus" – bestimmt sie hier
den Grundton der Novelle.

Grotesker noch als die äußere Erscheinung wirkt das Auftreten der
vier alten Herren; die abstruse Slapstick-Komik der Marx-Brothers
scheint das Vorbild auch in diesem Text abgegeben zu haben. Im
„Richter und sein Henker" begrenzt auf die monströse Szene der beiden Diener Gastmanns während der Beerdigung Schmieds, im „Verdacht" auf den Auftritt des Journalisten Fortschig im Krankenhaus,
nimmt die aberwitzige Komik in der „Panne" ein dominierendes Aus-
maß an. Sie steigert sich mit dem zunehmenden Alkoholisierungsgrad, wenn es zur Verbrüderung aller Beteiligten kommt: „Der Glatz-
köpfige, Schweigsame umarmte Traps, küßte ihn, (...) während der
Richter und der Staatsanwalt im Zimmer herumtanzten, an die
Wände polterten, sich die Hände schüttelten, auf die Stühle kletter-
ten, Flaschen zerschmetterten, vor Vergnügen den unsinnigsten Scha-
bernack trieben. Der Angeklagte gestehe aufs neue, krächzte der
Staatsanwalt mächtig ins Zimmer, nun auf der Lehne eines Stuhles
sitzend" (S. 76 f.).

Slapstick

Irrwitzig erscheint auch das Auftreten der Alten im Verhältnis zu dem
stets beachteten formalen Procedere des Prozessverlaufs. Sein Plädoyer hält der Staatsanwalt, indem „er (...) auf einem Stuhl (stand),

die Serviette, die er wie eine Fahne schwang, bespritzt mit Wein, Salat
auf der Weste, Tomatensauce, Fleischreste" (S. 78). Der „schwerbe-
trunkene" Richter schließlich trägt seine Urteilsverkündung nur „mit
Mühe" vor, „nicht nur, daß er auf den Flügel in der Ecke geklettert
war, oder besser, in den Flügel, denn er hatte ihn vorher geöffnet"
(S. 89).

Verschärft wird die irritierende Wirkung ihres Auftretens noch durch
den Kontrast zum gediegenen Patrizier-Ambiente der Villa, das die
Würde und Eleganz des 19. Jahrhunderts ausstrahlt. In dieser Atmosphäre schließlich findet auch das Menü statt, dessen einzelne Elemente Qualitätsbewusstsein und exquisiten Geschmack ausdrücken,
das in seiner Gesamtheit aber eine erschreckende Gier nach oraler
Lustbefriedigung bekundet.

Fressorgie

Offenkundig bindet Dürrenmatt auch hier das Geschehen an die
Fressorgie an, die er als Höhepunkt seines Romans „Der Richter und
sein Henker" gestaltet hatte. „Die Panne" zeigt jedoch das Festessen
als übergreifendes Thema, das mehrgängige Gericht untermalt den
Prozessverlauf und hebt seine einzelnen Phasen – etwa durch die
zunehmende Exklusivität der Weine – hervor. Abstrus wirkt es nicht
so sehr wegen der präzise aufgeführten Details, die den Autor als
Gourmet – und wegen seiner Diabetes verhinderten Feinschmecker
– erkennen lassen, sondern aufgrund der unermesslichen Mengen,
die im Verlauf des Abends verzehrt und getrunken werden. Sie führen
schließlich dazu, dass der Prozess zu einer Verhörsorgie degeneriert
und die Lebensart der Alten sich völlig auflöst: sie schmatzen, schlür-
fen, lecken sich die Finger und enden sturzbetrunken.

märchenhafte
Groteske

Die Vorliebe Dürrenmatts für groteske Schattenspiele zeigt sich wie
im ersten Kriminalroman so auch in der Novelle: Dämonen erschei-
nen im Alltag, sobald die Nacht hereinbricht und Kerzen die Räume
erleuchten – zunächst noch sehr maßvoll, indem „drei große schwere
Leuchter (...) das Schattenbild der Tafelrunde wie den wunderbaren
Blütenkelch einer phantastischen Blume an die Wände malten"
(S. 57). Wenig später, nachdem das Verhör des Angeklagten abge-
schlossen ist, entsteht ein infernalischer Eindruck, wenn „der kleine
Richter die Kerzen ausblies, bis auf eine, die er dazu benutzte, mit den
Händen hinter ihrer Flamme, laut meckernd und fauchend, die aben-
teuerlichsten Schattenbilder an die Wand zu werfen, Ziegen, Fleder-
mäuse, Teufel und Waldschrate" (S. 69). Reinhold Grimm zitiert diese
Passage als eindrucksvolles Beispiel der Groteske im Sinne der
Begriffsbeschreibung Wolfgang Kaysers:

> „Die Vermengung der Bereiche – Menschliches mit Tierischem, Or-
> ganisches mit Mechanisch-Starrem –, die Übertreibung ins Monströse
> und der Zusammenprall der äußersten Gegensätze entfremden die
> Welt so sehr, daß sie dämonische Züge annimmt. (...) Das ist in der
> Tat der Einbruch der Höllengeister im Gewand des Komischen, nach

Kayser also reine Groteske." (Reinhold Grimm: Parodie und Groteske im Werk Dürrenmatts, in: Reinhold Grimm/Willy Jäggi/Hans Oesch (Hrsg.): Der unbequeme Dürrenmatt, Basel/Stuttgart 1962 [Theater unserer Zeit Bd. 4], S. 79 f.)

„Wie im Märchen" staunt Traps mehrfach im Verlauf seines Prozesses – und er hat allen Grund dazu.

6. „Die Panne" als Kriminalnovelle/ Zusammenfassung

Ihre Thematik bindet „Die Panne" eng an Dürrenmatts Kriminalromane, die zu Beginn der fünfziger Jahre entstanden sind: es geht um das Verhältnis von Recht und Gerechtigkeit zur Wahrheit, die Wiederherstellung von Gerechtigkeit auch außerhalb der Normen eines Rechtsstaates, um Schuld und unerbittliche Sühne. Die Erzählung aber gerät zur Parodie eines kriminologischen Gestaltungsprinzips: die frühen Romane waren – auf der Folie der klassischen Kriminalliteratur – darauf ausgerichtet, ein Verbrechen aufzuklären, um die Schuld des Täters auch in unwahrscheinlichen Konstruktionen nachzuweisen. Hier wird der entgegengesetzte Weg eingeschlagen: die alten Herren gehen davon aus, dass jeder Mensch Schuld auf sich geladen habe und damit die Rolle des Angeklagten übernehmen könne, auch wenn sein spezifisches Verbrechen noch unbekannt sei. Nicht „Wer ist der Verbrecher?" wird zum Thema der Ermittlung, sondern „Was ist die Tat?" Traps, der im Verlauf der Verhandlung die eigene Schuld akzeptiert, weil sie seinem Leben eine neue Tiefendimension verleiht, wächst in die Rolle des Meisterverbrechers hinein. (Vgl. dazu: Ira Tschimmel: Kritik am Kriminalroman, a. a. O., S. 184)

Parodie der Kriminalromane

„Die Panne" reduziert das Geschehen traditioneller Kriminalromane auf eine rein rhetorische Variante: die Auflösung dieses Falles, die Ermittlung und Befragung durch den Staatsanwalt, das Plädoyer des Verteidigers und das Urteil des Richters. Dürrenmatt setzt auf die strenge Form eines Gerichtsverfahrens und beruft sich in seinem Vorgehen auf die „handfeste Dramaturgie" Schillers, der „nicht ohne Grund" zum „Dramatiker der Schulmeister geworden" sei:

eine rhetorische Variante des Kriminalromans

> „Das Rhetorische akzeptieren wirkt nur dann ungezwungen, wenn es sich aus den Funktionen der dramatischen Personen ergibt, welche die Handlung tragen. Etwa bei einer Gerichtsverhandlung. Die Personen sind gegeben, ihre Rollen verteilt: der Richter, der Staatsanwalt, der Angeklagte, der Verteidiger. Jeder besitzt seine bestimmte Funktion innerhalb der Handlung. Rede und Widerrede, Anklage und

Verteidigung und Urteilsspruch ergeben sich natürlich und in rhetori-
scher Form, wollen etwas Bestimmtes, enthüllen etwas Bestimmtes."
(Friedrich Dürrenmatt: Friedrich Schiller. Rede, gehalten im Natio-
naltheater in Mannheim anläßlich der Übergabe des Schillerpreises,
9. November 1959, in: ders.: Theater-Schriften und Reden, Zürich
1966, S. 218)

Edgar Wallace
als Vorbild

Dürrenmatt parodiert in seinem Text in kunstvoller Weise einen Klassiker aus der Serie von Edgar-Wallace-Texten, „The Four Just Men".
In diesem ersten Roman aus dem Jahr 1905 – einem seiner größten
Bestseller-Erfolge – üben drei Privatleute und ein von ihnen ange-
heuerter Verbrecher insgeheim Privatjustiz aus, wo das öffentliche
Rechtswesen nach ihrem Verständnis versagt hat. Ihre Doktrin „We
kill for justice" findet sich auch in Dürrenmatts Text, ebenso lassen
sich strukturelle Ähnlichkeiten nachweisen: so stehen „den Gerechten" unbegrenzte finanzielle Mittel zur Verfügung, wird den – gesellschaftlich stets arrivierten – Verbrechern ihre Bestrafung voran-
gekündigt, um sie zu einer Änderung ihres Verhaltens zu bewegen,
spielen Frauen allenfalls als Opfer eine Rolle in diesem rein männer-
bestimmten Geschehen.

Allerdings macht schon die Besetzung der Gerichtsrollen mit vier gro-
tesk-überspannten Greisen deutlich, dass es nicht darum geht,
unfähige Justizbehörden durch ein Femegericht zu ersetzen. Während
die Helden in dem Roman von Edgar Wallace von einer moralisch-
selbstgerechten Haltung getrieben werden, um offensichtliche Ungerechtigkeit zu revidieren, treiben die alten Herren bei Dürrenmatt nur
noch ihr Spiel mit dem Angeklagten.

7. Bearbeitungen

Das Hörspiel

Die Hörspielfassung ist nach Dürrenmatts eigenen Angaben die
ursprüngliche Version des Textes. Sie wird am 17. Januar 1956 zum
ersten Mal im Bayerischen Rundfunk gesendet und ein Vierteljahr
später vom Radio Bern übernommen. Im folgenden Jahr erhält Dürrenmatt dafür den Preis der Kriegsblinden für das Jahr 1956, 1958 für
den Prosatext den Literaturpreis der „Tribune de Lausanne". In der
Dankesrede 1957 formuliert er, in Analogie zur Einleitung der
Novelle, noch einmal die Intention seiner Arbeit, „Stoffe im Alltag,
jenseits der Fiktionen, in der Gegenwart zu suchen" (Friedrich Dürrenmatt: Ansprache anläßlich der Verleihung des Kriegsblinden-Prei-
ses, in: ders.: Die Panne. Hörspiel und Komödie, Werkausgabe in
dreißig Bänden, Bd. 16, Zürich 1985, S. 179). Die Aufgabe, in den
Konflikten der Gegenwart zu bestehen, treffe jeden Einzelnen, bei-

spielhaft sei dafür sein Hörspiel: „Die Welt als ganze ist in Verwirrung
(...) Die Welt des Einzelnen dagegen ist noch zu bewältigen, hier gibt
es noch Schuld und Sühne. Wie der Einzelne die Welt besteht oder
wie er untergeht, ist das Thema auch meines Hörspiels, das hier aus-
gezeichnet wird, auch wenn der Hauptheld, der Textilreisende
Alfredo Traps, nicht sehr viel von dem, was vorfiel, kapierte" (ebd.).
„Bestehen oder untergehen" – beide Alternativen werden in den beiden Fassungen des Stoffs durchgespielt.

Die Hörspielfassung unterscheidet sich über weite Strecken nur wenig
von derjenigen, die Dürrenmatt in der Novelle vorlegt. Die Handlung
ist nach Deutschland verlegt, was in einigen sprachlichen Wendungen („Nee" [S. 11/33], „sechse abends" [S. 12]), der Floskel „Sie scheinen wohl der Weihnachtsmann höchstpersönlich zu sein" (S. 14), den
Liedern des Männergesangvereins „Am Brunnen vor dem Tore"
(S. 32) oder „Unser Leben gleicht der Reise" (S. 46) zum Ausdruck
kommt.

Einige Varianten sind auf den Medienwechsel zurückzuführen: so gibt
es mehr Rollen – der Garagist, der Gärtner Tobias, auch Frau Simone
bekommt mehr eigenen Text –, um vieles, was in der Novelle beschrieben wird, die Landschaft, das Ambiente der Villa, die einzelnen
Bestandteile des Menüs ..., dem Zuhörer am Radio mitteilen zu können. Dabei steht das Hörspiel vor dem Problem, dass mehrere dieser
Aussagen ihre Bedeutung für den Dialog verlieren und offensichtlich
der Information der Zuhörer dienen. Das wirkt mitunter unbehol-
fen, etwa wenn der Verteidiger, an Traps gewandt, äußert: „Kopf
hoch! Konzentration ist vonnöten, innere Sammlung. Es ist still
draußen, nur vom Dorfe her noch einige ferne Handorgelklänge,
Männergesang ‚Am Brunnen vor dem Tore', das soll uns nicht
stören." (S. 32)

Medienadäquate Änderungen

Einige Züge sind schärfer hervorgehoben: Traps spricht in einem
verkürzten Telegrammstil, der dem Tonfall Sternheimscher Helden
angenähert ist und als moderne Variante seiner Komödienserie
„Aus dem bürgerlichen Heldenleben" den sozialen Egoismus des Geschäftsreisenden widerspiegelt. So wird er mit den Worten eingeführt:
„Dieser Wildholz! Der soll was erleben. Junge, Junge! Rücksichtslos
gehe ich nun vor, rücksichtslos. Dem drehe ich mal den Hals um.
Wird sich wundern. Unnachsichtlich! Kein Pardon, keine Gnade.
Nee. Mir nicht. Meint wohl, ich sei bei der Heilsarmee (...)" (S. 11).
In der Villa des Richters, der hier den Namen „Werge" trägt (mög-
licherweise als Entsprechung zu „Zwerg" oder „würgen"), gibt es verschiedene Zimmer, die den Gästen ihren jeweiligen Urteilen ent-
sprechend zugewiesen werden. Einer der Räume ist für lebenslänglich
Verurteilte ausgewiesen, in ihm wohnt Tobias, dessen Schreie die
Nachtruhe durchbrechen. Er bietet damit Gelegenheit für den Verteidiger, die Rolle Pilets für Traps (und die Zuhörer) deutlich zu machen.

Carl Sternheims Sprache

Zurücknahme der Groteske

Weniger ausgeprägt sind im Hörspiel die grotesken Szenen und Charakteristika der vier Greise. Ihr irrwitziges Auftreten ist reduziert auf einen Kommentar von Traps – „Aber was haben Sie denn, meine Herren? Sie tanzen ja wie wild im Zimmer herum!" (S. 38) – und einige wenige Regieanweisungen, in denen das „Gelächter" (S. 25/29/30) wiederholt, zum „Riesengelächter" (S. 31), „Jubel" (S. 33) und „homerische(n) Gelächter" (S. 38) gesteigert und durch die darauf folgenden, mehrfach wiederholten Angaben „Schweigen" abgeschlossen wird. Durch diese Reduktion gewinnt der Handlungsverlauf an Stringenz und wird für die Zuhörer leichter nachvollziehbar.

Zuspitzung der Verzweiflung

Vor allem die Manipulation an dem Geschäftsreisenden Traps wird damit folgerichtig ins Zentrum des Geschehens gestellt. Er kommt langsam zur Überzeugung, ein Mörder zu sein. Seine anfängliche Arroganz wird gebrochen, seine Verunsicherung nimmt zu – etwa durch die Sammlung alter Foltergeräte im Haus des Richters, die Schreie von Tobias und den Hinweis auf Pilets frühere Tätigkeit –, vor allem aber nach seinem „Geständnis" und dem folgenden Plädoyer des Staatsanwaltes wird Traps dazu geführt, seine „Schuld" einzusehen. Die Angst steigert sich von einem ersten „*leise(n)* Aber ich bin doch daran nicht schuld!" (S. 41), der „*verzweifelt(en)*" Wendung an den Verteidiger, über Selbstrechtfertigungen wie „Ich mußte doch im Geschäft vorwärtskommen. Koste es, was es wolle." (S. 44), der Frage „Mein Gott, warum quälen Sie mich denn?" (S. 45) zu der Einsicht, die Traps „*wie erwachend*" gewinnt: „Ich habe getötet" (S. 46). Die Realitäten verkehrend, behauptet er nun: „Aber es ist doch gerade umgekehrt, Herr Verteidiger. Vorher träumte ich, unschuldig zu sein, und nun bin ich wach geworden und sehe, daß ich schuldig bin" (S. 48). Nachdem Traps das Todesurteil des Richters akzeptiert hat, wird er durch Pilet in das ihm zugewiesene Zimmer an einer guillotineähnlichen Staffelei vorbeigeführt und – wie er in seiner Verwirrung meint und auch einfordert – auf die Hinrichtung vorbereitet.

Ein neues Ende:

Traps reist ab

Der Schluss des Hörspiels macht den eigentlichen Unterschied zur Novellenfassung aus. Traps bringt sich nicht selbst in vorauseilendem Gehorsam um, sondern schläft friedlich ein. Am nächsten Morgen setzt er sich in seinen reparierten Studebaker und verlässt die Villa, in seinem Selbstverständnis und seiner Geschäftsmoral unverändert. Die Schlussworte nehmen nahezu identisch den Einführungsmonolog wieder auf: „Dieser Wildholz! Rieche den Braten. Fünf Prozent will der abkippen, fünf Prozent. Junge, Junge. Rücksichtslos gehe ich nun vor, rücksichtslos. Dem drehe ich den Hals um. Unnachsichtlich!!" (S. 56)

Blind gegenüber der möglichen Einsicht in seine Schuldfähigkeit, kehrt Traps in seinen Beruf und sein Familienleben zurück, von einer seelischen Läuterung kann keine Rede sein. Der diametrale Gegensatz in den Schlussfassungen der beiden Bearbeitungen lässt sich dennoch auf eine gemeinsame Aussage zurückführen: bleibt Traps in der Hörspielvariante unbelehrt, erliegt er in der Novelle einer Verkehrung von Wirklichkeit und künstlichem Spiel – in beiden Fällen bleibt das Problem von Schuld und Sühne ungelöst, in einer „Welt der Pannen", so Dürrenmatt in der Einleitung zur Novelle, kann es keine tragische Schuld mehr geben. Hans Mayer ist daher zuzustimmen, wenn er in seiner Deutung die Äquivalenz beider Schlussfassungen betont:

> „(...) die Form der Erzählung (stellt) zwar eine tiefere und folgerichtigere Fassung der Geschichte dar (...), was den Schluß betrifft, (kann) sie aber keinen Widerspruch zu jener ersten Hörspielfassung bedeuten (...). Da sein Selbstmord in der epischen Fassung keine Sühne bedeutet, sondern bloß Krönung aller vorhergehenden Pannen, ist es – von Dürrenmatt her gesehen – ebenso gut möglich, daß die Geschichte gut und heiter ausgeht und der liebe Traps am Leben bleibt." (Hans Mayer: Die Panne, a. a. O., S. 265)

Fernsehbearbeitung

Eine Fernsehspielfassung des Bayerischen Rundfunks vom April 1957 folgt im wesentlichen dem Hörspiel. Auch für diese Bearbeitung hat Dürrenmatt das Drehbuch geliefert und vor allem die grotesken Elemente für das Fernsehen in den Hintergrund treten lassen. Die Kritikerresonanz bleibt verhalten. Etwas gestelzt schreibt das evangelische Blatt ,Kirche und Fernsehen':

> Da auch mancherlei hübsche Regieeinfälle und der gesamte Ablauf in allen Einzelheiten überzeugend gelangen, entstand eine bemerkenswerte Einheit des Gefüges. Man möchte meinen, daß mancher Zuschauer auch in seinem eigenen Gewissen beunruhigt wurde, und mehr ist einfach nicht zu erreichen." (20. 4. 1957)

Spielfilm

1972 dreht der italienische Regisseur Ettore Scola einen Film über die Erzählung unter dem Titel „La più bella serata della sua vita". Auch hier wird eine populäre Schauspielerregie gefunden. Pierre Brasseur, Charles Varnel, Michel Simon und Alberto Sordi spielen die Hauptrollen. Unfreiwillig komisch aber wirkt der Zugriff des Regisseurs:

> „Statt der platten Normalität, aus der bei Dürrenmatt der Vertreter in die Erkenntnis seiner selbst hineinsteuert (...), wählte Scola die Exotik. Und von dieser Exotik kommt er nicht mehr los. Die Runde (...) tagt in einer unzugänglichen Burg, zu der eine geheimnisvolle Maid, halb Nemesis, halb modernistischer Todesengel, den schlimmen Weg weist." (Neue Züricher Zeitung, 22. 6. 1977, S. 50)

Bühnenbearbeitung

Relativ schnell wandert der Film daher auch in die Keller der Archive. Dürrenmatt hat wohl bereits 1957 eine Bühnenbearbeitung seines Textes geplant, aber nicht mehr ausgeführt. Auf diese Absicht greift er erst zurück, als er 1979 von Egon Karter, dem Leiter eines Tourneetheaters, gebeten wird, eine Dramatisierung des Textes zu erarbeiten und für die Uraufführung im Comödienhaus Wilhelmsbad/Hanau am 13. 9. 1979 selbst zu inszenieren.

Eine gewaltige Textfülle

Die strenge Form des Hörspiels bzw. der Novelle erscheint Dürrenmatt für die Bühne nicht mehr ausreichend. Der Text wird daher gewaltig aufgefüllt, mit zahlreichen zusätzlichen Rollen – vor allem der Hure Justine, Enkelin des Richters Wucht – versehen und erhält einen neuen Schluss, der dem Geschehen vorangestellt ist. Alternierend spielt er beide Varianten durch, die den vorhergehenden Fassungen jeweils zugedacht waren: Traps wird zum Tode verurteilt und auch wieder freigesprochen; er liegt zu Beginn des Lustspiels tot in seinem Sarg auf der Bühne, um ihm am Ende des Vorspiels lebendig zu entsteigen und damit das eigentliche Spiel erst beginnen zu lassen.

Die Umwelt-katastrophe

Aufgefrischt wird vor allem der Inhalt der Vorlage: Zwei Öltankwagen sind miteinander kollidiert und haben einen Unfall mit elf Toten verursacht, die Särge werden knapp. Außerdem besteht die Gefahr einer Umweltverseuchung durch das verunreinigte Grundwasser. Der Sarg von Traps wird daher anderweitig benötigt. Staatsanwalt, Verteidiger und Richter sind durch gegenseitige Korruption reich geworden:

> „Zugegeben, der Volksmund nannte uns die Unbestechlichen, als wir noch im Amte waren. Aber war diese Unbestechlichkeit angesichts gewisser Kapitalien und Machtkonzentrationen immer möglich? Hand aufs Herz. (…) Hätte sich unser verehrter Staatsanwalt seine gigantische Briefmarkensammlung mit dem weltberühmten Mauritius-Block leisten können, wenn er sich nicht hätte bisweilen durch meine finanzielle Beihilfe überreden lassen, diese oder jene Anklage fallenzulassen? (…) Ganz zu schweigen davon, was unserem lieben Richter Wucht seine oft bis an die Grenze des Erträglichen gehenden Freisprüche einbrachten. (…) Und was mich betrifft (…) als jahrzehntelanger Anwalt der obersten zwei, drei Weltkonzerne legt man sich ein noch hübscheres Sümmchen auf die Seite." (S. 147 f.)

Traps gibt lediglich vor, mit der Frau seines Chefs geschlafen zu haben, die Vorstellung gehört zu seinem Stil der Selbstüberschätzung, andererseits hatte Gygax sehr wohl ein Verhältnis mit der Frau des Vertreters. Die Idee, als Mörder eine außergewöhnliche Bedeutung zu erfahren – „in dieser ungeheuren Verfilzung aller menschlichen Bestrebungen, in der sich ein jeder mit der allgemeinen Ungerechtigkeit freispricht, verdient einer, der sich schuldig spricht, belohnt und gefeiert zu werden" (S. 161) –, reizt Traps daher, vor allem weil er sich „nur als Mörder" der Liebe Justines würdig fühlt (S. 159).

Der Vertreter und die Hure

Zusammengefasst wird das Konglomerat von Ökologie und Ökonomie, Genmanipulationen und Verkehrskatastrophen in der Urteilsbegründung des Richters:

„Das Zeitalter der Notwendigkeit machte dem Zeitalter der Katastro-
phen Platz (...), undichte Virenkulturen, gigantische Fehlspekula-
tionen, explodierende Chemieanlagen, unermeßliche Schiebungen,
durchschmelzende Atomreaktoren, zerberstende Öltanker, zusam-
menkrachende Jumbo-Jets, Stromausfälle in Riesenstädten, Hekatom-
ben von Unfalltoten in zerquetschten Karosserien. In dieses Univer-
sum bist du geraten, mein lieber Alfredo Traps." (S. 162 f.)

Am Schluss verhöhnen die vier Greise, die zu Beginn des Prozessspiels in identischen griechischen Göttermasken aufgetreten sind, die *Göttermasken*
„Götter, welche die Welt regieren" und schießen sie mit ihren Pistolen ab: den geilen Jupiter, den mordlüsternen Mars, den menschen-
vernichtenden Saturn, die „Puffmutter" Venus. Lediglich bei Merkur,
dem Gott der Korruption versagen ihre Waffen (S. 166–170). Traps
hängt währenddessen am Kronleuchter, er hat sich selbst erschossen.
Dürrenmatt hat so mit gewaltigem Aufwand seine dreiundzwanzig
Jahre alte Geschichte in ein abendfüllendes Bühnenstück verwandelt,
um den Preis allerdings einer kaum mehr zu bändigenden Form und *Regieprobleme*
eines jeden Rahmen sprengenden Inhalts. In einer ausführlichen
Regieanweisung zu Beginn des Rollentextes liefert er daher eine dra-
maturgische Begründung für diese Umarbeitung, die fast schon eine
Verteidigung seines Vorhabens darstellt:

> „Die Transposition eines Stoffes in ein anderes Medium stellt nicht so
> sehr ein Problem der Phantasie als eines des Denkens dar – zu dem freiss-
> lich das neue Medium zwingt. Transponieren ist daher oft schwerer als
> Erfinden; eine Erfahrung, die mir während der Arbeit an der Panne er-
> neut aufging. War die Novelle nur Sprache, das heißt nichts als die Spra-
> che und die Assoziationen, die sie heraufbeschwört – auch hier nie ganz
> objektivierbar –, so ist die Transposition auf das Theater Sprache plus
> Schauspieler plus Bühne: das Inkommensurable nimmt zu." (S. 64)

Auch in seinem Selbstinterview geht er noch einmal auf die Bühnen- *Selbstironie?*
bearbeitung der „Panne" ein und stellt sie wenig bescheiden in eine
Traditionslinie der Prozesskomödien, die er mit Heinrich von Kleists
„Zerbrochnem Krug" beginnen lässt.

> „Am Anfang steht Kleists ,Zerbrochener Krug' (...). Während bei
> Kleist der schuldige Richter Adam vor dem Gerichtsrat Walter seine
> Unschuld und gleichzeitig, daß er ein guter Richter sei, beweisen muß,
> braucht in F. D.s Komödie das ungleich schuldigere Gericht nur zu be-
> weisen, daß es auch ein gerechtes Gericht sein könnte. Das Gericht,
> das der Dorfrichter Adam abhalten muß, ist notwendig, das Gericht,
> vor dem der Allerweltsmensch Traps steht, nur ein Spiel, dessen Ge-
> rechtigkeit, durch keine Realität behindert, immer grausamer wird. Da-
> mit wird die ,Panne' zur Komödie der Gerechtigkeit, die sich im Sin-
> ne der alten attischen Komödie zur Weltkomödie ausweitet." (Friedrich
> Dürrenmatt über F. D., a. a. O., S. 29)

Mit einigem Trotz schließt Dürrenmatt diese Textpassage ab, indem er pointiert als letzten Satz anfügt: „Warum F. D. diese Komödie für eine seiner besten hält, verriet er mir nicht." (a. a. O., S. 30)

„Es liegt mir daran, hier festzuhalten, daß der Film meinen Intentionen im Wesentlichen entspricht, daß der Roman einen anderen Weg
gegangen ist, stellt keine Kritik an der hervorragenden Arbeit des Regisseurs dar. Der Grund liegt allein darin, daß ich mich nach der Fertigstellung des Drehbuches noch einmal an die Arbeit machte. Ich griff
die Fabel aufs neue auf und dachte sie weiter, jenseits des Pädagogischen. Aus einem bestimmten Fall wurde der Fall des Detektivs, eine
Kritik an einer der typischsten Gestalten des neunzehnten Jahrhunderts, und so schoß ich notgedrungen über das Ziel hinaus, das der
Film, als eine Kollektivarbeit, sich setzen mußte." (Friedrich Dürrenmatt: Nachwort zu ‚Das Versprechen‘, in: ders.: Das Versprechen. Requiem auf den Kriminalroman, Zürich 1986 [Werkausgabe in dreißig
Bänden, Bd. 22], o. S.)

IV. Das Versprechen

1. Der inhaltliche Aufbau

1957 erhält Dürrenmatt, mittlerweile ein bekannter Kriminalschrift-
steller und nach der Uraufführung des „Besuchs der alten Dame" im
Schauspielhaus Zürich 1956 auch ein erfolgreicher Bühnenautor, den
Auftrag, ein Filmskript abzuliefern. Die Idee – wie Dürrenmatt im   *Sozialpädagogi-*
„Nachwort" zur Romanfassung mitteilt – ist, einen Film aufkläreri-   *scher Charakter*
scher Tendenz herzustellen, der vor Sexualstraftaten an Kindern und   *des Films*
Jugendlichen warnen soll. Dürrenmatt arbeitet gemeinsam mit dem
Regisseur des Films, Ladislao Vajda, das Skript zu einem Drehbuch
um, beteiligt sich auch selbst intensiv an den Dreharbeiten und entwickelt in dieser Gemeinschaftsarbeit einen spannenden, auch international erfolgreichen Spielfilm.
Dennoch ist er mit dieser Produktion nicht zufrieden. Ihn wurmt der
reißerische Titel des Films, vor allem aber das gefällige Happy End,
das der Film als Krönung einer konventionellen Handlung liefert. In
einer zweiten Bearbeitung will Dürrenmatt daher noch einmal die
Form des Kriminalromans aufbrechen, mit seinen verfestigten Elementen spielen, die Story literarisch aufladen und mit der Figur des
am Ende trotz aller Widrigkeiten erfolgreichen traditionellen Kom-
missars ein für alle Mal abrechnen.
In der neuen Version setzt er die Filmhandlung als Mittelstück in einen   *Die Textversion*
doppelten Rahmen und verwendet eine Vielzahl von dramaturgi-
schen und formalen Tricks, um das Filmpublikum in seinen Erwar-

tungen zu enttäuschen und für den Literaturinteressierten eine Philosophie des Zufalls dagegenzusetzen. Der Text kann als Schlusspunkt in der Auseinandersetzung Dürrenmatts mit dem Kriminalroman gelten. Er zerstört endgültig die herkömmliche Vorstellung, dass der Mensch in der Lage sei, mit seiner außergewöhnlichen Ratio die Welt zu durchschauen und in Ordnung zu bringen. Damit erhält der Roman „Das Versprechen", der 1958 kurze Zeit nach der Erstaufführung des Films erscheint, eine bedeutend größere Schwere als die Medienvorlage – nicht nur zu seinen Gunsten.

Der Rahmen

Die Handlung beginnt im März 1957 mit einem Besuch des Ich-Erzählers in Chur. Dieser soll für die „Andreas-Dahinden-Gesellschaft" einen Vortrag „Über die Kunst, Kriminalromane zu schreiben", halten (S. 11). Sein Vorhaben steht von Anfang an unter keinem guten Stern: das Wetter ist miserabel, es herrscht Schneetreiben, die Straßen sind vereist. Kein Wunder, dass das Publikum spärlich erscheint, noch dazu findet gleichzeitig ein Vortrag des Doyen der schweizerischen Literaturwissenschaft Emil Staiger „Über den späten Goethe" statt. Staigers Gegenstand – in drei Bänden über den Klassiker zwischen 1952 und 1959 veröffentlicht – und sein Verständnis von Literatur als Mystifikation der höchsten menschlichen Werte und Kulturgüter stellen einen krassen Gegenpol zum bloßen Unterhaltungswert von Kriminalliteratur dar. Offensichtlich besitzt dieses Thema jedoch für das Churer Bildungsbürgertum eine größere Attraktivität.

Frustriert zieht sich der Schriftsteller nach einem kurzen Anstandstreffen mit dem Vorstand der Veranstalter in sein Hotel zurück. Wenig später geht er in die Bar, um der Einsamkeit seines Hotelzimmers zu entfliehen. Dort trifft er als einzigen Gast den Nationalrat und pensionierten Kommandanten der Zürcher Kantonspolizei, Dr. H., der seinen Vortrag besucht hat, weil er wegen des schlechten Wetters in Chur festsaß. Er lädt ihn ein, ihn am kommenden Tag in seinem Wagen nach Zürich zurückzufahren.

Treffen mit dem Polizeikommandanten

Der Schriftsteller ist allerdings am Morgen noch vom Alkohol des Vorabends und von zwei Schlaftabletten mitgenommen, so dass er von der Fahrt wenig mitbekommt. Dr. H. hält auf dem Weg an einer reichlich heruntergekommenen Tankstelle an und besucht ein daneben stehendes, ähnlich verkommenes Wirtshaus. Der Tankwart ist „unrasiert und ungewaschen", „verblödet" und riecht nach Schnaps, die Kellnerin „schlampig", sie wirkt wie dreißig, obwohl sie erst sechzehn ist (S. 14 f.). Trotzdem ist das Verhalten des Kommandanten ihnen gegenüber von Hilflosigkeit geprägt.

Die Tankstelle

Auf der Weiterfahrt erläutert Dr. H., warum er gerade hier angehalten hat – „Das traurige, versoffene Wrack, das uns mit Benzin bediente, war mein fähigster Mann" (S. 19) – und entwickelt am Beispiel seines Falles die Vorbehalte gegen den Vortrag des Erzählers und gegen Kriminalliteratur im Allgemeinen. Er holt zu einem radikalen

Abrechnung mit dem Kriminalroman

Gegenschlag aus. Diese Kunstgattung sei von Grund auf verfehlt, da sie von einer geordneten Welt ausgehe, in der dem Zufall kein Platz gelassen werde: „die Wahrheit wird seit jeher von euch Schriftstellern den dramaturgischen Regeln zum Fraße hingeworfen. (…) Ein Geschehen kann schon allein deshalb nicht wie eine Rechnung aufgehen, weil wir nie alle notwendigen Faktoren kennen, sondern nur einige wenige, meistens recht nebensächliche. Auch spielt das Zufällige, Unberechenbare, Inkommensurable eine zu große Rolle" (S. 18). Seine Position gehört zu den Lieblingsthemen Dürrenmatts, wie er sie schon in der Wette Bärlachs mit Gastmann, den Thesen Emmenbergers oder der Einleitung zur „Panne" formuliert hat. Der Schriftsteller hat ihr nichts entgegenzusetzen; er ist auch noch immer durch Alkohol und Tabletten betäubt, so dass der Redeschwall des Kommandanten unwidersprochen bleibt.

Seine allgemeinen Lehrsätze untermauert Dr. H. nun, indem er als praktischen Beleg den Fall des jetzigen Tankwarts und ehemaligen Polizeikommissärs Dr. Matthäi anführt. Im Verlauf der Reise nach Zürich lässt er dessen Vorgeschichte Revue passieren. Auf dieser Ebene des Romans beginnt der eigentliche Kriminalfall, der im ersten Teil mit der Handlung des Films „Es geschah am hellichten Tag" weitgehend identisch ist. Er hat sich fast acht Jahre zuvor – also 1950 – in der Gegend von Zürich abgespielt. *Rückblende: Der Fall des Dr. Matthäi*

Matthäi ist ein äußerst kompetenter Kommissär, der aber offensichtlich beziehungsunfähig ist: als „einsam", „unpersönlich, formell", „hart und unbarmherzig" wird er von seinem Vorgesetzten charakterisiert, er gilt im Polizeiapparat als „ebenso verhaßt wie erfolgreich" (S. 20). Beides, seine Fähigkeiten wie sein menschliches Unvermögen, haben ihm auf dem Höhepunkt seiner Karriere eine Entsendung nach Jordanien eingetragen. Matthäi wird so, ähnlich wie Bärlach in „Der Richter und sein Henker", ins Ausland versetzt, um einen unbequemen, aber effektiven Ermittler elegant loszuwerden; für Dürrenmatt offensichtlich ein typisches schweizerisches Schicksal. *kompetent aber formell*

Am letzten Tag vor seiner Abreise, einem Donnerstag im April, wird er von „eine(m) seiner alten ‚Kunden'" angerufen (S. 22). Ein Hausierer namens von Gunten – Analogien zu Robert Walsers Titelfigur „Jakob van Gunten" sind wohl beabsichtigt – meldet sich aus Mägendorf, einem kleinen Dorf bei Zürich. Er hat die Leiche eines kleinen Mädchens entdeckt. Mägendorf ist durch eine eigenwillige Sozialpsychologie geprägt, in der alteingefleischte Antipathien gegen die Stadt und ihre Ordnungshüter gepflegt werden. Ihnen misstraut man und erwartet Gerechtigkeit mehr von eigenem Einsatz als von der staatlichen Obrigkeit. Als der zuständige Polizist Riesen, der den eigentlichen Ortsposten nur sehr ungeschickt vertritt, daher in die Wirtschaft kommt, um von Gunten auf Befehl Matthäis zu überwachen, ist das für die Dorfbewohner ein indirekter Schuldbeweis. *Der Anruf des Hausierers*

Das Mordopfer: Der Fund der Leiche, eines neunjährigen Mädchens, das mit einem
Gritli Moser Rasiermesser grausam misshandelt wurde, tut ein übriges. Sie heißt
Gritli Moser und ist das einzige Kind einer Bauernfamilie, die abseits
vom Ort wohnt. Matthäi muss die Aufgabe übernehmen, den Eltern
die Nachricht vom Tod ihrer Tochter zu überbringen. Die Reaktion
ist sonderbar: der Vater ist nicht fähig, seine Trauer direkt zu zeigen,
dafür „(floß) dem Manne auf einmal Schweiß über das weiße Gesicht
(…), Schweiß in Bächen" (S. 32). Die Mutter fordert „kühl und sach-
lich" von Matthäi das Versprechen ab, den Mörder der Tochter zu finden, „bei Ihrer Seligkeit" (ebd.). Damit erklärt sich der Titel des
Romans: auf dieses Versprechen lässt sich Matthäi festlegen, obwohl
er zu diesem Zeitpunkt weiß, dass er es nicht einhalten kann, weil der
Flug nach Amman für den folgenden Tag bereits gebucht ist. Er lässt
sich das Versprechen lediglich abnehmen, um der Situation entfliehen
zu können.

In der Dorfwirtschaft hat sich das Gerücht von dem Sexualverbrechen bereits herumgesprochen, die Wut der Bewohner wird durch die
Lynchjustiz droht Föhn-Wetterlage noch verschärft. Aufruhr und Lynchjustiz liegen in
der Luft. Die örtliche Gewalt, der Gemeindepräsident, ist unfähig,
sich den Leuten entgegenzustellen, auch hält er den Hausierer für den
Täter. Selbst der Staatsanwalt, der als offizieller Vertreter der Justiz
angereist ist, sieht sich nicht in der Lage, gegen den Mob etwas zu
erreichen, seine wohlformulierten Äußerungen bewirken eher das
Gegenteil.

An seiner Stelle klärt Matthäi die Situation, indem er sich zunächst
scheinbar auf die Seite der Bauern und Arbeiter stellt und seine Bereit-
schaft äußert, ihnen den Hausierer zu überlassen. Was dann folgt, ist
Matthäi überzeugt ein Meisterstück an Überzeugungsfähigkeit, das seinen kriminalistischen Scharfsinn wie seinen psychologischen Sachverstand belegt,
zugleich an die Befragung des Staatsanwalts in der Erzählung „Die
Panne" erinnert.

Die Zeugenvernahme lässt deutlich werden, dass der Verdacht gegen
den Hausierer aus der Luft gegriffen ist bzw. scheinbar sichere Zeu-
genaussagen durch andere Dorfbewohner widerlegt werden können.
Für alle wird offensichtlich, dass die Laienjustiz unfähig ist, den wahren Täter zu finden und statt dessen ein großer Apparat von Polizisten gebraucht wird, um Indizien zu ermitteln. Die Leute werden nachdenklich und lassen schließlich zu, dass die Polizeifahrzeuge das Dorf
verlassen. Der Staatsanwalt ist durch Matthäis Erfolg persönlich irritiert. Seine abschließende Bemerkung ist deutlich als Warnung an den
Kommissär und für den Leser als Vorverweis auf den weiteren Gang
des Geschehens gedacht: „Hoffentlich geben Sie nie ein Versprechen,
das Sie einhalten müssen" (S. 43).

Vorläufige Rettung Der Hausierer ist aus den Händen der Dorfbevölkerung gerettet;
des Hausierers seine Aussichten sieht er trotzdem trübe, denn er hat Erfahrungen mit

der Justiz. Zutreffend formuliert er den Verdacht der Polizei gegen ihn, trotz Matthäis gegenteiliger Behauptung. Von Gunten entspricht dem Klischeebild eines Straftäters: ohne festen Wohnsitz und bürgerlich-anständigen Beruf, ständig unterwegs, eine schmierige Gestalt: „Der Mann war achtundvierzig, klein, fett, ungesund, wohl sonst geschwätzig und frech, doch nun verängstigt" (S. 46). Seine Verteidigungslinie ist einfach: er habe nach dem Essen im Gras gelegen und gedöst, wollte dann vor einem drohenden Gewitter zurück in die Stadt und habe auf einer Abkürzung durch den Wald die Leiche des Mädchens entdeckt.

Dr. H., der Chef der Abteilung, ist von dieser Aussage beeindruckt, aber nicht endgültig überzeugt; er zieht sich in seine „Boutique" zurück, einen quasi intimen Raum neben dem offiziellen Büro, der von Tabakqualm und „fürchterlicher Unordnung" strotzt, eine bewusste Auflehnung gegen die Schweizer Grundprinzipien: „denn ich bin der Meinung, es sei jedermanns Pflicht, in diesem geordneten Staat gleichsam kleine Inseln der Unordnung zu errichten, wenn auch nur im geheimen" (S. 48). Matthäi überredet ihn, den Fall an seinen Nachfolger Henzi zu übergeben, einen erfahrenen Beamten.

Die „Boutique"

Am folgenden Tag werden die Recherchen vor Ort fortgesetzt. Matthäi und der Kommandant beteiligen sich daran und versuchen zunächst von den Klassenkameraden des toten Mädchens zu erfahren, ob es von einem fremden Mann angesprochen worden sei. Kryptisch und für die Beamten unverständlich bleibt die Bemerkung ihrer Nebensitzerin, Gritli habe „einen Riesen getroffen", groß „wie ein Berg (...) und ganz schwarz", außerdem sei dieser Riese „voll kleiner Igel" gewesen, die er dem Mädchen geschenkt habe (S. 54 f.).

„Riese" und
„Igel"

Nach Matthäis Ansicht ist der Täter identisch mit demjenigen, der bereits zweimal in den vergangenen Jahren Mädchen umgebracht hat, vermutlich ein Mann, der mit dem Auto umherreist. Damit wäre der Hausierer entlastet. Der Kommissär fühlt sich in diesen Fall auch persönlich involviert. Seine Pläne, nach Jordanien zu fliegen, geraten in Konflikt mit der Arbeit an der Aufklärung dieses Falles. Seine Stimme klingt daher „etwas unsicher" (S. 56), als er von seiner Abreise am kommenden Tag spricht.

Matthäis These

Henzi bearbeitet von Gunten massiv, da er von dessen Schuld überzeugt ist und unbedingt ein Geständnis erreichen will, auch um seine eigene Karriere zu fördern, für die er bereits seine Parteizugehörigkeit gewechselt und seine Braut gewählt hat. Von Gunten wird einem Dauerverhör unterzogen, das auch vor dem Einsatz folterähnlicher Methoden – einer Schreibtischlampe, deren Licht direkt in das Gesicht des Hausierers fällt – nicht Halt macht. Mit Zuckerbrot und Peitsche, Druck und scheinbarem Entgegenkommen, versucht Henzi, das gewünschte Ergebnis zu bekommen. Die Indizien sind allerdings schmal: Blutspuren des Mädchens finden sich am Kittel von Guntens;

Gritli Moser wurde mit einem Rasiermesser ermordet, wie es auch zum Inventar des Hausierers gehört; er hat Schokolade gegessen, die auch im Magen des Opfers gefunden wurde.

Am folgenden Tag ist das Ziel Henzis erreicht: der Hausierer gesteht nach einem über zwanzigstündigem Verhör – und erhängt sich anschließend im Fenster seiner Gefängniszelle. Geradezu zynisch müssen daher die Worte des Kommandanten Matthäi gegenüber klingen: „Damit wäre der Fall Gritli Moser erledigt (...) Und Ihnen, Matthäi, wünsche ich einen angenehmen Flug nach Jordanien" (S. 70).

Selbstmord des Hausierers

Nachmittags lässt sich der Kommissär zum Flughafen fahren, macht aber einen Umweg über Mägendorf, wo die Beisetzung des Mädchens stattfindet. Alle Kinder des Dorfes folgen dem Sarg. Die Nachricht vom Geständnis und Tod des Hausierers ist in der Presse lanciert, der Täter damit in den Augen aller gefunden, die eigenen Voreinstellungen sind bestätigt. „Die Gerechtigkeit hatte gesiegt", heißt es an dieser zentralen Stelle des Romans (S. 71). Auch die Mutter der Toten ist überzeugt, dass Matthäi sein Versprechen gehalten habe und bedankt sich bei ihm. Der Kommissär ist sich jedoch sicher, dass von Gunten nicht der Täter gewesen ist. Zufällig sieht er, schon im Flugzeug sitzend, auf dem Züricher Flughafen eine Klasse von Schulkindern. Ihr Anblick bildet den letzten Grund dafür, dass Matthäi seine Pläne aufgibt, aus dem Flugzeug steigt und wieder in die Stadt zurück fährt.

Matthäi bleibt

Am folgenden Tag, einem Sonntag, begründet er seinem Chef gegenüber diesen Entschluss. Er hält sich für schuldig am Selbstmord des Hausierers, dem er nicht geholfen habe, weil er seine Karriere nicht gefährden wollte. Er möchte verhindern, dass weitere Kinder von dem Sexualverbrecher getötet werden. Ihr Anblick im Leichenzug und auf dem Flughafen sei ein Menetekel gewesen; Aufgabe der Polizei sei es schließlich, „die Kinder zu schützen und ein neues Verbrechen zu verhüten" (S. 76). Die vagen Vorhaltungen des Kommandanten – nach „dem gesunden Menschenverstand" sei von Gunten der Mörder, „Kinder seien immer in Gefahr" (S. 76 f.) – beeindrucken Matthäi wenig, ebenso lassen ihn die diplomatischen Verwicklungen kalt. Seine Situation ist jetzt schwierig: er ist nicht mehr im Dienst der Schweizer Polizei, aber noch nicht für die jordanische Regierung tätig. Wenn er in Zürich bleibt, kann er nur als Privatmann die Ermittlungen weiter aufnehmen.

um seine These zu verifizieren

Seine Schwierigkeiten als privater Ermittler zeigen sich sofort: der Weg nach Mägendorf ist an einem Sonntag mit öffentlichen Verkehrsmitteln relativ beschwerlich. Dort läuft inzwischen das Leben im alten Trott weiter. Matthäi wird von einem Mädchen, Gritli Mosers Nebensitzerin, angesprochen, die ihm von einer Zeichnung erzählt, auf der der „Riese" festgehalten sei. Er nimmt in der Schule das Bild an sich, was den Gemeindepräsidenten zu einem empörten Anruf bei der Polizei in Zürich veranlasst.

Ermittlungen als Privatperson in der Schule

Am folgenden Tag wird deutlich, dass sich in Matthäis Persönlichkeit
ein Wandel vollzogen haben muss. Er, der bislang weder Alkohol
getrunken noch geraucht hat, beginnt nun, exzessiv zu trinken, treibt
sich in Bars herum und raucht schwarze Zigaretten. Der Kommandant ist besorgt um ihn und telefoniert mit einem Psychiater, erfährt
aber, dass Matthäi dort schon selbst um einen Termin gebeten hat.
Am Nachmittag des gleichen Tages trifft der Kommissär in der Psy-   *und in der Klinik*
chiatrie ein. Die Atmosphäre des Klinikbereichs deprimiert ihn: „eine
unerklärliche Traurigkeit befiel ihn. Er war mutlos wie noch nie"
(S. 85) – eine Vorahnung seines eigenen weiteren Schicksals?
Der Psychiater, dessen Erscheinung an Sigmund Freud erinnert – „Er
war klein, hager, vogelartig und trug ebenfalls eine randlose Brille"
(S. 88) – beginnt sofort damit, Matthäi nach seinen Gewohnheiten zu
befragen. Es dauert einige Zeit, bis der Kommissär erkennt, dass es
um ihn als Klienten geht, sogar zwei kräftige Pfleger darauf vorbereitet sind, ihn notfalls mit Gewalt in der Klinik zu halten. Sein Verhalten spricht für eine „sprunghafte Charakteränderung", gilt als
„Symptom einer beginnenden Erkrankung", es drohe die Gefahr des
„prachtvollsten seelischen und körperlichen Zusammenbruch(s)"
(S. 90/92).
Matthäi ist genötigt, Aufschluss über sich selbst zu geben, um seinen
eigentlichen Zweck in der Klinik zu erreichen. Ausgelöst durch das
Gesicht des toten Mädchens sei er zum ersten Mal im Verlauf seiner
Karriere von Gefühlen geleitet worden. Damit bricht sein rational   *Widerspruch von*
geordnetes Leben zusammen, schlagartig werden die Mühen deutlich,   *Gefühl und*
die es ihn gekostet hat, derart beherrscht zu agieren: „Ich wollte mich   *Verstand*
nicht mit der Welt konfrontieren, ich wollte sie wie ein Routinier zwar
bewältigen, aber nicht mit ihr leiden. Ich wollte ihr gegenüber überlegen bleiben, den Kopf nicht verlieren und sie beherrschen wie ein
Techniker" (S. 93).
Seine Erklärung wirkt so weit überzeugend, dass sich der Psychiater
nun auf das Vorhaben Matthäis einlässt und die Zeichnung Gritli
Mosers vom „Igelriesen" begutachtet. Seine Deutung ist erstaunlich
scharfsichtig: es müsse sich – sofern nicht alles lediglich der Phantasie des Mädchens entspringe – um eine große, massige Gestalt han-   *Das Täterprofil*
deln, einen mehr oder minder schwachsinnigen Mann, der kleine
Mädchen töte, weil er sich an erwachsene Frauen nicht herantraue.
Sein Motiv liege vermutlich in sexueller und sozialer Frustration –
„vielleicht war der Mann von einer Frau unterdrückt oder ausgebeu-
tet. Vielleicht war seine Frau reich und er arm. Vielleicht nahm sie
eine höhere soziale Stellung ein als er" (S. 99), – alles spreche dafür,
dass er in immer kürzer werdenden Zeitabständen erneut zuschlage.
Was der Arzt aber lediglich als Arbeitshypothese, als pure Spekula-
tion verstanden wissen will, ist für Matthäi das reale Psychogramm   *bestätigt Matthäis*
des Mörders. Er sieht sich in seinem kriminologischen Spürsinn   *These*

bestätigt und ist bereit, alles daran zu setzen, um seinen Verdacht zu verifizieren. Den Kommissär aufzuhalten, ist unmöglich, auch wenn der Arzt eine letzte Warnung ausspricht: „Daß Sie den Wahnsinn als Methode wählen, mag mutig sein, das will ich gerne anerkennen, extreme Haltungen imponieren ja heute, aber wenn diese Methode nicht zum Ziele führt, fürchte ich, daß Ihnen einmal nur noch der Wahnsinn bleibt" (S. 101 f.). Die Ängste, die Matthäi zu Beginn seines Klinikaufenthaltes überfallen haben, werden hier direkt angesprochen, ohne dass er darauf reagieren kann – ein weiterer Hinweis darauf, wie sehr er bereits von der Idee besessen ist, den Mörder auf seine Weise zu ermitteln.

Dieses sehr genaue Protokoll der ersten fünf Tage nach dem Mord wird nun durch eine geraffte Darstellung größerer Zeiträume abgelöst. Der Kommandant greift zunächst Matthäis Verdacht auf, der auch von Fotografien der beiden ersten Mordopfer gedeckt wird, die Gritli Moser gleichen. Eine erneute Suche nach dem Tatwerkzeug bleibt jedoch erfolglos, und auf Grund der Arbeitsüberlastung kann der Fall nicht weiterverfolgt werden.

Die Ermittlungen werden eingestellt

Matthäi dagegen lässt sich mit vollem Einsatz auf die Suche nach dem Mörder ein. Er übernimmt eine Tankstelle in der Nähe von Chur, um die Ermittlung weiterzuführen – eigentlich „etwas Solides und Kleinbürgerliches" (S. 108). Allerdings zieht er damit den Spott der gesamten Zürcher Unterwelt auf sich, die sich bevorzugt von ihm bedienen lässt. Darüber hinaus nimmt er eine polizeibekannte Prostituierte mit ihrem Kind bei sich auf – womit er zum sozialen Außenseiter wird, den Werten einer bürgerlichen Gesellschaft, deren Repräsentant er bislang war, völlig entfremdet.

Matthäi als Tankwart

Dr. H. erfährt davon gerüchteweise. Er fühlt sich noch immer für Matthäi verantwortlich und sucht ihn eines Sonntags auf, um herauszufinden, was hinter diesem Verhalten steckt. Im Gespräch erfährt er, dass ein kühler Plan dem nach außen so unverständlichen Auftreten zugrundeliegt. Der Täter müsse aus dem Kanton Graubünden kommen und einen schweren amerikanischen Wagen fahren – so viel hat er Gritlis Zeichnung entnommen –, so dass die zentral gelegene Tankstelle eine ideale Beobachterposition ermöglicht. Matthäi will Annemarie, das Kind der Prostituierten, als Lockvogel benützen, da es im gleichen Alter wie Gritli Moser ist und dem toten Mädchen auch äußerlich gleicht. Das Kind ahnt nichts von Matthäis Motiv für seine Anteilnahme, es liebt ihn offensichtlich. Umso verwerflicher ist sein Verhalten: Matthäis Absicht, den Mörder zu fassen, hat sich verselbständigt. Die ursprünglich ethisch begründete Haltung, andere Kinder vor einem Kapitalverbrechen zu bewahren, dient nicht einmal mehr als Vorwand; es geht ihm ausschließlich um den egozentrischen Ehrgeiz, seine logische Hypothese zu verifizieren. Auf den Einwand des Kommandanten: „Begehen Sie da nicht eine Teufelei?" reagiert

Der Lockvogel

Matthäi nur noch wortkarg: „Möglich" (S. 115). Er ist nicht mehr bereit, seinen Plan aufzugeben, um etwa wieder bei der Polizei anzufangen oder seinen Posten in Jordanien anzutreten.

Ganz bewusst setzt Matthäi für seinen Ehrgeiz Annemaries Leben aufs Spiel. Seine große Chance sieht er in den Sommerferien, in denen das Kind den ganzen Tag an der Tankstelle verbringen kann. Er versucht, das Mädchen an sich zu binden, indem er sich neben seiner rein mechanischen Tätigkeit viel mit ihm abgibt, Märchen erzählt und nach außen ein „Idyll von Vater und Kind" vorspiegelt. Dabei ist er völlig vom Jagdinstinkt des Ermittlers beherrscht. Ihm wird nicht bewusst, dass er das Vertrauen des Kindes und der Mutter missbraucht: „Annemarie liebte ihn, war zufrieden mit ihm; er hatte nur eines im Sinn, das Erscheinen des Mörders. Es gab für ihn nichts als diesen Glauben an sein Erscheinen, nichts als diese Hoffnung, nur diese Sehnsucht, nur diese Erfüllung" (S. 119) *Vertrauens-*
missbrauch

Seine einzige Intention besteht darin, den Köder auszulegen und auf den Augenblick zu warten, in dem der Mörder darauf reagiert. In dieser Phase wird – dem absurden Drama Becketts „Warten auf Godot" gleich – das geduldige Ausharren zur wesentlichen Fähigkeit des Detektivs; „er wartete und wartete" wird zur zentralen, mehrfach in diesem Kapitel wiederholten Aussage. Wochen später, an einem Herbsttag, fällt ihm auf, dass Annemarie noch nicht aus der Schule gekommen ist. Aufgeschreckt macht er sich auf die Suche und findet das Kind in einer Waldlichtung; es spielt direkt neben einer Müllkippe an einem Bach und wartet „auf den Zauberer" (S. 123). Matthäi ist durch die Anstrengung des Wartens so ausgepumpt, dass er zunächst nicht realisiert, dass der Mörder tatsächlich den Köder angenommen hat. Erst als sich herausstellt, dass Annemarie die Schule schwänzt und eigene Wege geht, wird er aufmerksam. Als er noch dazu Schokoladetrüffel bei ihr findet – „eine angebissene stachelige Schokoladenkugel" (S. 125) –, erkennt er, dass sich sein Warten gelohnt hat. *Warten auf den*
Mörder

Bereits am nächsten Morgen um acht konfrontiert er den Kommandanten mit seinen Ergebnissen. Der ist sofort von der genialen Lösung des Ex-Polizisten überzeugt und nimmt einige Beamte mit, um die Waldlichtung zu überwachen. Die Möglichkeit, endlich diesen ungeklärten Mordfall lösen zu können, drückt sich in einer enormen Anspannung aus: „Wir warteten auf den Mörder, entschlossen, gierig nach Gerechtigkeit, Abrechnung, Strafe" (S. 129). Der gleiche psychische Druck, der Matthäi über Monate hinweg belastet hat, wirkt sich nun auch auf die Beamten aus, die wie er auf das Eintreffen des Mörders warten. *Die Anspannung*
wächst

Der lässt sich aber nicht blicken. Überzeugt davon, dass Matthäi wirklich die richtige Lösung entdeckt hat, geben die Polizeibeamten nicht auf. Sie übernachten in Chur – im selben Hotel „Steinbock", das auch der Ich-Erzähler der Rahmenhandlung nach seinem Vortrag bewohnt

– und bleiben entgegen aller Dienstvorschriften und jedem logischen Kalkül weitere acht Tage vor Ort. Zwar kann der Kommandant nicht alle Beamten so lange halten, aber er ahnt auch die katastrophalen Folgen eines Misserfolgs für die Psyche Matthäis.

Am letzten Tag der Überwachung, einem Freitag, explodiert die Situation. Zermürbt vom ergebnislosen Warten, dem stets gleichen Singsang des Mädchens, dem Aufenthalt an der Müllhalde, bricht zunächst der Staatsanwalt die geheime Beobachtung ab und konfrontiert das Mädchen mit Fragen. Die potentielle Gewalttätigkeit drückt sich zunächst nur verbal aus, indem drei erwachsene Männer – der Staatsanwalt, der Kommandant und Matthäi – das Kind mit Fragen und Vorwürfen bedrängen. Als das Mädchen darauf verstockt *aggressive* reagiert, werden sie handgreiflich: „sie rüttelten das Mädchen (...), *Entladung der* begannen auf das Kind einzuschlagen, verprügelten den kleinen Leib, *Frustration* der zwischen den Konservendosen in Asche und rotem Laub lag, regelrecht, grausam, wütend, schreiend" (S. 134).

Mit diesem schockierenden Erlebnis bricht die gesamte, sorgfältig geplante Camouflage Matthäis zusammen: die Beobachtung durch die Züricher Polizei wird abgeblasen. Annemarie erkennt den wirklichen Grund seiner Anteilnahme und reagiert mit dem ständig wiederholten Wort „lügt"; auch ihre Mutter erfährt nun von Matthäis Absichten. Mit ihren Worten „Sie sind ein Schwein" schätzt sie sein Verhalten wohl richtig ein (S. 135).

Matthäi gibt Dennoch beharrt Matthäi auf der Gültigkeit seiner streng logischen *nicht auf* Beweisführung. Er will nicht aufgeben und fordert zu seiner Unterstützung sechs Beamte und ein Funkgerät an – von seiner fixen Idee ist er auch durch das Zureden des Kommandanten nicht abzubringen. Er zählt vielmehr die einzelnen Elemente seines Konstrukts auf: „Das Kind hat auf ihn gewartet (...) Annemarie hat die Igel bekommen (...) Das ist ein Mordort (...:) Er wird hierher kommen" (S. 137). Wie sehr er sich verrannt hat, zeigen seine weiteren Äußerungen. Unbeeindruckt von dem Fehlschlag hält er an der Beobachtung des hypothetischen Tatorts fest und glaubt auch, Annemarie weiter als Lockvogel benützen zu können. Dass Mutter wie Tochter nun von ihrer Funktion in seinem Plan wissen, irritiert ihn nicht. „Das wird sich einrenken", ist seine einzige Reaktion.

Zweiter Rahmen- Damit bricht die Erzählung des Kommandanten ab. Mit der Binnen- *teil* handlung ist auch die Fahrt von Chur nach Zürich abgeschlossen. Der Kommandant und der Erzähler sitzen in der Züricher „Kronenhalle", die Dr. H.s Stammlokal ist, und verdauen ein reichhaltiges Mittagessen. In einem beiläufig gesetzten längeren Abschnitt – dem Beiseitesprechen von Schauspielern auf der Bühne ähnlich – erläutert der Ich-Erzähler seinen eigenen Anteil an der Gestaltung des Berichts und verbindet damit noch einmal Rahmen- und Binnengeschehen. Der Kommandant schildert in wenigen Worten den weiteren psychischen und sozialen Abstieg der drei Personen an der Tankstelle: Matthäi verkommt und verblödet, Frau Heller hat ihre billige Kneipe eröffnet und geht wieder der Prostitution nach, Annemarie tritt in ihre Fußstapfen.

Wie bei lehrhaften Parabeln üblich, folgt auch hier die Exegese. Der Kommandant führt als Spielmaterial drei mögliche Deutungsvarianten an: eine erste, die das Geschehen im Gewand eines trivialen Filmstoffes gestaltet und die Zentralfigur als „eine biblische Gestalt, eine Art moderne(n) Abraham an Hoffnung und Glaube" stilisiert (S. 142). Diese Variante hat den Charme, dass sie fast wörtlich den Schluss der Filmversion „Es geschah am hellichten Tag" wiedergibt und zugleich ironisch als „entsagungsvolle märchenhafte Poesie" entwertet (S. 143). Die zweite Alternative könnte im Stil des existentialistischen Romans von Camus darin bestehen, ein absolut sinnloses Ende zu formulieren: Matthäi verkennt, dass der Hausierer der wahre Schuldige ist, er stempelt einen völlig Unschuldigen zum Mörder, bringt ihn um und gelangt dadurch als genialischer Detektiv zu Ruhm und Ehre. Der Wirklichkeit ist mit beiden Versionen nicht beizukommen. Sie besitzt nicht die wirkungsvollen Pointen der Fiktion; sie ist trivial und läuft auf „eine reichlich schäbige Pointe" hinaus (S. 144). Matthäi hat tatsächlich durch sein Talent alle Bausteine des Mordfalles entdeckt und richtig zusammengesetzt. Aber er ist nicht fähig, zufällige Ereignisse einzukalkulieren, hat eine Banalität übersehen und stolpert „über etwas Idiotisches" (S. 145).

Drei Interpretationsvarianten

Die tatsächliche Lösung entfaltet sich erst acht Jahre nach der Tat, als der Kommandant an einem Sonntag kurz vor seiner Pensionierung in ein Sterbezimmer des Kantonsspitals von Zürich gerufen wird. Frau Schrott, eine neunundachtzigjährige Greisin, hat eben ihre Generalbeichte abgelegt und wartet auf die Letzte Ölung. Der Priester hat sie aufgefordert, einen Teil ihrer Beichte auch dem Polizeikommandanten mitzuteilen, eine nach ihrer Meinung „an sich unwichtige und harmlose Geschichte (...), die sich wahrscheinlich in allen Familien ein oder mehrere Male ereigne" (S. 149).

8 Jahre nach der Tat

Frau Schrott ist Teil der Züricher Honoratiorengesellschaft. Ihr Großvater war hochrangiger Militär, ihre zehn Jahre ältere Schwester mit einem Obristen verheiratet. Mit ihr ist sie in einer engen Hassbeziehung verbunden, die zu einem intrigenreichen Kampf um soziales Prestige führte. In zweiter Ehe hat sie Albert Schrott, den Chauffeur und Gärtner des Hauses geheiratet. Nach dem Tod ihres ersten Mannes erfolgt diese Ehe mit einem zweiunddreißig Jahre jüngeren, debilen Menschen aus ökonomischen wie sozialen Gründen: er muss für seine Tätigkeit nicht mehr bezahlt werden, und es gibt kein Gerede in der Stadt. Dabei bleiben in dieser Beziehung erotische Kontakte ausgespart. Die Ehe verläuft äußerlich über Jahrzehnte konfliktfrei, wenngleich „Albertchen selig" in den vierziger Jah-

Frau Schrotts Geschichte:

ren „immer stumpfer und stiller", außerdem „immer gefräßiger" wird (S. 154).

ihr Mann, der Mörder

Gegen Ende des Krieges wird er zum ersten Mal von einer „Stimme aus dem Himmel" übermannt, die ihm befiehlt, ein Mädchen zu töten. Er gehorcht und bringt im Kanton St. Gallen mit dem Rasiermesser ein Mädchen „mit einem roten Röcklein und blonden Zöpfen" um (S. 156). Frau Schrott, die das Blut an seinen Kleidern entdeckt und ihn zur Rede stellt, denkt zwar daran, den Arzt oder Pfarrer mit ihrem Wissen aufzusuchen, unterlässt es aber, weil ihr Mann „herzensgut im Grunde" sei (S. 157), unausgesprochen steht dahinter die Angst vor dem Verlust an sozialem Prestige und vor dem Triumph ihrer Schwester.

Einige Jahre später ermordet er zum zweiten Mal ein Kind auf Befehl der „Stimme vom Himmel", wieder ein Mädchen mit rotem Rock und blonden Zöpfen, diesmal jedoch im Kanton Schwyz, zwei Jahre später dann der dritte Mord an Gritli Moser. Mittlerweile gerät der Mann in immer kürzer werdenden Zeitabständen in Unruhe; bereits wenige Monate nach dieser Tat will er sich erneut auf den Weg machen, diesmal zur Tankstelle Matthäis, um zu tun, „was befohlen ist vom Himmel" (S. 159). Er gerät zum ersten Mal in Streit mit seiner Gattin, die ihn zurückhalten will, fährt erregt los und kommt bei einem Autounfall auf dem Weg zur Tankstelle ums Leben.

Mit diesem Wissen verlässt der Kommandant das Spital, nicht ohne der Greisin zum Abschied „Leben Sie wohl" zuzurufen, was sie zum Kichern bringt und eine peinliche Situation im Krankenzimmer entstehen lässt (S. 160). Am gleichen Nachmittag noch fährt er mit seiner Familie zur Tankstelle, um Matthäi zu benachrichtigen – ohne Erfolg, denn der ist so weit in sich versunken, dass er die Realität nicht mehr mitbekommt. Eine grausame Pointe: Matthäi kann durch den zufälligen Unfalltod des Mörders seine genialischen Fähigkeiten nicht

Matthäi verkommt

unter Beweis stellen und sinkt zu einem tragisch-lächerlichen Alkoholiker herab. Der Kommandant wirkt resigniert, er wird zum Zyniker, der an der Gerechtigkeit zweifelt. Eine absurde Pointe erfährt die Geschichte, als die Frau des Kommandanten zum Sonntagnachmittags-Tee Schokoladentrüffel bestellt und sich über die Abstinenz ihres Mannes wundert.

Dr. H. überlässt am Ende seine Geschichte dem Schriftsteller: er soll damit anfangen, was er will. Tatsächlich schreibt er die Geschichte – in leicht veränderter Form – und liefert mit der Rahmenhandlung die Geschichte zur Geschichte. So entsteht, wie es der Absicht des Kommandanten entspricht, das „Requiem auf den Kriminalroman".

2. Zur Bauform des Romans

Der Handlungsaufbau folgt einer streng symmetrischen Ordnung. *Formsymmetrie*
Die dreißig Kapitel werden zunächst mit einem Rahmen versehen,
der die Kapitel eins, zwei und 28 bis 30 umfasst. Lediglich im ersten
und im 28. Kapitel tritt der Ich-Erzähler als Autor des Romans selbst
auf, in beiden Fällen eine eher zweitrangige Gestalt, die als Resonanz-
organ für die Gespräche des Kommandanten fungiert. Dieser Eindruck wird durch die in Klammern gesetzten Bemerkungen des Ich-
Erzählers (S. 140–141) jedoch differenziert, in denen er auf seine eigene
Bearbeitung „nach bestimmten Gesetzen der Schriftstellerei" verweist. Der letzte Satz des Kommandanten setzt ihn in sein eigentliches
Amt ein: ihm wird als Fachmann für Kriminalliteratur die Verantwortung für das Entstehen des Romans übertragen.
Das zweite Kapitel leitet bereits zur Binnenhandlung über; abgeschlossen wird der Rahmen durch die Pointe: Matthäi scheitert an der
Banalität des Alltags, die nicht in sein logisches Konzept passt; ihm
ist nicht mehr zu helfen.
Die Binnenhandlung kreist um eine Mittelachse, die in den Kapiteln *Binnenhandlung*
sechzehn und siebzehn angelegt ist. Betont die erste Hälfte des Romans *mit Mittelachse*
die vernunftbeherrschte Arbeit Matthäis, die zu einem wenn auch vor-
eiligen Abschluss führt – „Damit wäre der Fall Gritli Moser erledigt"
(S. 70) –, werden in den Kapiteln 18 bis 27 das leidenschaftliche Vor-
gehen und der zunehmende Starrsinn des beurlaubten Kommandan-
ten deutlich. In den beiden Mittelkapiteln 16 und 17 findet der
Umschlag statt, die Konfrontation mit den Kindern während der
Beerdigung und auf dem Flughafen. (Vgl. dazu Margit Weber: Dürrenmatt: Das Versprechen. Versuch einer Analyse, in: Diskussion
Deutsch 16/1985, H. 83, S. 275 f.)
Mit besonderer Raffinesse ist in diesem Schema die Aufklärung des *Die Aufklärung:*
Falles angelegt; nachdem der Hausierer spätestens nach dem *Parodie des Genres*
Gespräch Matthäis mit dem Psychiater für den Leser als Täter
nicht mehr in Frage kommt, bietet der Kommandant drei Lö-
sungsvorschläge an, von denen zwei sofort wieder verworfen
werden. Sie gehören zum Rahmen, stehen also an einem Ort jen-
seits der Kriminalhandlung. Diese Auflösung der Handlung lässt
„Das Versprechen" zu einer Parodie auf das Muster der gängigen
Verbrechergeschichte mit ihrem unfehlbaren Meisterdetektiv werden. In seinem Untertitel widerlegt Dürrenmatt das Genre und liefert zugleich einen Gegenentwurf. Die Lösung des Falles, so Ueli
Niederer in seinem „Neuerliche(n) Versuch über Dürrenmatts
Kriminalromane",

„ist eine Anti-Klimax großen Stils, nicht nur, weil sie außerhalb der eigentlichen Handlung liegt, sondern auch, weil die Kriminalisten nicht
selber, und sei es nur aus Zufall, darauf stoßen, sondern sie sich erzählen lassen müssen von der unsäglichen Frau Schrott. Dies Dénouement und seine Stellung im ‚Requiem' ist aber für den Kriminalroman eigentlich in der Tat nichts anderes als der formale Ausdruck der
Unfähigkeitserklärung: in seinen Strukturen läßt sich die Disparatheit
von Theorie und Praxis nicht zusammenbringen." (Ueli Niederer:
Grotesken zum wahren Ende. Neuerlicher Versuch über Dürrenmatts
Kriminalromane, in: die horen 34/1989, Bd. 2, S. 66 f.)

Textausgabe

Diese ausgefeilte Handlungsstruktur empfiehlt es im übrigen, die
Textausgabe im Diogenes-Taschenbuchverlag (Zürich 1986) der bei
dtv (München 1978) erschienenen vorzuziehen. Die dtv-Ausgabe ver-
zichtet auf eine Kapiteleinteilung; der Anfang eines neuen Kapitels
wird lediglich durch eine Leerzeile markiert. Dies geschieht jedoch
nicht konsequent – so fehlt die Leerzeile beim zweiten Kapitel (dtv,
S. 11), während im 26. Kapitel (dtv, S. 119) eine zusätzliche Leerzeile
eingefügt ist, ohne dass sie sich inhaltlich begründen ließe. Eine Struk-
turanalyse muss damit scheitern.

3. Zur Thematik des Romans

„Pannen"

Wer sich unter Aufbietung aller Kräfte, fanatisch und bedingungslos
darum bemüht, sein Ziel zu erreichen, wird mit großer Wahrscheinlichkeit damit scheitern – nicht weil schicksalhafte Mächte ihn an der
Verwirklichung seiner Ideen hindern, sondern banale Vorfälle dazwi-
schentreten, läppische, von niemandem vorhersagbare Momente:
„Pannen". Dürrenmatt schließt mit der Geschichte vom Scheitern des
genialen Kommissärs Matthäi an die Einleitungssätze zu seiner Novellenfassung der „Panne" an. Auch dieser Roman ist eine der „noch
möglichen Geschichten (...), indem aus einem Dutzendgesicht die
Menschheit blickt, Pech sich ohne Absicht ins Allgemeine weitet,
Gericht und Gerechtigkeit sichtbar werden" (Friedrich Dürrenmatt:
Die Panne, a. a. O., S. 39).

Die Lächerlichkeit
des rationalen
Planens

Matthäi ist trotz seiner außergewöhnlichen Kombinationsgabe zum
Scheitern verurteilt, weil er die Erfolgsaussichten seiner logischen
Analyse überschätzt, die Möglichkeit, dass ein Zufall ihm in die
Quere kommen könnte, nicht einkalkuliert. Seine Hybris bringt ihn
zu Fall, der Zufall macht ihn entbehrlich. Wenn der Mörder durch
einen Verkehrsunfall ums Leben kommt, wird die sorgsam kons-
truierte Falle unnötig, wirkt das aufopferungsvolle Warten des Detektivs an der Tankstelle lächerlich. Der ganze Aufwand – das mo-

natelange Warten an der Landstraße, das bewusste Hintergehen zweier Menschen, die eigene Erniedrigung, die abgebrochene Karriere, ausgeklügelte Pläne – löst sich in Rauch auf. Dürrenmatt fasst sein Resümee in die Worte: „Das Schlimmste trifft *auch* manchmal zu" (S. 145).

Diese Schlusswendung erinnert an Dürrenmatts Drama der „Physiker". Gedanken, die er hier zunächst in seinem Prosatext formuliert, kondensiert er einige Jahre später zu griffigen Thesen als „Anmerkungen" zu seiner Komödie. Sie lassen erkennen, wie über den Begriff des Zufalls Dramen- und Prosawerk verknüpft sind:

Thesen zu den „Physikern"

> „3. Eine Geschichte ist dann zu Ende gedacht, wenn sie ihre schlimmstmögliche Wendung genommen hat. 4. Die schlimmst-mögliche Wendung ist nicht vorhersagbar. Sie tritt durch Zufall ein. (...) 8. Je planmäßiger die Menschen vorgehen, desto wirksamer vermag sie der Zufall zu treffen". (Friedrich Dürrenmatt: 21 Punkte zu den Physikern, a. a. O., S. 193)

In „Das Versprechen" erhält der Zufall eine ausschlaggebende Rolle für das Schicksal der Zentralfigur und die Klärung des Mordfalles. Damit wird ein Thema auf die Spitze getrieben, das zuvor bereits in den Kriminalerzählungen Dürrenmatts angelegt ist. Zum „Requiem auf den Kriminalroman" wird „Das Versprechen" durch das vollkommene Scheitern eines logikbewussten Detektivs. In der Tradition der Poeschen Schule will er durch „ratiocination", die rationale Erfassung der Welt und ihrer Bewegungsgesetze, Kriminalfälle lösen.

Die Kritik an diesem Fortschrittsoptimismus wird zur Grundlage seines Romans, wie Dürrenmatt im „Nachwort" betont: „Aus einem bestimmten Fall wurde der Fall des Detektivs, eine Kritik an einer der typischsten Gestalten des neunzehnten Jahrhunderts". Deutlicher noch setzt er sich 1960 in seinem Interview mit *Le Figaro Littéraire* von Poes Denkweise ab. Hier sagt er:

Kritik am Fortschrittsoptimismus

> „Poe ist eine amerikanische Variante des Faust: er verkauft seine Seele dem Teufel – der Vernunft, der Logik! – um so auf teuflische Weise die Wahrheit zu entdecken. Was ich schreiben wollte, ist ein Kriminalroman, nicht in der Art von Poe oder Faust... Ein Detektiv, der völlig vom Absurden erschüttert wird..." (Le Figaro Littéraire, 10. 9. 1960, a. a. O., S. 3)

Die Welt des 20. Jahrhunderts lasse sich mit diesem szientistischen Verfahren nicht mehr begreifen, denn ihr chaotischer Zustand entziehe sich jedem ordnenden Zugriff. Die blinde Macht des Zufalls übernimmt eine dominierende Rolle, ihr erliegt in diesem Text der genialische Kommissär Matthäi, der seine logischen Arbeitshypothesen nicht beweisen kann und als verblödetes und versoffenes Subjekt endet.

Eine absurde Welt

Absurd wirkt sein Scheitern, wenn sich am Ende herausstellt, dass die Analyse des Mordfalles tatsächlich zutrifft: die Welt erweist sich als so determiniert, wie von ihm vorausberechnet – sieht man von einem kleinen, aber entscheidenden Sprung ab. „Auf besonders triste Weise" (S. 145) fällt Matthäi dem Zufall zum Opfer, gerade weil er blind auf die Planmäßigkeit seines Vorgehens vertraut. Am Ende ist er zu verstockt, um überhaupt zu begreifen, dass er recht gehabt hat – Dürrenmatts sarkastische Pointe gegenüber dem unvermeidlichen Triumph des Detektivs am Ende eines idealtypischen Romans. Im Gespräch mit Jean-Paul Weber definiert Dürrenmatt sein Verständnis vom Absurden. Er lehnt sich dabei an die Naturwissenschaften mehr als an die Philosophie oder die Literatur des absurden Theaters an, nennt als Vorbilder die Logik Ludwig Wittgensteins, Max Plancks Quantentheorie oder Werner Heisenbergs Unsicherheitsrelationen. Das Absurde, so Dürrenmatt, sei „die Bruchstelle zwischen der ins Äußerste getriebenen Logik und einer sich ihr entziehenden Wirklichkeit, in der die Vernunft versackt, sich verabschiedet – um sofort wieder zu erstehen ... L'absurde est le moment poétique et cruel de notre existence" (Le Figaro Littéraire, 9. 10. 1960, a. a. O.).

Parodie auf den Kriminalroman

„Das Versprechen" bezeichnet er als eine „Parodie" auf den traditionellen Kriminalroman, weil sein Detektiv gerade an seinem überlegenen Verstand scheitere, der einem zufälligen Ereignis nichts entgegenzusetzen habe:

> „Ein Detektiv, der völlig vom Absurden erschüttert wird – das ihm begegnet als Riß, als Paradox, als Zufall (...) Der Mörder ordnungsgemäß entlarvt, wird durch einen Autounfall daran gehindert, in die Falle zu gehen, so daß die Enthüllung des wahren Schuldigen die Karriere des chancenreichen Kommissärs zunichte macht". (ebd.)

Dürrenmatt lässt den Kommandanten Matthäis Dilemma als die fundamentale Paradoxie der Welt bezeichnen:

> „Unser Verstand erhellt die Welt nur notdürftig. In der Zwielichtzone seiner Grenze siedelt sich alles Paradoxe an. Hüten wir uns davor, diese Gespenster ‚an sich' zu nehmen, als ob sie außerhalb des menschlichen Geistes angesiedelt wären, oder, noch schlimmer: Begehen wir nicht den Irrtum, sie als einen vermeidbaren Fehler zu betrachten, der uns verführen könnte, die Welt in einer Art trotziger Moral hinzurichten, unternähmen wir den Versuch, ein fehlerloses Vernunftgebilde durchzusetzen, denn gerade seine fehlerlose Vollkommenheit wäre seine tödliche Lüge und ein Zeichen der schrecklichsten Blindheit". (S. 145 f.)

Eine zufallsregierte Welt reduziert zielgerichtetes Verhalten auf ein Minimum an Aktion: was bleibt, ist Passivität, ein fatalistisches Warten jenseits aller realistischen Erfolgsaussichten. Dürrenmatts Kom-

missär Matthäi gerät daher im Verlauf seines jahrelangen Dahindämmerns an der Tankstelle immer mehr in die Situation der beiden
Landstreicher Wladimir und Estragon. In Samuel Becketts Stück
„Warten auf Godot" warten sie, zwischen Hoffnung und Verzweif-   *„Warten auf*
lung pendelnd, dass jemand, den sie Godot nennen, seine Verabre-   *Godot"*
dung einhält. Sie warten, beschließen aufzugeben, bleiben jedoch und
setzen ihr vergebliches Warten fort.
1948/49 geschrieben, gerät die Pariser Uraufführung dieses Dramas
zu einem Bühnenskandal, der andere Theater zunächst von einer
Übernahme abhält. Erst 1955 wird es in London vor ausverkauftem
Haus gespielt, 1956 auch in den USA zu einem sicheren Erfolg; damit
wird der Ruf des Stückes als eines Klassikers des absurden Theaters
begründet. Wie sehr Dürrenmatt sich durch diesen Ruhm inspirieren
lässt, zeigt sich, wenn er 1957 Drehbuch und Romanmanuskript konzipiert: in bewusstem Rückgriff auf Beckett beschreibt er Matthäis
Verharren mit den Worten:

> „Dann raffte er sich wieder hoch, sank aber immer mehr in seinen
> gleichgültigen Zustand zurück, verdöste die Tage, die Wochen im ab-
> surden, grausamen Warten. Verloren, verquält, hoffnungslos und doch
> voller Hoffnung". (S. 121 f.)

An Edgar Allan Poes 1841 erschienenen Detektiverzählung „The   *E. A. Poe*
Murders in the Rue Morgue" nimmt Dürrenmatt offensichtlich Maß,
wenn es um die Konstruktion seines Romans geht: auch hier findet
sich in der Rahmenhandlung eine ausführliche wissenschaftstheore-
tische Einführung in die Arbeit des Ermittlers. Dürrenmatt verkehrt
sie aber in ihr direktes Gegenteil: trägt Dupin mit aller Überzeugungskraft die These von der Macht des Intellekts vor und beweist
sie anschließend mit der erfolgreichen Aufklärung des rätselhaften
Mordes in der Rue Morgue, so legt der Kommandant in seinem Diskurs über den Kriminalroman eindrücklich dar, dass ein perfektes
rationales Konstrukt nicht ausreicht, um einen Fall zu lösen und
beweist seine These am Beispiel des Dr. Matthäi.
Die Binnenhandlung Dürrenmatts greift zurück auf einen Kriminal-   *Georges Simenon*
roman Georges Simenons, „Maigret tend un piège", der 1955
erscheint und drei Jahre später verfilmt wird. Hier geht es um einen
Mörder, der innerhalb weniger Monate nach gleichem Muster fünf
Frauen umbringt. Von Maigret wird er gestellt, nachdem sich der
Kommissar mit einem Psychiater beraten und eine Falle gestellt hat;
der Täter erweist sich als ein Versager im Leben, der unter der Kura-
tel seiner Frau und seiner Mutter steht. Er rächt sich an beiden, indem
er weibliche Ersatzfiguren tötet und ihnen die Kleider zerfetzt.
Armin Arnold hat diesen Zusammenhang zwischen den Romanen
Simenons und Dürrenmatts herausgearbeitet:

> „Dürrenmatt übernahm die Hauptidee aus dem Simenon-Roman und
> gestaltete sie so um, daß man die Quelle zwar noch leicht erkennt, aber
> doch nicht von einem Plagiat die Rede sein kann. Besonders lenken
> der Rahmen und die eingeschobenen Reflexionen von der an sich ein-
> fachen Handlung ab. Statt fünf Frauen sind drei Mädchen ermordet
> worden, alle vom gleichen Typ: blond, mit rotem Röcklein. Der zwei-
> te Mord ist im Abstand von drei, der dritte von weiteren zwei Jahren
> geschehen. Die Abstände werden also kürzer, und in spätestens einem
> Jahr ist mit einem vierten Mord zu rechnen. Wie bei Simenon ist das
> Gebiet begrenzt: die Gegend zwischen Zürich und Chur. Alle Mädchen
> sind mit einem Rasiermesser getötet und geschändet worden". (Armin
> Arnold: Die Quellen von Dürrenmatts Kriminalromanen, in: Gerhard
> P. Knapp/Gerd Labroisse (Hrsg.): Facetten. Studien zum 60. Geburts-
> tag Friedrich Dürrenmatts, Bern 1981, S. 168 f.)

Dürrenmatts
Gesellschaftskritik

Deutlich ausgeprägter als bei Simenon ist die gesellschaftskritische
Energie in Dürrenmatts Roman. Er zeigt eine moralisch ambivalente
Welt, in der es keine klaren Trennungslinien zwischen „gut" und
„böse" gibt, politische oder religiöse Überzeugungen durch Karrierismus, Intrigenspiele und ökonomische Überlegungen ersetzt werden. Staatliche Organe sind davon ebenso betroffen wie die Bewohner eines ganzes Dorfes oder Individuen: so erweist sich der Gemeindepräsident von Mägendorf als unfähig, einen Verdächtigen zu schützen, weil er Angst vor einer aufgebrachten Meute hat und die selben
Vorurteile gegenüber dem gesellschaftlichen Außenseiter besitzt wie
sie. Die Bauern und Arbeiter des Dorfes pflegen ihre traditionelle
Abneigung gegen die Obrigkeit aus der Stadt, um ihre „dumpfe Wut"
an dem Hausierer auszulassen. Sie sind bereit, zur Lynchjustiz zu greifen, da sie der staatlichen Jurisdiktion misstrauen.

Deren Verhalten ist jedoch nicht minder weit vom Streben nach
Gerechtigkeit entfernt, als es die Reaktionen der Mägendorfer sind:
Leutnant Dr. Henzi von der Kantonspolizei Zürich ist ein Ehrgeizling,

Karrierismus

der Karriere um jeden Preis machen will; danach hat er seine Frau
gewählt, zu diesem Zweck wechselt er seine politische Überzeugung:
„war von der Sozialistischen Partei zu den Liberalen übergetreten",
um schließlich „bei den Unabhängigen" zu landen (S. 58). Er behandelt den Hausierer so, wie man sich ein Verhör in den Folterkellern
eines Geheimdienstes vorstellt: mit überlangen Vernehmungen, das
Licht im Gesicht des Angeklagten, bis dieser schließlich bereit ist, alles
zu gestehen, wenn er nur schlafen kann. Dass von Gunten anschließend in seiner Zelle Selbstmord begeht, wird auch noch gegen
ihn verwendet – von „Justizmord" wagt nur Matthäi zu sprechen,
nachdem er nicht mehr bei der Züricher Polizei beschäftigt ist und
angefangen hat zu trinken (S. 82).

Klassenjustiz

Klassenjustiz zeigt sich auch im Fall der Frau Heller, die Matthäi ihrer
Tochter wegen bei sich aufnimmt. Sie wird aus dem Kanton Zürich

verwiesen, weil sie als Prostituierte arbeitet, obwohl sie sich nichts zu Schulden kommen ließ: „später war sie kurzerhand aus dem Kanton Zürich gewiesen worden, obgleich, sah man von ihrem Beruf ab, eigentlich nichts gegen sie vorlag. Aber es sitzen eben immer Leute in der Verwaltung, die Vorurteile haben" (S. 107). Die Ressentiments sind damit nicht beendet; auch ihr weiteres Leben wird von der Staatsgewalt bestimmt. Dass sie mit Matthäi zusammenlebt, empört das sittliche Empfinden der Bürokratie und bringt selbst den liberalen Kommandanten dazu „einzugreifen" (ebd.).

Die christliche Welt der Schweiz erscheint ohne jede tiefere Bedeutung. Der Sonntagsgottesdienst wird konventionell begangen und macht sich lautstark bemerkbar; die Grenzen zwischen Religion und Folklore verschwimmen:

Sonntags-christentum

> „Es war Sonntag, wieder einmal (...) Glockengeläute überall, das ganze Land schien zu bimmeln und zu dröhnen; dazu geriet ich noch irgendwo im Kanton Schwyz in eine Prozession. Auf der Straße ein Wagen nach dem andern, im Radio eine Predigt nach der andern. Später schoß, pfiff, knatterte und böllerte es bei jedem Dorf in den Schießständen". (S. 108)

Pure finanzielle Interessen werden durch vorgebliche christliche Nächstenliebe verbrämt. Nur mühsam tarnt sich Geiz mit karitativer Gesinnung, wenn Frau Schrott über die Motive ihrer Heirat noch kurz vor ihrem Tod behauptet: „...mein Vermögen war knapp, ich musste haushalten, um mit den Zinsen meiner Häuser in Zürich und Chur durchzukommen; aber was wollte Albertchen selig mit seinen beschränkten Geistesmitteln im harten Lebenskampf draußen. Er wäre verloren gewesen, und man ist als Christ verpflichtet" (S. 153). Auch die christliche Einstellung ihres Mannes, der seine Morde mit Befehlen, die ihm „eine Stimme vom Himmel" (S. 156) auferlegt habe, motiviert, wirkt makaber. Zu einem sarkastischen Seitenhieb auf die heile Welt der Schweiz gerät die Heimatverbundenheit Schrotts, dessen Lieblingslied „Ich bin ein Schweizerknabe und hab die Heimat lieb" auch ertönt, wenn er auszieht, um Mädchen zu ermorden (S. 155).

Purer Materialismus

Ordnung und Solidität erscheinen daher nicht mehr als ein äußeres Bild der Schweiz abzugeben – dahinter verbirgt sich ein ungeheures Maß an Verlogenheit und Gefühlskälte. Das ist ansteckend, wie Matthäis Charakterzüge zeigen: „Sein Verstand war überragend, doch durch das allzu solide Gefüge unseres Staates gefühllos geworden" (S. 20). Um dieser Atmosphäre zu entgehen, verschafft sich der Kommandant einen versteckten Freiraum, indem er neben dem offiziellen Büro seine „Boutique" in bewusster Unordnung hält: „Bücher und Akten lagen durcheinander, aus Prinzip freilich, denn ich bin der Meinung, es sei jedermanns Pflicht, in diesem geordneten Staat kleine

Verlogenheit und Gefühlskälte

Inseln der Unordnung zu errichten, wenn auch nur im geheimen"
(S. 48).

Matthäis
Skrupellosigkeit

Matthäi setzt sich in dem Ehrgeiz, die Logik seiner Beweisführung zu
belegen und den Kindesmörder zu fassen, skrupellos über alle emo-
tionalen und ethischen Grenzen hinweg. Er hintergeht die Gefühle
von Annemarie, die ihn in ihrer Naivität liebt, und er zerstört das Vertrauen ihrer Mutter. Sie bezweifelt von Anfang an seine Motive – dafür
ist sie in ihrem Beruf erfahren genug –, trotzdem lässt seine vermeintliche Anteilnahme für die Tochter ihr pessimistisches Men-
schenbild schwinden: „Sie hatte nie geglaubt, daß Matthäi sie aus
bloßer Gutmütigkeit zur Haushälterin genommen hatte. Sie spürte,
daß er etwas beabsichtigte, doch war sie geborgen bei ihm, zum ersten-
mal vielleicht in ihrem Leben, und so dachte sie nicht weiter nach;
vielleicht machte sie sich auch Hoffnungen, wer weiß, was in einem
armen Weibe vorgeht" (S. 120). Die Enttäuschung über Matthäis Verhalten verursacht ihren endgültigen gesellschaftlichen und moralischen Abstieg. Sie prostituiert sich erneut und zieht jetzt auch Annemarie mit auf die schiefe Bahn.

Durch diesen Missbrauch wird Matthäis Ausdauer und Unerbittlich-
keit – typische Qualitäten der bekannten Romandetektive – in ein
moralisch fragwürdiges Licht gestellt. Wie Bärlach macht auch er sich
durch seine unnachgiebige Fahndung, die selbst vor Menschenopfern
nicht Halt macht, schuldig. In seiner Rücksichtslosigkeit gegenüber
Mutter und Tochter, aber auch gegenüber sich selbst, erinnert er an

Eine Kohlhaas-
figur

Heinrich von Kleists Gerechtigkeitsfanatiker Michael Kohlhaas. Wie
dieser will er um jeden Preis beweisen, dass er recht hat, selbst wenn
er andere Menschen und sich selbst damit in den Untergang reißt. Im
Unterschied aber zu Kleist, der seine Novellenfigur am Ende ruhig in
den Tod gehen lässt, weil er sein Recht erfahren hat, versackt Dürrenmatts Detektiv als schuldbeladener Narr.

Das Bild des genialen Außenseiters, umgeben von der Aura des
Außergewöhnlichen, wie er in den klassischen Detektivromanen auf-
tritt, wird hier grausam demontiert. Matthäi endet im Wahnsinn und
im Alkohol, unfähig, das klassische Rätsel dieses Genres: „Wer ist der
Mörder?" zu lösen. Dürrenmatt führt die Handlung bis kurz vor ihren
eigentlichen Höhepunkt, die Konfrontation des Detektivs mit dem
Verbrecher. Dann bricht der Text ab, die Entlarvung findet nicht statt.
Nur noch en passant, außerhalb der Binnenhandlung, wird die Aufklärung nachgeliefert: auf dem Totenbett berichtet von der Gattin des
Mörders als „eine an sich unwichtige und harmlose Geschichte (...),
eine Begebenheit, die sich wahrscheinlich in allen Familien ein oder
mehrere Male ereigne" (S. 149).

Damit verliert die Rätselkomponente des Kriminalromans an Bedeutung. Die beruhigende Erfahrung traditioneller Romane, dass die
Wirklichkeit sich mit klarem Verstand bruchlos aufklären lässt, der

analytisch vorgehende Detektiv das gestörte Vertrauen in die Ordnung der Welt durch die Überführung des Täters wiederherstellt, weist Dürrenmatt zurück. Sein Fazit lautet: „Unser Verstand erhellt die Welt nur notdürftig" (S. 145). Der Zufall dominiert die Wirklichkeit, die sich den Regeln der Logik nicht unterordnet. Das Fundament des klassischen, idealtypischen Enthüllungsromans ist damit unterhöhlt, „Das Requiem auf den Kriminalroman" beschreibt sein Ende. Der Bericht des pensionierten Kommandanten ist abgeschlossen. Mit nonchalanter Beiläufigkeit gibt er den Fall an den Erzähler weiter, er könne nun „mit dieser Geschichte anfangen (...), was (er) wolle" (S. 163). Er müsse sich allerdings – so der Ausgangspunkt seiner Beweisführung – vor einer dreifachen Illusion hüten: zum einen, dass „wenigstens die Polizei die Welt zu ordnen verstehe" (S. 17), der Verstörung durch einen Mord also die Beruhigung durch die Entlarvung des Täters folge; der lässlichen, weil „staatserhaltenden Lüge" zum anderen, dass Verbrechen sich nicht lohnen und Recht und Gerechtigkeit im Happy End die Oberhand behalten (ebd.). Vor allem aber kritisiert er, dass die Handlung rationalen Gesetzen folge, die der Detektiv nur nachzuvollziehen brauche, um seinen Fall mit logischer Stringenz zu lösen: „Ihr baut Eure Handlungen logisch auf; wie bei einem Schachspiel geht es zu, hier der Verbrecher, hier das Opfer, hier der Mitwisser, hier der Nutznießer, es genügt, daß der Detektiv die Regeln kennt und die Partie wiederholt, und schon hat er den Verbrecher gestellt, der Gerechtigkeit zum Siege verholfen" (S. 18). Einem solchen System fehle der Zufall, der alle Planungen zunichte macht. Der Detektivroman werde zum „Schwindel", weil er vorgibt, lebendige Realität zu schildern, tatsächlich aber nur eine Scheinwelt aufbaut. Kriminalromane der herkömmlichen Art lehnt er daher rundweg ab, hält sie für „Schwindel" und reine „Zeitverschwendung". Programmatisch fordert er dazu auf, sich auch in diesem Genre der Realität zuzuwenden: „Laßt die Vollkommenheit fahren, wollt ihr weiterkommen, zu den Dingen, zu der Wirklichkeit, wie es sich für Männer schickt, sonst bleibt ihr sitzen, mit nutzlosen Stilübungen beschäftigt" (S. 19).

„Requiem" auf den Kriminalroman

Illusionen des klassischen Romans

Mit dieser Leitlinie bringt Dürrenmatt en passant einen literarischen Grundsatzstreit seiner Zeit in die Rahmenhandlung ein. Die Position des Kommandanten steht in scharfem Gegensatz zu einer Haltung, für die in der Schweiz der fünfziger und sechziger Jahre Emil Staiger paradigmatisch steht. Er ist der erfolgreichere Rivale des Erzählers, der am ersten Abend „über den späten Goethe las" (S. 11). Staiger vertritt eine aristokratisch ferne, distanziert-vornehme Literatur, die mit den Niederungen gesellschaftlich-politischer Wirklichkeit nichts gemein habe. Dürrenmatt lernt ihn 1941 während seines Studiums am Germanistischen Seminar der Universität Zürich kennen, ohne sich mit einer Literaturwissenschaft dieser Provenienz anzufreun-

Die Kontroverse Dürrenmatt – Emil Staiger

den zu können. 1967 – zehn Jahre nach der Veröffentlichung des Romans – werden die Gegenpositionen öffentlich ausgetragen. Es kommt zum „Züricher Literaturstreit", provoziert durch eine Rede, in der Staiger die moderne engagierte Literatur in Bausch und Bogen verdammt:

> „Wir begegnen dem Schlagwort ‚Littérature engagée'. Dabei wird aber niemand wohl, der die Dichtung wirklich als Dichtung liebt. Sie verliert ihre Freiheit, sie verliert die echte, überzeugende, den Wandel der Zeit überdauernde Sprache, wo sie allzu unmittelbar-beflissen zum Anwalt vorgegebener humanitärer, sozialer, politischer Ideen wird."

Er wirft den Autoren – ungenannt auch Dürrenmatt – vor, sie produzierten

> „nur eine Entartung jenes Willens zur Gemeinschaft, der Dichter vergangener Tage beseelte." (Emil Staiger: Literatur und Öffentlichkeit, in: Sprache im technischen Zeitalter 22/1967, S. 91)

Dürrenmatt beteiligt sich an der folgenden heftigen Auseinandersetzung zunächst nicht. Er wartet, bis er ein Jahr später eine Preisrede auf seinen Freund Varlin zu einer ironischen Hommage an Staiger umgestaltet. In dessen Position entdeckt er Musealität und Moralinsäure. Rhetorisch fragt er:

> „War die heile Welt der deutschen Klassiker Wirklichkeit, oder war sie eine Flucht aus der Wirklichkeit? (…) Ist vielleicht eine Literaturwissenschaft, die von einer heilen Welt des Geistes spricht, gar nicht mehr Wissenschaft, sondern eine Art Literaturtheologie?"

Votum für eine gesellschaftlich relevante Literatur

Seine eigene Haltung umschreibt er nur vage. Der rigiden Abgehobenheit der Kunst von gesellschaftlicher Wirklichkeit aus der Sicht Emil Staigers stellt er ein quasi naturwissenschaftliches Verständnis gegenüber:

> „Vielleicht ist er [Varlin, d. Verf.] der Ansicht, daß wir der Kunst gegenüber mehr Spaß und Neugier empfinden sollten. Vielleicht glaubt er, daß wir die Kunst wie ein Naturphänomen hinnehmen, daß wir sie mehr lieben als richten, daß wir ihr gegenüber weniger Ästheten und Moralisten, sondern gleichsam Naturwissenschaftler sein sollten, bemüht, nicht hinter ihre Stile und sittlichen Nutzwerte, sondern hinter die Gesetze zu kommen, die immer neue Inhalte und Formen hervorbringen". (Friedrich Dürrenmatt: Varlin schweigt. Rede zur Verleihung des Züricher Kunstpreises 1967, in: ders.: Essays und Gedichte [Gesammelte Werke in sieben Bänden, Bd. 7], a. a. O., S. 471–473)

Es ist also mehr als nur eine Anzüglichkeit, wenn auf der ersten Seite des Kriminalromans der Erzähler mit Emil Staiger konfrontiert wird. Die gehobenen Ansprüche des strengen Ästheten kollidieren mit der

Forderung des ehemaligen Kommandanten der Züricher Kantonspolizei, in der Literatur „die Gesetze des Alltags" zum Ausdruck zu
bringen.
Dürrenmatts Vorstellungen über eine zeitgemäße Gestaltung des Kriminalromans sind in der Sekundärliteratur heftig umstritten. Vor
allem die Bedeutung des Zufalls fordert zum Widerspruch heraus.
Vehement reagiert vor allem Günter Waldmann, der Dürrenmatt   *Die Kritik Günter*
vorwirft, er habe in diesem Roman ein ideologisch verzerrtes Bild der   *Waldmanns*
Wirklichkeit entworfen. Er

> „destruiert entscheidende fragwürdige Momente des Kriminalromans:
> durch die Einführung des Zufalls als maßgeblicher Instanz wird das
> verfälschende Idealbild, nach dem der Mensch kraft seines Verstandes
> autonomer Herr seines Geschicks und souveräner Gestalter einer ge-
> ordneten Welt ist, aufgelöst". (Günter Waldmann: Kriminalroman –
> Antikriminalroman. Dürrenmatts Requiem auf den Kriminalroman
> und die Anti-Aufklärung, in: Jochen Vogt (Hrsg.): Der Kriminalroman,
> Bd. 1, München 1971, S. 221)

Waldmann behauptet, der Detektivroman sei eine der Aufklärung
verpflichtete Literaturgattung. Der Protagonist löse seinen Fall durch
die „spezifisch ‚detektivische' Fähigkeit der planmäßig-logisch kom-
binierenden und so die Wirklichkeit erfassenden *Vernunft*" (a. a. O.,
S. 215) und vertrete damit das Prinzip der Aufklärung par excellence.
In Dürrenmatts Roman würden dagegen zufällige Begebenheiten die   *Dürrenmatts*
Entlarvung des Täters verhindern, ein planmäßiges Vorgehen negie-   *Roman anti-auf-*
ren und damit ein anti-aufklärerisches Prinzip erkennen lassen.   *klärerisch?*
Die Dominanz des Zufalls in seinen Romanen verhindere geradezu,
dass gesellschaftliche Realität sichtbar werde. Denn tatsächlich, so
Waldmann, verbergen sich politische, ökonomische oder soziale
Kräfte hinter Ereignissen, die nur nach außen hin zufällig wirken.
Ihren eigentlichen Gesetzmäßigkeiten müsse der Schriftsteller aber
auf die Spur kommen, um die Strukturen damit angreifbar zu machen:
aufscheinen müsse

> „der wirkliche Mensch, wie er tatsächlich durch unvorhersehbare, un-
> durchschaubare, für ihn ‚zufällige' Mächte und Zwänge bestimmt
> wird; unsere wirkliche Welt, wie sie vielleicht mehr denn je durch Un-
> überschaubarkeit, Nicht-Vorausberechenbarkeit, ja Unerkennbarkeit,
> also Kontingenz oder ‚Zufälligkeit' geprägt ist und den in ihr lebenden
> Menschen unweigerlich bewußt oder unbewußt determiniert".
> (a. a. O., S. 223)

So holt Waldmann zu einer verbalen Breitseite aus und bezichtigt Dürrenmatt, in seinen Romanen, vor allem aber in diesem letzten programmatischen Text, die Lebenswirklichkeit zu verschleiern, dem
„naive(n) Vernunft- und ordo-Glaube(n) des trivialen Kriminal-

romans" habe er nichts entgegenzusetzen als „glaubensbestimmte(n) Irrationalismus" und „kryptoreligiöse Anti-Aufklärung" (a. a. O., S. 223 f.).

Sein Verfahren erscheint jedoch fragwürdig. Dürrenmatts Kriminal-romane in Analogie zu Marx' religionskritischem Ansatz als „Opium des Volkes", als gesellschaftsstabilisierende, apologetische Literatur darzustellen, lässt ihre sozialkritische Seite außer Acht. So zeigt „Das Versprechen" die gesellschaftlichen Kosten, die durch die schweizeri-sche Ordnung und Solidität entstehen: von Gefühl- und Humorlo-sigkeit bis zur gesellschaftlichen Isolation des Polizeiapparats, inkom-petenten, aber Spitzenpositionen einnehmenden Beamten, gewalttäti-gen Polizisten... Dürrenmatt zieht allerdings das vernunftbetonte Schema des traditionellen Genres in Zweifel. Waldmanns Vorschlag, *„Kritische Vernunft"* (ebd.) als Maßstab für Thema wie Formprinzip des Kriminalromans anzulegen, bedeutet dagegen einen Rückgriff auf die Formeln des 19. Jahrhunderts. Dürrenmatts Fragestellung ist eine andere: er will gerade zeigen, dass der Glaube der Detektivgeschichte an eine rational geordnete Welt heute anachronistisch sei. Diesen Mythos der Gattung zu zerstören, ist die Intention des Autors, die sich im Verlauf der Romanproduktion zunehmend verschärft.

Bert Brechts Resümee

In ganz anderem Kontext hat Dürrenmatts Kollege und Konkurrent Bertolt Brecht diesen Gedanken auf den Punkt gebracht. Im „Lied von der Unzulänglichkeit menschlichen Strebens" heißt es zynisch, aber in Übereinstimmung mit dem Schicksal Matthäis:

> „Ja, mach nur einen Plan
> Sei nur ein großes Licht!
> Und mach dann noch 'nen zweiten Plan
> Gehn tun sie beide nicht.
>> Denn für dieses Leben
>> Ist der Mensch nicht schlecht genug.
>> Doch sein höh'res Streben
>> Ist ein schöner Zug."

(Bertolt Brecht: Gesammelte Gedichte, Bd. 4, Frankfurt/M. 1976, S. 1118)

4. Personenkonstellation

Es ist ein schmaler Personenkreis, den Dürrenmatt in diesem Krimi-nalroman gestaltet. Zwar gibt es eine Vielzahl von Figuren, die kurz beleuchtet werden – Leutnant Henzi, der Staatsanwalt, der Psychia-ter Dr. Locher, der Hausierer von Gunten, Annemarie... – sie sind aber flache Charaktere, die lediglich in ihrer Funktion für den Handlungsfortschritt eingesetzt werden, ohne darüber hinaus individuelle Charakteristika zu besitzen.

Zum ersten Mal erhalten allerdings Frauengestalten im „Versprechen" mehr als nur eine randständige Rolle. Die Prostituierte Heller wie die sterbende Greisin Schrott haben eine wesentliche Bedeutung für die Aussage des Romans und seinen Handlungsverlauf. Annemaries Mutter verdeutlicht durch ihr anfängliches Vertrauen in Matthäis Liebesfähigkeit dessen skrupelloses Vorgehen; das Dénouement der Handlung ergibt sich erst aus dem „geradezu munteren" Plappern der Frau des Mörders (S. 148). *Frauen*

Dennoch sind beide nicht mehr als Klischeegestalten, die auf einer Skala der Gemütswerte die Extrempositionen einnehmen: auf der einen Seite die gutmütige Prostituierte mit Herz, die erst aus ihrer abgrundtiefen Enttäuschung heraus wieder auf den Strich geht, auf der anderen die habgierige Alte, die selbst im Sterben ihren Dünkel nicht ablegt und noch über das schwerste Verbrechen im Tonfall einer gemütlichen Caféhausrunde berichtet – eine Verwandte offensichtlich der Claire Zachanassian aus Dürrenmatts Komödie „Der Besuch der alten Dame" von 1956 oder der Chefärztin Mathilde von Zahnd aus den „Physikern". *in Klischeerollen*

Eine eigenständige, runde Charakterisierung erhalten lediglich die Zentralfigur des Romans, Dr. Matthäi, der Kommandant Dr. H. erkennbar an seinen Reflektionen, und, in wenigen Zügen, auch der Ich-Erzähler. Er spielt jedoch nur eine zweitrangige, für das Entstehen des Romanes allerdings wesentliche Position.

4.1 Dr. Matthäi, Oberleutnant der Kantonspolizei Zürich

Dürrenmatts Detektiv erinnert an die großen Vorbilder der klassischen Kriminalliteratur: er ist Einzelgänger, unverheiratet, besitzt eine hohe Bildung und will die Welt von seinem Intellekt aus beherrschen. Auch seine Ermittlungsmethode ist der seiner Vorgänger ähnlich: er geht von einem deduktiven Ansatz aus, ermittelt zunächst ohne Realitätsbezug, indem er Hypothesen aufstellt und deren Wahrscheinlichkeitsgrad untersucht. Erst anschließend bemüht er sich, in das psychosoziale Umfeld des Täters vorzudringen. *Das traditionelle Vorbild*

Wie August Dupin übt auch Matthäi seine Ermittlungen als ein leidenschaftslos betriebenes Spiel aus, dessen Ziel darin besteht, mit den Mitteln der Logik einen Mord aufzuklären. Erst das Ergebnis der Detektion macht die unterschiedliche Konzeption deutlich: „Das Versprechen" wird zu einer „Parodie auf den herkömmlichen Kriminalroman" (Friedrich Dürrenmatt in: J. P. Weber, a. a. O., S. 3). Der Roman zeigt das herkömmliche Genre wie in einem Zerrspiegel, wenn die Grundfähigkeiten des Detektivs – Ausdauer und Uner- *August Dupin* bittlichkeit – sich in idiotischen Starrsinn und Unmenschlichkeit verwandeln, Matthäi wahnsinnig wird, weil seine Methode nicht zum erwünschten Erfolg führt, seine Logik an einer Banalität scheitert.

– kontaktarm

Der Kommissär zieht sich bewußt von allen sozialen Kontakten zurück. Er wohnt in einem Hotel – mit absteigender Linie: zunächst im Hotel „Urban", nach seinem Ausscheiden aus dem Polizeidienst im Hotel „Rex" –; sein Beobachterstandpunkt liegt schließlich an einem äußersten Randposten der Gesellschaft, seiner Tankstelle an der Landstraße in der Nähe von Chur.

– emotionslos

Er ist unverheiratet, hat keine Freunde, kein Privatleben. Sein emotionales Engagement ist denkbar gering ausgeprägt. So wird er von seinem Vorgesetzten am Ende des zweiten Kapitels charakterisiert: „Er war ein einsamer Mensch, stets sorgfältig gekleidet, unpersönlich, formell, beziehungslos, der weder rauchte noch trank, aber hart und unbarmherzig sein Metier beherrschte, ebenso verhaßt wie erfolgreich" (S. 20). So sieht er sich selbst im Gespräch mit dem Psychiater in Kapitel 22: „Ich wollte mich nicht mit der Welt konfrontieren, ich wollte sie wie ein Routinier zwar bewältigen, aber nicht mit ihr leiden. Ich wollte ihr gegenüber überlegen bleiben, den Kopf nicht verlieren und sie beherrschen wie ein Techniker" (S. 93).

– analytisch

Der Vergleich mit dem „Techniker" ist nicht willkürlich gewählt. Sein naturwissenschaftlicher Blick weist ihn als geistigen Vorläufer der Physiker aus, die Dürrenmatt 1962 in seinem gleichnamigen Drama gestaltet; wie sie will er emotionsfrei nach logischem Kalkül die anstehenden Probleme bewältigen. Er hat Jura studiert und in Basel promoviert; sein wissenschaftlicher Sachverstand lässt ihn weit über seinen Fachkollegen stehen. Die Qualität seiner Arbeit prädestiniert ihn zu einer Führungsposition – etwa als Nachfolger des Kommandanten –, aber er ist sich seines Wertes zu bewusst, wirkt egozentrisch und arrogant, lässt auch keine Spur von Subalternität erkennen. Außerdem ist er parteilos, was seine Karrieremöglichkeiten einschränkt, ohne dass ihn dies aber zu beeindrucken scheint. Eine neue Herausforderung bahnt sich an, als Matthäi beauftragt wird, nach Jordanien zu reisen, um die Polizei von Amman zu reorganisieren. Für den Fünfzigjährigen bietet sich damit die Chance, einen offensichtlich langweilig gewordenen Dienst zu quittieren und die Schweiz endgültig zu verlassen.

„Matthäi am Letzten"

Seine menschlichen Schwächen bringen ihm unter seiner Klientel wie unter Kollegen die Bezeichnung „Matthäi am Letzten" ein, eine Anspielung auf den Apostel Matthäus, der nach den Worten der Apostelgeschichte (1,21–26) erst nach dem Tode Jesu als letzter der zwölf berufen wurde. Der spöttische Beiname gewinnt eine tiefere Bedeutung, wenn die ersten Worte, die Matthäi in diesem Roman äußert, „Ich warte, ich warte, er wird kommen, er wird kommen", sind. Sie beziehen sich auf den Mörder, den der vertrottelte Alte noch immer ausfindig machen will. Die christliche Bedeutung der Heilserwartung ist in seinen Worten aber nicht minder angelegt, nimmt man seine Mimik ernst: „das Gesicht verklärt von einem unermeßlichen Glauben" (S. 16). Die unerschütterliche Hoffnung des ehemaligen Kommissärs, den Mörder fassen zu können, wird enttäuscht, sie erweist sich auch als unmenschlich. Dass dem Glauben an eine christliche Erlösung ein ähnliches Schicksal beschieden sein könnte, deutet der Autor hier zumindest an.

Matthäi gibt seine Karriere auf, ohne sich darüber ernsthaft Gedanken zu machen oder Skrupel wegen der internationalen Verpflichtungen zu empfinden. Das spricht für sein Selbstbewusstsein, lässt aber auch erkennen, dass in seinem genau abgezirkelten Leben eine wesentliche Veränderung eingetreten ist. Der leidenschaftslose Ermittler wird aus seiner „alten Gleichgültigkeit" (S. 94) durch den Mord an Gritli Moser gerissen. Das Versprechen, das er ihrer Mutter gibt, *Das Versprechen* „bei (s)einer Seligkeit" den Mörder zu finden, belastet ihn zunächst wenig, gibt es ihm doch die Möglichkeit, einer prekären Situation zu entkommen. Daraus erschließt sich auch der Doppelcharakter des Titels: er zielt auf die feierliche Verpflichtung wie auf den *lapsus linguae*, den sprachlichen Fehlgriff. Matthäis Zusage soll die Eltern, vermutlich auch sich selbst, täuschen. Erst als er wirklich versucht, seiner Zusicherung gerecht zu werden, erweist es sich jedoch, wie fundamental der Fehlgriff ist.

Seine Selbstsicherheit verändert sich, als der Hausierer zum Opfer der *Eine unfähige* Polizeigewalt wird und sich das Leben nimmt. Durch geschickte Men- *Polizei* schenführung und kühlen Verstand hatte Matthäi zunächst erreicht, dass von Gunten der Lynchjustiz der Dorfbewohner entzogen wird – nur um zu erleben, dass die Kollegen auf dem Polizeirevier mit eleganteren Methoden erfolgreicher als diese ihr Ziel erreichen. Er macht sich nun Vorwürfe, den Tod des Hausierers mitverschuldet zu haben, da er sich auf die Abreise nach Amman vorbereitet hat.

Ein doppeltes Erlebnis erst wirft ihn wirklich aus der Bahn: zunächst der Anblick der Dorfkinder bei der Beerdigung Gritli Mosers, anschließend der einer jubelnden Schulklasse auf dem Flughafen Zürich. Er erkennt, dass weitere Kinder in Gefahr sind, solange der Mörder nicht gefasst wird, und er ist sich sicher, dass von Gunten nicht der Täter gewesen ist. Matthäi bringt diesen Wendepunkt – wenn auch *Der Wendepunkt* widerwillig und nur, weil er die Diagnose des Arztes für seine weiteren Ermittlungen benötigt – in der Klinik Dr. Lochers zum Ausdruck: „Ich wehrte mich nicht für den Hausierer. (...) Ich kniff wieder aus in die Ruhe, in die Überlegenheit, in die Form, in die Unmenschlichkeit, bis ich auf dem Flugplatz die Kinder sah (...) Und nun bin ich hier. Weil ich nicht an die Schuld des Hausierers glaube und nun mein Versprechen halten muß" (ebd.).

Ein Affektstau
bricht auf

Der abrupte Wandel in Matthäis Charakter macht sich auch in Verhaltensänderungen bemerkbar, die in seiner Umgebung sofort auffallen: er raucht, trinkt, hält sich in Bars auf, wechselt das Hotel. Leidenschaftlich ist er darum bemüht, den Mordfall neu aufzurollen und sich ein Bild vom Täter zu machen, um ihn stellen zu können. Ohne über polizeiliche Kompetenzen zu verfügen, nimmt er daher eine Zeichnung des ermordeten Mädchens an sich, die er dem Leiter der psychiatrischen Klinik vorlegt. Im Verlauf dieses Gesprächs wird die Gefahr deutlich, die Matthäis neugefundene Leidenschaftlichkeit nach der lange aufgestauten Gefühlskälte für ihn selbst bedeutet. Dr. Locher spricht von einer „sprunghaften Charakterveränderung" und „Symptomen einer beginnenden Erkrankung" (S. 90), die letztlich in den Wahnsinn führen können.

Matthäis weiteres Vorgehen bestätigt die Befürchtungen des Arztes. Allein auf die Zeichnung des toten Mädchens als Indiz angewiesen, gelangt Matthäi zu seinen Arbeitshypothesen. Nachdem ein Detail wie „das Tier mit den seltsamen Hörnern" (S. 111) sich als Wappentier auf den Nummernschildern des Kantons Graubünden in sein Konstrukt einpassen lässt, wird er selbstsicher. Da er vom Täter aber noch zu wenig weiß, geht er dazu über, einen menschlichen Lockvogel zu benutzen. In einer ausführlichen Parabel erläutert er dem Kommandanten seine Methode, den Mörder zu fangen, so wie Knaben mit einem Köder Fische fangen.

Gefühle von Menschlichkeit und Fürsorge, die ihn zunächst in seinem Handeln bestimmt hatten, erscheinen in diesem Gespräch nicht mehr, im Gegenteil: Annemarie verwendet er als Mittel zum Zweck. Mehr noch, um zu beweisen, dass seine Theorie tatsächlich stimmt, fordert er Annemarie auf, nach einem ersten Treffen weiter Kontakt mit dem „Zauberer" zu halten: „Er ist ein lieber Zauberer. Geh nur morgen wieder zu ihm" (S. 126).

Trivialmythen

Er forciert die Gefahr für das Kind, um seinen Traum von einem altertümlichen Duell, dem Zweikampf zwischen Detektiv und Mörder, wahr werden zu lassen. Durch das lange Warten bereits zermürbt, lebt er sich in einen Dämmerzustand hinein, der dem Happy End eines billigen Trivialromans entnommen zu sein scheint: „Er stellte sich vor, wie der Bursche käme, gewaltig, linkisch, kindisch, voll Zutraulichkeit und Mordgier (...) und wie es dann zum wilden blutigen Kampfe von Mann zu Mann käme, zur Entscheidung, zur Erlösung, und wie der Mörder dann vor ihm liegen würde, zerschlagen, winselnd, gestehend" (S. 119).

Wahnsinn

Die Vergeblichkeit seines Wartens treibt ihn in den Wahnsinn. Das ist der Grund, warum die Überwachung des potentiellen Tatortes über jede vernünftige Regelung hinaus ausgedehnt wird: „Es ging uns jetzt nicht mehr um das Kind und nicht mehr um den Mörder, es ging uns um Matthäi, der Mann mußte recht behalten, an sein Ziel kommen, sonst geschah ein Unglück" (S. 129). Wie schnell bei dieser konzentrierten Form der Beobachtung die Nerven überreizt sind, lässt das Beispiel des Staatsanwaltes und der übrigen Beamten deutlich werden: ihr Übergriff gegen das siebenjährige Mädchen zeigt nichts anderes als das nach außen gekehrte Pendant des Gewaltpotentials, das sich bei Matthäi nach innen wendet und seine Psyche zerstört.

Aus widersprüchlichen Motiven setzt sich so Matthäis Verhalten zusammen. Seine Weigerung, die Suche nach dem Mörder aufzugeben, zeigt eine übermenschliche, wenn es um die Sicherheit Annemaries geht, auch unmenschliche Sturheit. Die geistige Verwirrung Matthäis begründet der Kommandant mit dessen Unfähigkeit, die banale Wirklichkeit zu akzeptieren: „Er wollte, daß seine Rechnung auch in der Wirklichkeit aufgehe. Er mußte daher die Wirklichkeit verleugnen und im Leeren münden" (S. 145). Diese Deutung lässt jedoch die Selbstbeurteilung Matthäis außer Acht, der den Schutz der Kinder in den Mittelpunkt seines Lebens stellt und dafür bereit ist, seine Karriere aufs Spiel zu setzen. *Ambivalenz von Sturheit und Realitätssinn*

Der Realitätssinn des Kommandanten führt dazu, dass er untätig wird und zu einer zynischen Einstellung Zuflucht nimmt, wo Engagement über das gewöhnliche Maß hinaus gefragt wäre: „Die Möglichkeit, daß Kinder in Gefahr seien, (…) müsse man hinnehmen. Falls Matthäi mit seiner Vermutung recht habe, könne man nur hoffen, daß sich der wirkliche Mörder irgend einmal verrate oder daß er, im schlimmsten Fall, bei seinem nächsten Verbrechen für uns brauchbare Spuren hinterlassen werde" (S. 76).

Dem Leser bleibt es damit selbst überlassen, sich sein Urteil zu bilden – der Meinung des Kommandanten zuzustimmen, der Selbstdeutung Matthäis zu folgen oder sich seine eigenen Gedanken über die Widersprüchlichkeit des Lebens zu machen, das Matthäi auf dem Höhepunkt seiner Karriere menschliche Gefühle erfahren und zur Durchsetzung seiner Ziele zu mitleidlosen Methoden greifen, sein gedankliches Konstrukt stimmig erscheinen und ihn zugleich scheitern lässt.

4.2 Dr. H., Kommandant der Kantonspolizei Zürich und Nationalrat

Dürrenmatt lässt die Handlung seines Romans durch den ehemaligen Vorgesetzten Matthäis, Dr. H., berichten und legt damit eine deutliche Distanz zwischen Detektiv und Ich-Erzähler. Er betont die Subjektivität der Perspektive und verhindert die Identifizierung des Lesers mit seiner Zentralfigur.

Dr. H. ist eine dominante, respektheischende Figur, altmodisch, aber eigenwillig. Konservativ in seinem Auftreten – „ein großer und schwe- *Eine dominante Figur des Romans*

*Liberale
Ansichten*

rer Mann, altmodisch, mit einer goldenen Uhrkette quer über der Weste, wie man dies heute nur noch selten sieht" (S. 12) –, zeigt er sich weltoffen und liberal in seinen Ansichten. In aller Selbstverständlichkeit duzt er die Bardame des Hotels, trinkt reichlich Rotwein, raucht „Bahianos", seine Lieblingszigarren. Das Volumen seiner Stimme, die lebhafte Gestik und seine direkte, einen Affront nicht scheuende Art wirken auf den Ich-Erzähler abschreckend und attraktiv zugleich.

Der Kommandant betrachtet die solide Ordnung der Schweiz, die er für Matthäis Humorlosigkeit verantwortlich macht, skeptisch. Individuell bekämpft er sie mit seiner „Boutique", in der all das zugelassen ist, was in einem offiziellen Büro verpönt wäre: Alkoholkonsum, „eine fürchterliche Unordnung" von Büchern und Akten (S. 48). Er hat wenig für die konventionell betriebene Staatsreligion übrig, die er in seiner Schilderung eines typischen Schweizer Sonntags mit Glockengeläute, Radiopredigten und Prozessionszügen als „lärmenden Gottesfrieden" bezeichnet (S. 108).

*Gespaltenes
Verhältnis zu
Matthäi*

Das Verhältnis zu Kommissär Matthäi ist ambivalent: er bewundert seine kriminalistische Fähigkeit und Klarheit, während ihm seine Humorlosigkeit auf die Nerven geht. Insgesamt überwiegt jedoch die Sympathie: „Ich war wohl der einzige, der ihn mochte" (S. 20). Auch nach der Entlassung aus dem Polizeidienst, die Matthäi durch seine abgebrochene Reise provoziert, kümmert er sich um ihn, mehr als älterer Freund denn als Vorgesetzter: er konsultiert den Psychiater, um Matthäi dort untersuchen und behandeln zu lassen; er schreibt an die jordanische Botschaft, um eine Fristverlängerung zu erreichen; er fühlt sich verantwortlich für das gesellschaftliche Aufsehen, das seine Beschäftigung an der Tankstelle verursacht und fährt dorthin, um nach dem Rechten zu sehen; er ist sofort bereit, ihm alle Unterstützung für die Überwachungsaktion zu liefern, da er insgeheim Matthäis Konzept für zutreffend hält.

Ein Realpolitiker

Seine Position, in der er Verantwortung für den gesamten Polizeibetrieb trägt, erfordert jedoch offensichtlich ein zurückhaltenderes Vorgehen; sie scheint ihm zu verbieten, auf diesen Einzelfall so viel Aufmerksamkeit zu richten, wie Matthäi dies fordert: „Der Mann imponierte mir zwar, seine Methode war ungewöhnlich, hatte etwas Grandioses (...); dennoch hielt ich sein Unternehmen für aussichtslos, das Risiko zu groß, die Gewinnchancen zu klein" (S. 116 f.).

Diese Zurückhaltung setzt den Kommandanten für den Leser ins Zwielicht. Er wehrt den maßlosen Einsatz Matthäis ab, auch auf die Gefahr hin, dass der Mörder weiterhin unentdeckt bleibt. Als die Überwachung Annemaries in einer Gewaltexplosion endet, gibt er auf – nicht nur aus der Einsicht heraus, dass der Täter kaum noch erscheinen wird, sondern um der grausamen Warterei ein Ende zu bereiten.

Sein generalisierendes Resümee, das er dem Ich-Erzähler gegenüber formuliert, bevor er noch mit seinem Bericht beginnt, trifft ihn daher auch selbst. Es fällt ihm offensichtlich nicht leicht, rückt es doch das eigene Verhalten in ein schiefes Licht und lässt dem ehemaligen Kommissär mehr Gerechtigkeit wiederfahren, als er das dem äußeren Anschein nach verdient hat: „Ich weiß, (...) wie leicht wir uns irren, aber auch, daß wir eben trotzdem handeln müssen, selbst wenn wir Gefahr laufen, falsch zu handeln" (S. 19).

Die Verlegenheit und Hilflosigkeit, die der Erzähler noch neun Jahre nach den Ereignissen spürt, wenn Dr. H. Kontakt mit Matthäi aufnehmen will, rührt wohl aus der Einsicht in sein eigenes problematisches Verhalten. In mehr als einem Punkt gleicht damit der Kommandant im „Versprechen" der zentralen Figur der beiden vorhergehenden Romane, Kommissär Bärlach.

Verlegenheit Matthäi gegenüber

4.3 Der Ich-Erzähler

Der Autor des Romans tritt nur in den Kapiteln eins und 28 in Erscheinung. Im ersten Kapitel beschreibt er seinen Aufenthalt in Chur und die durch Alkohol und Tabletten getrübte Wahrnehmung der Autofahrt nach Zürich, insbesondere den Aufenthalt an der schäbigen Tankstelle von Matthäi. Auf den Seiten 140/141 folgt, in Klammern gesetzt, eine knappe Zusammenfassung des Geschehens auf der Rahmenebene, das Mittagessen in der Züricher „Kronenhalle", und ein Hinweis auf die Arbeit, die der Autor an diesem Text selbst erbracht hat, indem er die Äußerungen des Kommandanten redigiert. Betrachtet man die Struktur der Ich-Erzählung im Rahmen genauer, wird deutlich, dass man diesem „Ich" in zwei sehr verschiedenen Situationen begegnet. Das eine „Ich" hat die beschriebenen Vorgänge vor längerer Zeit erlebt, genauer „im März dieses Jahres" (S. 11). Der Erzähler ist zu Beginn der Rahmenhandlung offensichtlich in einer krisenhaften Phase seines literarischen Selbstverständnisses angelangt. Zwar gilt er als anerkannte Autorität in dem von ihm vertretenen Genre, sonst wäre er kaum zu einem Vortrag „Über die Kunst, Kriminalromane zu schreiben" eingeladen. Aber die Resonanz ist nicht zufällig gering und die Winterstimmung und die trostlose Hotelatmosphäre verstärken den frustrierenden Eindruck, der durch die Bemerkung des Kommandanten noch ergänzt wird: „Sie tragen ziemlich ungeschickt vor" (S. 12). Der Schriftsteller reagiert typisch defensiv: er trinkt fünf Gläser Whisky und schluckt überdies zwei Schlaftabletten. Damit verläuft der folgende Tag ähnlich trüb wie der vorhergehende Abend. Die Rückfahrt aus Chur wirkt auf ihn „wie eine Flucht (...) Es ging wie in einem bösen Traume zu, wie verhext, als sollte ich dieses Land, diese Berge nie kennenlernen" (S. 13).

Auftritte nur im Rahmen

Selbstzweifel des Kriminalschriftstellers

Das Bewusstsein, in seinem Beruf an eine Grenze gestoßen zu sein, lässt ihn jedoch trotz seines Dahindämmerns „aufmerksam" dem Bericht des Nationalrats folgen – „ich hörte seine Stimme wie von ferne, verschanzt hinter meiner Müdigkeit, doch aufmerksam wie ein Tier im Bau" (S. 17) –, in der Hoffnung offensichtlich, durch dessen Erzählung der eigenen Krise zu entkommen. Er erhält nun eine inhaltliche Kritik seines Vortrages, die auf eine grundsätzliche Ablehnung literarischer Kriminalgeschichten hinausläuft. Am Ende jedoch steht, wie der veröffentlichte Roman zeigt, ein Text, in dem der Schriftsteller die erstarrten Schemata des Genres überwindet. Das zweite „Ich"

Einstellungs-wandel

hat damit die Erlebnisse ver- und bearbeitet. Es hat erkennbar die Maßstäbe des Kommandanten übernommen und die eigene Einstellung gegenüber dem traditionellen Kriminalroman verändert. Diese Entwicklung in der Einsicht des Erzählers gilt es zu berücksichtigen: er ist im zweiten Rahmenteil ein anderer als auf den ersten Seiten des Romans.

Die Bearbeitung des mündlichen Berichts, die der Kommandant ausdrücklich dem Autor überlässt, ermöglicht die eigenwillige Konstruktion des Romans. Dürrenmatt verknüpft die Auffassung eines Experten, der selbst aus der Kriminalpraxis kommt, mit den Fertigkeiten des Romanciers. Damit erhält der Text eine größere epische Distanz, indem erzählt wird und zugleich philosophische Einschübe,

Fiktion und Wirklichkeit

Wertungen und Kommentare zum Verhältnis von Literatur und Wirklichkeit eingeflochten werden können. Die Fiktion erhält ihre Glaubwürdigkeit – handelt die Geschichte um Dr. Matthäi doch von den „wirklichen" Ereignissen der Züricher Kantonspolizei.

Allerdings erscheint es unstatthaft, den Erzähler der Rahmenhandlung mit Dürrenmatt selbst zu identifizieren – auch da, wo er zu einer ironisierenden Selbstreferentialität neigt, den Kommandanten etwa zum Dürrenmatt-Kritiker werden lässt, der seine Vorliebe für den Freund und Rivalen Max Frisch zum Ausdruck bringt: „ich kenne Sie ja nun ein wenig, wenn auch, Hand aufs Herz, mir Max Frisch näher liegt" (S. 144). Natürlich handelt es sich hier nicht um einen tatsächlichen Wirklichkeitsbericht, sondern um einen imitierten, da auch der Ich-Erzähler nur eine fiktive Gestalt ist. Einleuchtender erscheint daher die Unterscheidung in einen immanenten und einen realen Autor, wie sie Hans Bänziger in Anlehnung an Thomas Mann und Wolfgang Kayser vertritt,

> „daß der Erzähler nämlich eine erdichtete Person sei, in die sich der Autor jeweilen verwandle, mit anderen Worten, daß der Erzähler sowohl ein Teil der Dichtung sei, wie auch außerhalb davon stehe". (Hans Bänziger: Frisch und Dürrenmatt, a. a. O., S. 162)

5. Sprache und Stil

Die Perspektive in diesem Roman ist mehrfach gebrochen: dem Leser *Abgestufte*
am nächsten steht der Schriftsteller, in dessen Bericht die Erzählung *Perspektive*
des Kommandanten über den Fall des Kommissärs Matthäi eingeht.
Diese Abstufung ist aber in sich durchlässig, da der Autor zu einem
Schauplatz der Handlung geführt wird und wesentliche Personen dort
antrifft. Außerdem betont er am Ende, es sei nötig gewesen, „einzugreifen, zu formen, neu zu formen" (S. 141). Durch diese Multiper-
spektivität und den paradoxen Handlungsverlauf verfremdet Dürrenmatt das Geschehen so weit, dass der Leser genötigt wird, sich das
Geschehen bewusst zu machen, statt sich mit einer der Figuren zu
identifizieren und auf diese Weise zur Distanz bzw. zur Objektivität
veranlasst wird.

Die vielfältigen Perspektiven tragen dazu bei, Personen und Gescheh- *erlaubt*
nisse aus unterschiedlicher Sicht je verschieden zu beurteilen. So ent- *unterschiedliche*
steht ein differenziertes Bild, wenn Matthäi in Kapitel sieben durch *Beurteilungen*
sein eigenes Verhalten, die kritischen Äußerungen des Staatsanwaltes
und die positiven Reaktionen der Mägendorfer Bevölkerung charakterisiert wird. Dazu treten die Beurteilung des Kommandanten im
zweiten und die Selbsteinschätzung des Kommissärs im zweiund-
zwanzigsten Kapitel. Eine groteske Verzerrung entsteht überdies,
wenn man die Äußerungen der Greisin über die Taten ihres verstorbenen Mannes mit Matthäis Reaktionen vergleicht: erscheinen ihr die
Kindermorde als nebensächliche Bagatelle, verliert er darüber den
Verstand.

Die einzelnen Kapitel der Binnenhandlung haben einen höchst unterschiedlichen Umfang, der zwischen einer und fünfzehn Seiten liegt;
die Zahl der längeren nimmt im zweiten Teil des Romans zu (Kapitel
22/24/25/26/29). Das spricht für die zunehmende Komplexität des
Geschehens, aber auch für die größeren Zeitabschnitte, die nach der *Änderungen in*
Mittelzäsur beschrieben werden. So umfasst die Schilderung von der *der Zeitstruktur*
Entdeckung der Leiche bis zum Selbstmord des Hausierers drei Tage,
von jenem Donnerstag gegen Ende April 1950 bis zum Samstagmor-
gen. Die zweite Hälfte beginnt zunächst mit sehr präzisen Zeitangaben, die bis zum Besuch Matthäis am Montag in der Privatklinik Dr.
Lochers reichen.

Danach werden die Zeitabschnitte größer; ab dem 23. Kapitel wird
vage von „einige(n) Tage(n) später" geschrieben (S. 106). „Es war
Sonntag", heißt es im 24. Kapitel; später erhält der Leser nur noch
ungenaue Angaben über die Monate und Jahreszeiten: „mildes Juni-
wetter" herrscht, als der Kommandant die Tankstelle Matthäis auf-
sucht (S. 111). Mit der Nervenbelastung steigt auch die Hitze: „Der *Innere und äußere*
Sommer kam, heiß, endlos, flimmernd, lastend, mit gewaltigen Ent- *Handlung*

ladungen oft, und so brachen die großen Ferien an" (S. 118). Die
Monate vergehen, ohne dass die innere Anspannung abgebaut wird.
Die Intensität der Farben in der Herbstlandschaft spiegelt erneut
Matthäis Lage: „der Herbst war da, die Landschaft überdeutlich, rot
und gelb, wie unter einer gewaltigen Lupe" (S. 121).

Erst als die Auflösung des Falles möglich erscheint, verkürzt sich
erneut der Zeitrhythmus: Annemaries Treffen mit dem Zauberer findet „am nächsten Tag" statt (S. 123); „am nächsten Nachmittag" wird
sie heimlich von Matthäi beobachtet (S. 124); noch präziser, „am nächsten Morgen, um acht" besucht er den Kommandanten in seinem
Züricher Büro (S. 127). Der folgende Beobachtungszeitraum der Polizeibeamten wird vom Donnerstag bis zum darauf folgenden Freitag
ausgedehnt, präzise Zeitangaben sind knapp gesetzt. Danach bricht
die Binnenhandlung ab, die „folgenden Monate, Jahre" werden nur
angedeutet, sie bleiben ohne Relevanz, weil keine Veränderung mehr
eintritt (S. 141).

Argumentativer Sprachduktus im 1. Teil

Spiegeln die jahreszeitlichen Veränderungen in der Natur die innere Situation des Kommissärs, so gilt dies auch für den Sprachstil,
der Matthäi kennzeichnet. Mit argumentativen, hypotaktisch ge-
bauten Sätzen etwa nimmt er in Kapitel sieben die Auseinandersetzung mit den Mägendorfern auf. Ihrer Forderung, von Gunten der
Lynchjustiz auszuliefern, setzt er alte Traditionen entgegen, fordert
Gerechtigkeit ein und kehrt in seiner klaren, die Wut der Bauern ernst-
nehmenden Analyse der Rechtslage die Stimmung der Menschen
um. Er verwendet dafür vor allem Konditional- und Konsekutiv-
sätze und arbeitet mit rhetorischen Fragen (S. 38 f.). In seiner anschließenden Zusammenfassung der Ermittlung geht er zu knappen,
prägnanten Formulierungen über. Schließlich überlässt er mit einer
erneuten rhetorischen Frage die Entscheidung den Bewohnern:
„Ist damit der Hausierer überführt? Das müsst ihr euch fragen"
(S. 42).

assoziativer im 2. Teil

Im zweiten Teil der Handlung wird der Wandel in Matthäis Persönlichkeit von der überlegenen Intellektualität zur unerbittlichen Leidenschaft auch stilistisch wiedergegeben. Das zermürbende Warten
spiegelt sich im Satzbau, der nun zahlreiche parataktisch gebaute Rei-
hungen enthält. Anaphern unterstreichen diesen Sachverhalt noch.
Der assoziativen Technik des *stream of consciousness* vergleichbar werden so die Wahrnehmungen und Empfindungen Matthäis wiedergegeben, sein Kreisen um ein einziges Ziel. Eine voluminöse Satzreihe
etwa drückt seine verzweifelte Haltung aus, nachdem auch die Sommerferien Annemaries kein Resultat gebracht haben:

> „Sein Vorhaben war immer unsinniger, unmöglicher, die Gewinn-
> chance immer geringer, er wußte es genau; wie oft schon mußte der
> Mörder an der Tankstelle vorübergefahren sein, überlegte er, vielleicht

> täglich, sicher wöchentlich, und noch hatte sich nichts ereignet, noch
> tappte er im Dunkeln, noch zeigte sich kein Anhaltspunkt, nicht ein-
> mal die Spur eines Verdachts, nur Automobilisten, die kamen und gin-
> gen, bisweilen mit dem Mädchen schwatzten, harmlos, zufällig, un-
> durchdringlich." (S. 121)

Ähnlich wirkt die lange, nervenaufreibende Beobachtung des Tatortes
auch auf die Beamten, was deutlich wird, wenn das unkontrollierte
Bewusstsein des Kommandanten in einem Wutausbruch alle irritie-
renden Merkmale des Mädchens aufzählt: „ich konnte das Lied schon
längst nicht mehr hören und das Kind schon längst nicht mehr sehen,
seinen gräßlichen Mund mit den Zahnlücken, die dünnen Zöpfe, das
geschmacklose rote Kleidchen; das Mädchen schien mir nun wider-
lich, gemein, ordinär, dumm, ich hätte es erwürgen können, töten,
zerreißen, nur um das blödsinnige ‚Maria saß auf einem Stein' nicht
mehr zu vernehmen" (S. 132).

Vor allem dieses leitmotivisch angelegte Küchenlied trägt dazu bei, *Küchenlied*
die Nerven zu strapazieren. Viermal wird die alte Moritat verwendet,
die zugleich auf die Sentimentalität des Kindes wie auf sein in sich ver-
sunkenes Warten anspielt, immer mehr die Aversionen des Kommandanten herausfordernd. Als Leitmotive werden auch die Farbe
Rot und der Wald in der Handlung eingesetzt. Beide Bildfelder – der
rote Rock des ermordeten Mädchens und der Laubwald als Ort, an
dem die Leiche gefunden wird und Annemarie auf ihren Mörder wartet – liefern Hinweise für Kindesmissbrauch und Kindesmisshand-
lung, die der Roman nicht offen reflektiert.

Zwölfmal treten Kinder im Verlauf der Binnenhandlung auf, die kaum *Kindergestalten*
in das Geschehen einbezogen werden, aber eine symbolische Bedeu-
tung tragen. Die beiden Kinder etwa, die Matthäi auf seinem Weg zur
Leiche und später zu den Eltern Gritli Mosers folgen (S. 26/27/30),
werden knapp durch ihre Spielsachen skizziert, bleiben aber stumm
und treten auch im weiteren Geschehen nicht mehr auf. Wie die
Schulkinder während der Beerdigung des Opfers oder auf dem Flughafen deuten sie die Verantwortung an, die der Kommissär Kindern
gegenüber empfindet.

Handlungsort ist auch in diesem Roman die Schweiz, präziser die Orte *Handlungsorte*
Zürich und Chur, deren nähere Umgebung und die Strecke zwischen
den beiden Städten. Weniger als in Dürrenmatts erstem Roman „Der
Richter und sein Henker" haben die Schauplätze hier aber die Aufgabe, durch genaues Lokalkolorit der Handlung einen quasi-doku-
mentarischen Wahrheitsgehalt zu behaupten. Sie werden nur knapp
angerissen, um die Handlung zu verorten – die Züricher Hotels,
Restaurants, das Gebäude der Kriminalpolizei, das Kantonsspital …
Einige Orte lassen sich nicht identifizieren: so Mägendorf, das Rot-
kehlertälchen, Im Moosbach, Fehren und Röthen (vgl. dazu: Peter
Spycher: Friedrich Dürrenmatt, a. a. O., S. 319). Sie entspringen der

Phantasie Dürrenmatts und tragen zur geographischen Unschärfe der Schauplätze bei.

als Spiegel innerer Zustände

Die Landschaftsschilderung dient in erster Linie dazu, die nervliche Anspannung der Personen zu spiegeln. So beschreibt der Ich-Erzähler seine Fahrt von Chur nach Zürich als Analogie von inneren und äußeren Vorgängen: „Es war wie eine Flucht. Ich döste vor mich hin, bleiern und müde; schattenhaft schob sich in den tiefliegenden Wolken ein verschneites Tal an uns vorbei, starr vor Kälte" (S. 13). Ähnliches gilt für den Weg Matthäis in die außerhalb gelegene Klinik Dr. Lochers (S. 84).

Ein trügerisches Märchenidyll

Deutlicher noch ist die Waldlichtung, an der Annemarie auf ihren „Zauberer" wartet, als trügerisches Märchen-Idyll arrangiert. Kunstvoll wird eine verträumte Herbstszenerie mit Assoziationen von Tod und Verwesung ausgestattet:

> „niedere Tannen, Gestrüpp, rot und braun raschelndes Laub am Boden, das Hämmern des Spechts irgendwo im Hintergrund, wo sich größere Tannen vor den Himmel schoben, zwischen denen die Sonne in schrägen Strahlen hindurchbrach. (...) Von der anderen Waldseite her mündete ein großer Weg ein, der wohl dazu diente, auf ihm Abfälle vom Dorfe herzuschaffen, denn ein Berg von Asche türmte sich in der Lichtung. An seinen Flanken lagen Konservendosen, rostige Drähte und sonstiges Zeug, eine Ansammlung von Unrat, die sich zu einem Bächlein hinab senkte, das mitten in der Lichtung murmelte." (S. 122)

Verstärkend wird das Herbstwetter als „ein Kraftstrotzen vor dem Verfall" bezeichnet; auch der Name des erwarteten „Zauberers", Albert Schrott, gehört in diesen Zusammenhang.

„Rotkäppchen"

„Rotkäppchen", das Märchenmotiv der Gebrüder Grimm, steht Pate, wenn Gritli Moser auf Geheiß ihrer Eltern die Großmutter besucht, der sie einen Korb voll Lebensmittel bringen soll. Sie trifft im Wald aber heimlich „den Zauberer", der das Mädchen als „Igelriese" tötet. Die düstere Macht des Märchens, die Schrott einsetzt, um Kinder zu verführen, klingt noch einmal an, wenn Matthäi Annemarie Märchen erzählt, um sie an sich zu binden. Das Rotkäppchen-Motiv scheint ebenso auf, wenn Frau Schrott Besuch von „d(er) Enkelin ihres Patenkindes" erhält, die „Blumen und dabei ein rotes Röcklein getragen habe" (S. 149). Es verwandelt sich in schwarzen Humor, wenn Frau Schrott ihre Version des Tatherganges im Ton eines Kindermärchens erzählt. Elisabeth Brock-Sulzer verweist zurecht auf die Bedeutung dieses Erzählgenres:

> „Das Märchen spielt überhaupt stark in diese Geschichte hinein: wie Rotkäppchen war das ermordete Gritli Moser mit seinem Körbchen auf dem Weg zur Großmutter, kein rotes Käppchen, wohl aber ein rotes Röcklein trug es, wie alle Opfer des ‚Igelriesen'. Es ist dem Bösen

verfallen, weil es in ihm eine Märchengestalt witterte, der Mörder hat sich ja mit diesem Nimbus absichtlich umgeben. Matthäi andererseits arbeitet auch mit Märchen, er erzählt seinem Lockvogel Annemarie stundenlang Märchen, um das Kind in der Nähe zu behalten, und endlich in der grauenvollen Schlußwendung des Romans, in der Erzählung der sterbenden Frau Schrott, der Frau des Mörders, heißt es: „... es war nun wirklich, als erzählte sie zwei Kindern ein Märchen, in dem ja auch das Böse und das Absurde geschieht, als etwas ebenso Wunderbares wie das Gute..." (Elisabeth Brock-Sulzer: Dürrenmatt, a. a. O., S. 107)

Ihre eigentliche Bedeutung erhalten die Märchenelemente im Kontext der Groteske. Sie dienen in diesem Roman als Zeichen für die Attraktivität und Zerstörungskraft grausam-triebhaften Verhaltens. Dürrenmatt setzt die Tradition des Märchens ein, um den Leser mit einer gespenstisch verfremdeten Welt zu konfrontieren. Die Distanz, die durch den Perspektivenwechsel bereits aufgebaut ist, wird mit den Mitteln des Humors, der Ironie oder der Tragikomik noch einmal verschärft, um eine differenziertere Auseinandersetzung mit dem Geschehen zu erreichen:

Weitere Märchenelemente

> „Das Groteske ist eine der großen Möglichkeiten, genau zu sein. Es kann nicht geleugnet werden, daß diese Kunst die Grausamkeit der Objektivität besitzt, doch ist sie nicht die Kunst der Nihilisten, sondern weit eher der Moralisten." (Friedrich Dürrenmatt: Anmerkungen zur Komödie (1952), in: ders.: Theater-Schriften und Reden, a. a. O., S. 137)

Eine Pointe von grausamem Sarkasmus liefert die Erzählung der Frau Schrott. In ihrer Gestaltung mischen sich Todesnähe – „Neben dem Bett stand ein komplizierter Apparat, irgendeine medizinische Apparatur, zu der verschiedene Schläuche führten, die unter der Bettdecke hervorkamen" (S. 148) – und verbissene Vitalität, harmlose Bonhomie und erbitterter Hass, naive Egozentrik, sentimental-selbstgerechte Frömmigkeit und raffinierter Materialismus. Ihren verstorbenen Mann schildert sie als Triebtäter, ohne die Brutalität seiner Taten und ihre eigene Verantwortung für den Tod der Mädchen erkennen zu wollen – eine Frau, die in ihrer Fähigkeit zu perfekter Verdrängung an das Vorbild der Ibsenschen „Stützen der Gesellschaft" erinnert. Deren Lebenslügen allerdings brechen in sich zusammen, die Vergangenheit holt beim Autor des Naturalismus die Wirklichkeit ein. In Dürrenmatts Welt dagegen bleibt die bürgerliche Fassade vordergründig intakt, wenn auch um den Preis einer grotesken Verfremdung.

Sarkastische Gestaltung des Bürgertums

„Stützen der Gesellschaft"

Der moralische Verfall der Bourgeoisie ist jedoch nicht sein Thema, seine Schwerpunkte setzt Dürrenmatt bei den unterschiedlich ausgeprägten Möglichkeiten des Individuums, auf die Zumutungen der

Gesellschaft zu reagieren: sei es im religiösen Wahnsinn wie bei „Albertchen selig", dessen grausames Geheimnis unter grotesken Umständen gelüftet wird, sei es in einem Kokon von Illusionen wie bei seiner monströsen Gattin oder der Unfähigkeit, die gewalttätigen Strukturen dieser Welt auszuhalten, ohne heilend eingreifen zu können, wie bei Matthäi.

Bestialische und menschliche Eigenschaften liegen nah beieinander in dieser Welt. Die Entwicklung vom Tier zum Menschen ist noch nicht weit fortgeschritten, Gewalt liegt in der Luft und drängt zum Ausbruch, wenn der Lack der Vernunft abblättert. Wie unvermittelt das geschehen kann, zeigt die Brutalität gegenüber Kindern, die nicht nur von einem Triebtäter wie Schrott, sondern auch von gesetzten Polizeibeamten ausgeht. „Wir sind Tiere, wir sind Tiere", erkennt der Kommandant, nachdem er durch das Gebrüll Annemaries „wieder zur Vernunft gekommen und von Grauen und Scham" erfüllt ist (S. 134).

Grausamkeit und Ästhetik

Grausamkeit paart Dürrenmatt mit Ästhetik, auch das ein Stilmittel der Groteske, um widersprüchliche Empfindungen auszudrücken. So ergänzt er den Fund einer Mädchenleiche, die so entstellt ist, dass die Polizeibeamten den Anblick nicht aushalten können, mit dem Bild ungeheurer Kostbarkeit und Schönheit: „Von den tosenden Bäumen fielen immer noch große silberne Tropfen, glitzerten wie Diamanten" (S. 27).

Humor

Wesentlich ist in diesem Roman Dürrenmatts jedoch die komische Seite, die Lust an der Groteske. Sie wird erst in der zweiten Hälfte des Textes, wenn Matthäis Leidenschaft die engen Grenzen des vernunftgeleiteten Vorgehens sprengt, deutlich. Zunächst drückt sie sich als komischer Kontrast aus: kleinbürgerliche Empörung macht sich Luft, wenn der beurlaubte Kommissär gegen alle Vorstellungen, was sich schickt, rebelliert und ausspricht, was er denkt. Dass er damit in Widerspruch zur guten Gesellschaft gerät – „die Hottinger sei sehr angewidert gewesen" (S. 82) –, ist offensichtlich beabsichtigt. Deutlicher noch wird Matthäis Abkehr von den akzeptierten Normen, wenn er als Tankstellenpächter seine ehemaligen Klientel bedient: „Die Tankstelle Matthäis sei eine Art Pilgerort für die Unterwelt der ganzen Ostschweiz geworden. (...) Die Ehre, sich von einem ehemaligen Oberleutnant der Kantonspolizei bedienen zu lassen, sei offensichtlich zu groß" (S. 105).

Groteske

Der Höhepunkt der komischen Groteske liegt aber in der Schlusspointe. Dürrenmatts Vorliebe für Sprachwitz zeigt sich in der Namensgebung, wenn der Mörder „Schrott" heißt und damit auch seiner Frau, der Züricher Honoratiorentochter, diesen Namen weitergibt. In der abschließenden Drei-Personen-Sequenz wird noch einmal alles aufgeboten, was der Autor an tragikomischen Versatzstücken aufzubieten hat: der Pfarrer „orgelte hartnäckig" (S. 150), die alte Dame plaudert über die Morde ihres Mannes „und ihr kleiner Greisenkopf mit den schlohweißen Haaren wackelte lebenslustig hin und her, wie irrsinnig vor Freude und Lust über ihren Wutausbruch" (S. 151). Der Kommandant fühlt sich von dieser Beichte „verhöhnt" und regeneriert sich erst wieder, als er in seinem Stammlokal bei einer Leberknödelsuppe sitzt (S. 160 f.).

6. „Das Versprechen" als Kriminalroman/ Zusammenfassung

Dürrenmatt hat mit dem Drehbuch zu dem Film „Es geschah am helllichten Tag" vor Augen geführt, dass er in der Lage ist, einen stringenten, spannungsreichen Kriminalstoff zu gestalten. Gelingt es dem Detektiv hier, die Gültigkeit seines logischen Schlussverfahrens zu belegen und den Mörder zu stellen, so zeigt die folgende Fassung des Kriminalromans genau die gegenteilige Version: Matthäi scheitert, gerade weil er sich zu sehr auf die Logik verlassen hat.

Roman versus Filmfassung

Es geht Dürrenmatt in seinem dritten Kriminalroman weniger um ein spielerisches Ausloten der formalen Möglichkeiten innerhalb des Genres wie in den vorherigen Texten. Er will eine Generalabrechnung mit den thematischen Vorgaben. Wichtiger als die Praxis des Schriftstellers erscheint hier die theoretische Auseinandersetzung des Philosophen. Nicht von ungefähr hat Dürrenmatt der Kriminalstory in der Binnenhandlung einen Rahmen übergestülpt, in dessen zweitem und 28. Kapitel er den Kommandanten grundsätzlich über das Wesen des Kriminalromans räsonnieren lässt. Der Autor greift damit Edgar Allan Poes Essay in der Einleitung zum „Doppelmord in der Rue Morgue" auf, dessen inhaltlichen Aussagen er aber diametral widerspricht.

Abrechnung mit dem Genre

Auch Dürrenmatt stellt den großen Einzelgänger ins Zentrum, dessen Charakteristika dem klassischen Prototyp entsprechen: er ist intelligent, gefühllos, alleinstehend, ohne gesellschaftliche Kontakte, und er kann damit ohne den Zwang, Rücksichten zu nehmen, antreten. Er ist weniger skurril, aber noch weiter von dem gesellschaftlichen Kontext entfernt als sein Vorgänger Bärlach.

Der große Einzelgänger:

Seine Aufklärungsarbeit wird detailliert beschrieben: wie sich die ersten Hinweise zu Anhaltspunkten verdichten, sich daraus ein Lösungskonzept herauskristallisiert – all das entspricht dem Handlungsverlauf des Filmdrehbuchs. Aber der Kommissär scheitert, weil er das Wesen des Zufalls nicht einkalkuliert und auf der Validität seines analytischen Sachverstandes besteht. Er endet daher als verachteter sozialer Außenseiter, als Idiot auf der gleichen Stufe wie sein Kontrahent Schrott. Matthäi kann den Mörder nicht mehr überführen, damit stellt sich die Gattung selbst in Frage.

Sein Scheitern

verdeutlicht die
Fragwürdigkeit
des Genres
überhaupt

Sein Fall dient dem Kommandanten als Beispiel dafür, warum der Kriminalroman generell scheitern muss: die Realität widerspricht dem Schema, „Der Wirklichkeit ist mit Logik nur zum Teil beizukommen (...); die Wahrheit wird seit jeher von euch Schriftstellern den dramaturgischen Regeln zum Fraße hingeworfen" (S. 18) – ein „Requiem auf den Kriminalroman" also.

Fairer Weise müsste aber hinzugefügt werden, dass Dürrenmatt damit nur eine, wenn auch die traditionsreichste, Variante aus der Vielfalt an Spielformen innerhalb der Gattung des Kriminalromans trifft.

7. Die Filmfassung „Es geschah am hellichten Tag"

Autor und Film

Mit dem Titel des Films hat Dürrenmatt nichts zu tun, von ihm distanziert er sich deutlich im Nachwort. Er wurde wohl gewählt, weil er an die deutsche Version populärer Filmtitel seiner Zeit erinnert wie „An einem Tag wie jeder andere" *(The desperate hour)*. Dürrenmatts eigener Titelvorschlag lautet, wie er in einem Interview der Tribune de Genève am 7.5.1958 äußert, ganz anders: „– Quel sera le titre de ce film? – Il ne me plait guère: „C'est arrivé en plein jour" ... – En effet, cela pourrait être le titre de bien de films. – Justement. J'aurais aimé l'intituler: „Dieu a dormi un aprês-midi."

Das sind aber auch die einzigen kritischen Worte, die der Autor über die Filmversion findet. Er betont vielmehr, „daß der Film meinen Intentionen im wesentlichen entspricht". Allenfalls indirekt lässt seine Anmerkung, der Film sei eine „Kollektivarbeit" gewesen, darauf schließen, dass ihn die Kooperation mit den Bedürfnissen und Zwängen der Filmindustrie an der Verwirklichung eigener Ziele gehindert habe.

Der Produzent

1957 wird Dürrenmatt von dem Produzenten der Schweizer Praesens-Film Lazar Wechsler damit beauftragt, eine Erzählung abzuliefern, die das Thema Sexualverbrechen an Kindern behandelt. Wechsler bemüht sich mit seinen Produktionen um eine eigenständige Position im internationalen Filmbetrieb und ist damit auch künstlerisch wie ökonomisch in den vierziger und fünfziger Jahren erfolgreich. So stellt er unter der Regie Fred Zinnemanns „Die Gezeichneten" her, einen Film, der mit drei Oscars prämiert wird, andererseits ist er auch verantwortlich für mehrere „Heidi"-Filme, die das Bild der Schweiz weltweit verzuckern.

In der Zusammenarbeit mit dem ungarischen Regisseur Ladislao Vajda und dem Drehbuchautor Hans Jacoby, der juristischen Beratung des Züricher Staatsanwalts Waldner und der psychologischen Beratung des Züricher Professors Glaus entsteht ein Drehbuch, das die sozialpädagogische Absicht in den Mittelpunkt stellt und der kon-

ventionellen Form der Detektivgeschichte unter allen Kriminalromanen Dürrenmatts am nächsten kommt.

In der ersten Hälfte entsprechen sich Roman und Filmhandlung weitgehend, unterschiedlich akzentuiert ist allerdings die Charakterisierung Matthäis. Im Film wird er als äußerst sympathische Figur
beschrieben: ein phantasievoller, wohlwollender und bei seinen Kollegen beliebter Detektiv, dessen Einzelgängerdasein mit einer ent- *Matthäi als*
täuschten Liebe begründet wird, die ihn in den Augen des Publikums *Sympathieträger*
noch sympathischer erscheinen lässt. Mit Heinz Rühmann wird diese
Rolle daher geradezu idealtypisch besetzt.

Auch im Film wird sein Verzicht auf die Karriere im Ausland mit dem
Anblick der Kinder begründet, der ihn daran erinnert, dass sie in stän-
diger Gefahr leben, so lange der wirkliche Täter nicht entlarvt ist.
Einen ersten Hinweis auf den „Igelriesen" erhält er hier jedoch bereits
im Flugzeug, als eine neben ihm sitzende Frau Schokoladetrüffel ver-
speist. Die Zeichnung Gritli Mosers hat er vorher bereits während seines Besuchs der Schulklasse gesehen.

Der wesentliche Unterschied zeigt sich erst in der Fahndung Matthäis
nach dem Mörder: anders als in der Romanfassung verhält er sich
aktiv und versucht, dem Täter auf die Spur zu kommen. Dass er dafür
ein Mädchen als Lockvogel benützt, bereitet ihm Sorgen. Er ist sich
wohl der Liebe Annemaries bewusst und empfindet selbst auch *Väterliche Liebe*
Gefühle für das Kind. Im Gespräch mit einem Pfarrer deutet er sein *zu Annemarie*
Dilemma an:

> „Matthäi: . . .   Mir kann niemand helfen. Sehen Sie, Herr Pfarrer, ich
>   komme mir vor wie ein Narr. Ich warte auf etwas –
>   und manchmal denke ich, daß ich auf etwas warte, was
>   unmöglich kommen kann.
> Pfarrer: Ich weiß nicht, was Sie erwarten, aber vielleicht hat es
>   seinen Grund, daß es nicht kommt, denn oft ist gerade
>   das, was wir mit Sehnsucht erwarten, für uns nicht das
>   Gute, wie wir glauben, sondern etwas Schreckliches.
> Matthäi: Ich warte auf etwas Schreckliches."
> (Es geschah am hellichten Tag. Drehbuch, zitiert in: Peter Spycher:
> Friedrich Dürrenmatt, a. a. O., S. 285)

Sein riskantes Vorgehen ist jedoch von Erfolg gekrönt: er bemerkt
eines Tages einen schwarzen Buick, den er schon mehrfach an der
Tankstelle gesehen hat, erfährt auch von Annemarie, dass sie Schokoladetrüffel von einem Mann erhalten hat, der im Wald für sie gezau-
bert habe.

Die folgende Schlusssequenz folgt en detail der Überführungsszene, *Der Filmschluss*
die im Roman der Kommandant als erste von drei möglichen Vari-
anten dem Ich-Erzähler vorstellt. Matthäi sieht das Leben des Kindes
in großer Gefahr und will sie daher außer Reichweite bringen lassen.
Er ersetzt es durch eine lebensgroße Puppe und wartet in einem Hin-

Heinz Rühmann als Dr. Matthäi in
„Es geschah am hellichten Tag".

Gert Fröbe als Schrott in „Es geschah am hellichten Tag".

terhalt auf den Mörder, der auch tatsächlich eintrifft. Es kommt zu einem Zweikampf, in dem Schrott getötet und Matthäi verletzt wird. Annemarie will aber doch noch dem Zauberer begegnen, und um sie nicht zu enttäuschen, spielt der Kommissär mit der Kasperlefigur des Mörders – mit den Worten Dürrenmatts: „und so wäre sogar noch ein Lichtblick voll sanfter Humanität und entsagungsvoller märchenhafter Poesie möglich nach all den Greueln" (S. 143).

Der sarkastische Ton, der den Worten des Kommandanten unterlegt ist, deutet auf die selbstkritische Einsicht des Autors, der sich hier sehr weit auf die ausgetretenen Pfade des Herkömmlichen vorgewagt hat. In der Romanfassung wendet er sich von einer derart harmonisierenden, alle Widersprüche in einem Happy End auflösenden Humanitätsduselei deutlich ab.

Das sentimentale Ende des Films und die sympathische Charakterisierung der Zentralfigur lassen die Filmversion zu einem äußerst erfolgreichen Unternehmen werden. Die Produktion ist international und erstklassig besetzt: Heinz Rühmann spielt hier zum ersten Mal – wie in den Filmkritiken immer wieder hervorgehoben wird – als Kommissär Matthäi eine ernste Rolle. Der Genfer Schauspieler Michel Simon stellt den unter falschem Verdacht stehenden Hausierer Jacquier dar; beide Darsteller tragen die Handlung des Films. Tritt zunächst Simon in den Vordergrund, ist nach dem Selbstmord des Hausierers Heinz Rühmann die zentrale Gestalt. Über den Eindruck beider Schauspieler schreibt der Tages-Anzeiger für Stadt und Kanton Zürich:

Die Schauspieler:
Heinz Rühmann
und
Michel Simon

> „Michel Simon hat (mit der Gestalt des Hausierers) die weitaus stärkste Figur des Films geschaffen, und man kann es bedauern, daß er in dem größeren zweiten Teil nicht mehr erscheint. Dafür wird Heinz Rühmanns Kriminalkommissar in den Vordergrund gerückt, es ist seine erste große Charakterrolle ohne Komik."

Auch die Nebenrollen sind stark besetzt: mit der Reinhardt-Schauspielerin (und Gattin Heinrich Georges) Berta Drews als Frau Heller, der Prostituierten mit Herz, Gert Fröbe als mordendem Triebtäter, Siegfried Lowitz als Kommissar Henzi.

Seine Erstaufführung erlebt der Film bei den Internationalen Filmfestspielen in Berlin am 4. Juli 1958. Obwohl er in seinem Thema deutlich an Fritz Langs „M" erinnert, wird er sehr wohlwollend aufgenommen, sein unterkühlter Ton dem Klassiker sogar vorgezogen. Immer wieder wird in den Rezensionen dafür das in den fünfziger Jahren offensichtlich noch nicht diskreditierte Prädikat „sauber und redlich" verliehen. So schreibt DIE WELT am 5. 7. 1958:

Berlinale 1958

„Die Schweiz bringt einen in seiner logischen Ruhe, seiner fast behaglichen Spielart erstaunlichen Kriminalfilm: ‚Es geschah am hellichten Tag‘. Das kinokräftige Thema, das einst in Fritz Langs ‚M‘ hektisch, expressionistisch wild und mit einer bösartigen Kraßheit abgehandelt wurde – hier wird es sozusagen in Dur durchgespielt. (…) Das will kein dichterischer Film sein. Es will auch kein Reißer üblichen Sinnes sein. Fast alle unterspielen vorsätzlich und halten einen Ton der Natürlichkeit, der bei uns selten geworden ist. (…) Dieser Film mit einem neuen Rühmann, mit einem fast behaglichen Realismus und seiner durchgehend sauberen und redlichen Darstellung reißt gewiß keine Kinobäume aus. Aber er ist ehrlich. Er ist kompetent gemacht. Er hat ein wichtiges Thema und eine warnende Mission.“

Vollmundiger lautet naturgemäß die Filmkritik der BILD-Zeitung vom 7. 7. 1958:

„Das dürfte einer der wenigen wirklichen Höhepunkte der ‚Berlinale 1958‘ bleiben: Die Uraufführung des großartigen Kriminalfilms ‚Es geschah am hellichten Tag‘ aus der ‚kleinen‘ Schweiz. Hier hat man sie endlich einmal alle in schönster Harmonie beieinander. Vom geistigen Urheber des Ganzen über die Stars bis zu den Kleinstdarstellern am Rande.“

Erfolge in Großbritannien und den USA

1959 wird eine leicht veränderte englischsprachige Fassung des Films unter dem Titel „Assault in Broad Daylight“ zunächst in England mit großem Erfolg gezeigt – wenn auch eine Debatte darüber einsetzt, dass die Zensur ihn nicht für Kinder freigegeben hat, die doch – so der Rezensent des Sunday Graphic – am meisten von seiner Thematik profitieren müssten. In den USA kommt der Film 1960 als „It Happened in Broad Daylight“ in die Kinos. Trotz der für amerikanische Verhältnisse ungewöhnlichen Synchronisation wird er als „straffer, spannungsgeladener Kriminalfilm mit außerordentlichen Qualitäten“, so die Washington Post, mit viel Lob aufgenommen. In der Kritik des New Yorker wird vor allem Gert Fröbes Charakterisierung des Mörders hervorgehoben:

„Gert Frobe plays the pathological killer. It would have scared me out of my wits to meet Frobe in a wood when I was a child, and, to tell the truth, it would scare me out of my wits to meet him in a wood right now“. (The New Yorker, 8. 10. 1960)

Vom künstlerischen Anspruch her eher ein Leichtgewicht, wird die Produktion unter Medienkriterien als „Kriminalfilm voll atmosphärischer Spannung und psychologischem Raffinement“ gesehen (Lexikon des Internationalen Films, Bd. 2, Reinbek 1987, S. 913). Dürrenmatt ist das zu wenig; er will, indem er die Figur des Kommissärs Matthäi neu definiert, im Roman das Genre an sich destruieren. Damit tut er aber seiner Zentralfigur keinen Gefallen. Der amerika-

nische Erzähler Saul Bellow hat in seiner Rezension des „Verspre- *Saul Bellows*
chens" den Finger auf die Wunde gelegt, wenn er resümierend fest- *Kritik*
hält:

> „Inspector Matthäi is a very interesting fellow but he is, as the hobo
> has it in the old joke, an unhappy medium – too heavy for light work,
> and too light for heavy work." (Saul Bellow: The Ordeal of Inspector
> Matthäi, in: Saturday Review, 28.3.1959, S. 32)

Literaturverzeichnis

Alami, Marita: Die Bildlichkeit bei Friedrich Dürrenmatt. Computergestützte Analyse und Interpretation mythologischer und psychologischer Bezüge, Köln/Weimar/Wien 1994 [Kölner Germanistische Studien, Bd. 35]

Alewyn, Richard: Anatomie des Detektivromans, in: Vogt, Jochen (Hrsg.), Der Kriminalroman II, München 1971, S. 372–404 (Erweiterte Fassung, ursprünglich in: Die ZEIT Nr. 47/48, 22. u. 29. 11. 1968)

Améry, Jean: Jenseits von Schuld und Sühne. Bewältigungsversuche eines Überwältigten, München 1966

Arnold, Armin: Die Quellen von Dürrenmatts Kriminalromanen, in: Knapp, Gerhard P., Facetten. Studien zum 60. Geburtstag Friedrich Dürrenmatts, Bern/Frankfurt/M./ Las Vegas 1981, S. 153–174

Arnold, Armin: Bärlach, Marlowe und Maigret, in: Koch, Daniel (Hrsg.), Über Friedrich Dürrenmatt, Zürich 1980 (Werkausgabe in 20 Bänden, Bd. 30), S. 237–251

Arnold, Heinz Ludwig: Querfahrt mit Dürrenmatt, Göttingen 1990

Bänziger, Hans: Frisch und Dürrenmatt, Bern/München 1960

Bänziger, Hans: Die Gerichte und das Gericht von Alfredo Traps in einer ländlichen Villa, in: Knapp, Gerhard P. (Hrsg), Friedrich Dürrenmatt. Studien zu seinem Werk, Heidelberg 1976, S. 218–232

Bienek, Horst: Werkstattgespräche mit Schriftstellern, München 1965, S. 120–136

Bloch, Ernst: Philosophische Ansicht des Detektivromans, in: Vogt, Ulrich (Hrsg.), Der Kriminalroman II, München 1971, S. 322–343 (ursprünglich in: E. B.: Literarische Aufsätze [Gesamtausgabe, Bd. 9], Frankfurt/M. 1965, S. 242–263)

Bolliger, Luis u. Buchmüller, Ernst (Hrsg.): Play Dürrenmatt. Ein Lese- und Bilderbuch, Zürich 1996

Brecht, Bertolt: Über die Popularität des Kriminalromans, in: Vogt, Ulrich (Hrsg.), Der Kriminalroman II, München 1971, S. 315–321 (ursprünglich in: B. B.: Schriften zur Literatur und Kunst 2 [Gesammelte Werke, Bd. 19, Frankfurt/M. 1969, S. 450–457])

Brock-Sulzer, Elisabeth: Dürrenmatt, Zürich 1960

Brock-Sulzer, Elisabeth: Dürrenmatt und die Quellen, in: Der unbequeme Dürrenmatt, Basel/Stuttgart 1962, S. 117–136 (Theater unserer Zeit, hrsg. v. Reinhold Grimm, Willy Jäggi, Hans Oesch, Bd. 4)

Burgauer, Erica: Zwischen Erinnerung und Verdrängung – Juden in Deutschland nach 1945, Reinbek 1993

Dallwitz, Monika: Sehen statt Lesen? Dürrenmatts „Der Richter und sein Henker" als Film, in: Diskussion Deutsch, H. 127/Oktober 1992, S. 479–492

Daviau, Donald G.: The Role of the *Zufall* in the Writings of Friedrich Dürrenmatt, in: The Germanic Review 47/1972, S. 281–293

Dürrenmatt, Friedrich: Der Hund/Der Tunnel/Die Panne. Erzählungen, Werkausgabe in 30 Bänden. Bd. 20, Zürich 1985

Dürrenmatt, Friedrich, Monstervortrag über Gerechtigkeit und Recht, Zürich (Arche) 1969

Dürrenmatt, Friedrich: Die Panne. Hörspiel und Komödie, Werkausgabe in 30 Bänden. Bd. 16, Zürich 1985

Dürrenmatt, Friedrich: Der Richter und sein Henker, Hamburg 1955 (rororo 150)

Dürrenmatt, Friedrich: Theater-Schriften und Reden, Zürich 1966

Dürrenmatt, Friedrich: Der Verdacht, Zürich 1986 (Diogenes detebe 21436)

Dürrenmatt, Friedrich: Das Versprechen. Requiem auf den Kriminalroman, Werkausgabe in 30 Bänden. Bd. 22, Zürich 1986

Eisenbeiß, Ulrich: Friedrich Dürrenmatts Roman „Der Richter und sein Henker" auf Sekundarstufe I, in: Der Deutschunterricht 28/1976, H. 5, S. 5–21

Le Figaro Littéraire: 9.10.1960, S. 3, Friedrich Dürrenmatt ou la Quète de l'absurde. Un Portrait-Interview de Jean Paul Weber

Fringeli, Dieter: Nachdenken mit und über Friedrich Dürrenmatt. Ein Gespräch, Breitenbach/Schweiz 1977

Giefer, Reina u. Giefer, Thomas: Die Rattenlinie. Fluchtwege der Nazis. Eine Dokumentation, 3. Aufl., Weinheim 1995

Gillis, William: Dürrenmatt and the Detectives, in: The German Quarterly 35/1962, Nr. 1, S. 71–74

Grimm, Reinhold: Parodie und Groteske im Werk Dürrenmatts, in: Der unbequeme Dürrenmatt, Basel/Stuttgart 1962, S. 71–96

Helbling, Robert E.: Groteskes und Absurdes – Paradoxie und Ideologie. Versuch einer Bilanz, in: Knapp, Gerhard P. (Hrsg.), Friedrich Dürrenmatt. Studien zu seinem Werk, Heidelberg 1976, S. 233–253

Hemberger, Armin: Dürrenmatt über Dichtung, in: Der Deutschunterricht 21/1969, H. 2, S. 79–85

Hienger, Jörg: Lektüre als Spiel und Deutung. Zum Beispiel: Friedrich Dürrenmatts Detektivroman „Der Richter und sein Henker", in: ders. (Hrsg.), Unterhaltungsliteratur. Zu ihrer Theorie und Verteidigung, Göttingen 1976, S. 55–81

Holdheim, W. Wolfgang: Der Justizirrtum als literarische Problematik. Vergleichende Analyse eines erzählerischen Themas, Berlin 1969

Keel, Daniel (Hrsg.): Über Friedrich Dürrenmatt, Werkausgabe in 30 Bänden, Bd. 30, Zürich 1980

Kircher, Hartmut: Schema und Anspruch. Zur Destruktion des Kriminalromans bei Dürrenmatt, Robbe-Grillet und Handke, in: Germanisch-Romanische Monatshefte 28/1978, S. 195–215

Klee, Ernst: Was sie taten – Was sie wurden. Ärzte, Juristen und andere Beteiligte am Kranken- oder Judenmord, Frankfurt/M. 1986

Knapp, Gerhard P.: Friedrich Dürrenmatt: Der Richter und sein Henker (Grundlagen und Gedanken zum Verständnis erzählender Literatur), Frankfurt/M./Berlin/München 1983

Knapp, Gerhard P.: Friedrich Dürrenmatt, Stuttgart 1980

Knapp Mona u. Knapp, Gerhard P.: Recht – Gerechtigkeit – Politik. Zur Genese der Begriffe im Werk Friedrich Dürrenmatts, in: Text + Kritik, Bd. 56, S. 45–62

Knopf, Jan: Friedrich Dürrenmatt, München 1976

Kogon, Eugen: Der SS-Staat. Das System der deutschen Konzentrationslager, München 1974

Lengborn, Thorbjörn: Schriftsteller und Gesellschaft in der Schweiz. Zollinger Frisch Dürrenmatt, Frankfurt/M. 1972

Marsch, Edgar: Die Kriminalerzählung. Theorie Geschichte Analyse, München 1972

Mayer, Hans: „Die Panne" von Friedrich Dürrenmatt, in: ders., Zur deutschen Literatur der Zeit: Zusammenhänge, Schriftsteller, Bücher, Reinbek 1967, S. 214–223

Naumann, Dietrich: Kriminalroman und Dichtung, in: Vogt, Ulrich (Hrsg.), Der Kriminalroman II, München 1971, S. 473–483 (ursprünglich in: diskus 1965, H. 6, S. 10)

Niederer, Ueli: Grotesken zum wahren Ende. Neuerlicher Versuch über Dürrenmatts Kriminalromane, in: die horen, 34. Jg., Bd. 2/1989, H. 154, S. 60–72

Nusser, Peter: Der Kriminalroman, 2. überarb. u. erw. Aufl., Stuttgart 1992

Oberle, Werner: Grundsätzliches zum Werk Friedrich Dürrenmatts, in: Der unbequeme Dürrenmatt, Basel/Stuttgart 1962, S. 9–29

Profitlich, Ulrich: Friedrich Dürrenmatt. Komödienbegriff und Komödienstruktur. Eine Einführung, Stuttgart 1973

Profitlich, Ulrich: Der Zufall in den Komödien und Detektivromanen Friedrich Dürrenmatts, in: Zeitschrift für deutsche Philologie 90, Bd. 1971, S. 258–280

Ramsey, Roger: Parody and Mystery in Dürrenmatt's „The Pledge", in: Modern Fiction Studies 17/1971, Nr. 1, S. 525–532

Richter, Jochen: „Um ehrlich zu sein, ich habe nie viel von Kriminalromanen gehalten." Über die Detektivromane von Friedrich Dürrenmatt, in: Düsing, Wolfgang (Hrsg.), Experimente mit dem Kriminalroman. Ein Erzählmodell in der deutschsprachigen Literatur des 20. Jahrhunderts, Frankfurt/M./Berlin/Bern/New York/Paris/Wien 1993 (Studien zur Deutschen Literatur des 19. und 20. Jahrhunderts, Bd. 21)

Schneider, Peter: Die Fragwürdigkeit des Rechts im Werk von Friedrich Dürrenmatt. Vortrag gehalten vor der Juristischen Studiengesellschaft in Karlsruhe am 20. Juni 1966, Karlsruhe 1967 (Schriftenreihe der Juristischen Studiengesellschaft Karlsruhe, H. 81)

Schüler, Volker: Dürrenmatt. Der Verdacht. Der Besuch der alten Dame. Untersuchungen und Anmerkungen (Analysen und Reflektionen, Bd. 16), 2. Aufl., Hollfeld 1977

Schulte, W. u. Tölle, R.: Psychiatrie, 3. neubearb. u. erw. Aufl., Berlin/Heidelberg/New York 1975

Sprache im technischen Zeitalter, Der Züricher Literaturstreit, Jg. 1967, H. 22, S. 83–206

Der Spiegel: 13. Jg., 1959, Nr. 28, S. 43–52, Dürrenmatt „Zum Henker"

Spycher, Peter: Friedrich Dürrenmatt. Das erzählerische Werk, Frauenfeld/Stuttgart 1972

Tschimmel, Ira: Kriminalroman und Gesellschaftsdarstellung. Eine vergleichende Untersuchung zu Werken von Christie, Simenon, Dürrenmatt und Capote, Bonn 1979 (Studien zu Germanistik, Anglistik und Komparatistik, hrsg. v. Armin Arnold und Alois M. Haas, Bd. 69)

Tschimmel, Ira: Kritik am Kriminalroman, in: Knapp, Gerhard P., Facetten. Studien zum 60. Geburtstag Friedrich Dürrenmatts, Bern/Frankfurt/M./Las Vegas 1981, S. 175–190

Vidal, Gore: In the Shadow of the Scales, in: The reporter, New York, 30. 4. 1959, S. 40 f.

Waldmann, Günter: Kriminalroman – Antikriminalroman. Dürrenmatts Requiem auf den Kriminalroman und die Anti-Aufklärung, in: Vogt, Jochen (Hrsg.), Der Kriminalroman I, München 1971, S. 206–227 (Kap. 2 und 3 unter dem Titel „Requiem auf die Vernunft: Dürrenmatts christlicher Kriminalroman", ursprünglich in: Pädagogische Provinz 15/1961, S. 376–384)

Weber, Margit: Dürrenmatt: Das Versprechen. Versuch einer Analyse, in: Diskussion Deutsch, 16. Jg., 1985, H. 83, S. 275–282

Wieckenberg, Ernst-Peter: Dürrenmatts Detektivromane, in: Text + Kritik, Bd. 56, S. 30–41

Wörtche, Thomas: Von komischen Köpfen und anderen Abscheulichkeiten. Komik und Realistik in neuen ausländischen Kriminalromanen, in: die horen, 34. Jg., Bd. 2/1989, H. 154, S. 11–22

Interpretationshilfen

Kurt Binneberg
Interpretationshilfen
„Deutsche Lyrik von der Aufklärung
bis zur Klassik"
ISBN 3-12-922601-X

Peter Christian Giese
Interpretationshilfen
„Lyrik des Expressionismus"
ISBN 3-12-922602-8

Eberhard Hermes
Interpretationshilfen
„Der Antigone-Stoff"
Sophokles - Anouilh - Brecht - Hochhuth
ISBN 3-12-922603-6

Wolfgang Pasche
Interpretationshilfen
„Exilromane"
Klaus Mann, Mephisto / Irmgard Keun,
Nach Mitternacht / Anna Seghers, Das siebte Kreuz"
ISBN 3-12-922604-4

Rainer Könecke
Interpretationshilfen
„Deutsche Kurzgeschichten
1945 - 1968"
12 Texte und Interpretationen
Sekundarstufe II
ISBN 3-12-922606-0

– **bringen Grundlageninformationen**
   zu schulrelevanten Texten
   und Themen

– **stellen die besprochenen**
   Einzelwerke in einen größeren
   thematischen Zusammenhang

– **bieten sorgfältige Textinter-**
   pretationen unter inhaltlichen
   und formalen Gesichtspunkten

– **zeichnen sich durch klare**
   Sprache und übersichtliche
   Darstellung aus

– **ermöglichen eine langfristige**
   Unterrichtsvorbereitung

– **schaffen Überblicke und**
   stellen Zusammenhänge her